Workbook / Laboratory Manual
to accompany

Avanti!

Beginning Italian

Janice Aski
The Ohio State University
Diane Musumeci
University of Illinois at Urbana-Champaign
and
Justin R. Ehrenberg
Carla Onorato-Wysokinski
Zoé Robles
Daryl Rodgers
Amy Rowden

McGraw-Hill

Boston Burr Ridge, IL Dubuque, IA Madison, WI New York
San Francisco St. Louis Bangkok Bogotá Caracas Kuala Lumpur
Lisbon London Madrid Mexico City Milan Montreal New Delhi
Santiago Seoul Singapore Sydney Taipei Toronto

The McGraw·Hill Companies

Mc Graw Hill Higher Education

Published by McGraw-Hill, an imprint of The McGraw-Hill Companies, Inc., 1221 Avenue of the Americas, New York, NY 10020. Copyright © 2007. All rights reserved. No part of this publication may be reproduced or distributed in any form or by any means, or stored in a database or retrieval system, without the prior written consent of The McGraw-Hill Companies, Inc., including, but not limited to, in any network or other electronic storage or transmission, or broadcast for distance learning.

This book is printed on acid-free paper.

1 2 3 4 5 6 7 8 9 0 QPD/QPD 0 9 8 7 6

ISBN-13: 978-0-07-321270-4
ISBN-10: 0-07-321207-5

Editor in Chief: *Emily Barrosse*
Publisher: *William R. Glass*
Sponsoring Editor: *William R. Glass*
Marketing Manager: *Nick Agnew*
Director of Development: *Susan Blatty*
Developmental Editor: *Margaret A. Gallucci*
Production Service: *Brenda Trone, TechBooks, York, PA*
Illustrator: *Kathryn Rathke*
Photo Research: *Alexandra Ambrose*
Production Supervisor: *Louis Swaim*
Composition: *10/12 Palatino by Techbooks*
Printing: *50# Windsor Offset by Quebecor Printing Dubuque*

Cover photo: *Edmund Nagele/myLoupe.com*

Photo credits
Page 235, © SIME s.a.s / eStock Photo; page 242, © SIME s.a.s / eStock Photo; page 251, © PhotoDisc / Getty Images.

Realia and Text Credits
Page 37, Marisa Currao, Currao Viaggi, Catania, Italy; page 57, Text: Vittorio Emanuele Orlando / Focus-Gruner + Jahr / Mondadori Spa; Line art: © Patrizio Croci/Freelances.it Image Agency; page 142, Wanda Cusero, *La Reppublica*; Source of data: centimetri.it; page 182, *Donna moderna*, June 15, 2005, p. 223; page 200, *La Sicilia*, January 5, 2005; page 215, Plinio il Giovane, *Geografia verso il duemila: l'Italia Vol. 1, 2nd edition*, Loescher Editore, 2002; page 235, *Vera Magazine*, June 2005, p. 133; page 278, *ilPassaporto.it: il giornale dell'Italia multietnica*, September 27, 2005, www.ilpassaporto.kataweb.it; page 295, Mauro Gaffo / Focus-Gruner + Jahr / Mondadori Spa; page 308, From Michela Pisu, www.liberliber.it/ biblioteca/s/stampa/; page 317, From "Oriana Fallaci: Cuore e passione", http//biografie.leonardo.it/biografia.htm.

The Internet addresses listed in the text were accurate at the time of publication. The inclusion of a Web site does not indicate an endorsement by the authors or McGraw-Hill, and McGraw-Hill does not guarantee the accuracy of the information presented at these sites.

www.mhhe.com

Contents

Preface

GENERAL DESCRIPTION

The *Workbook / Laboratory Manual* provides more conventional practice of the **Strategie di comunicazione, Lessico,** and **Strutture** material presented in the textbook using a variety of written and audio activities. In addition, each chapter includes a **Pronuncia** section in which students focus on and practice the sounds of Italian and a **Cultura** section that expands upon the cultural themes of the chapter through additional listening activities **(Ascoltiamo!),** a new culture reading and reading strategy instruction **(Leggiamo!)** and a writing activity **(Scriviamo!).** The **In Italia** feature reviews the cultural material presented in the **In Italia** boxes throughout the chapter.

Each chapter is organized as follows:

- Strategie di comunicazione
- Pronuncia
- Lessico
- Strutture
- Cultura (Ascoltiamo!, Leggiamo!, Scriviamo!)
- In Italia

The **Per saperne di più** practice activities for all chapters follow Chapter 16. These activities are intended for those instructors who wish to cover more material in their curriculum.

The answers to all written activities appear after the **Per saperne di più** practice activities. The correct responses for the audio activities are given on the audio program unless otherwise indicated by a note following the activity. The *Workbook/Laboratory Manual* also includes the graph-paper charts from the textbook for those students who do not wish to write in their books. The charts are provided for the activities in **Strategie di comunicazione, Lessico,** and **Strutture.** However, the charts for the **Guardiamo!** activities and the **Ripasso** activities in Chapters 4, 8, 12, and 16 are not included.

AUDIO PROGRAM

The *Audio Program,* which coordinates with the *Workbook / Laboratory Manual,* is unique in that it includes many activities that focus on students' comprehension of the text they hear—the number of drill and transformation activities is limited. For example, students listen to short texts and answer comprehension questions, match text to illustrations, transcribe and respond to personal questions, and provide parallel construction for the structures that they hear. In addition, the end-of-chapter-vocabulary for each chapter of the textbook is also included on a separate audio CD as part of the complete *Audio Program.*

The *Audio Program,* provided free of charge to adopting institutions, is also available for student purchase on audio CDs. It is also available on the Online Learning Center website as Premium Content. The card bound inside the *Avanti!* textbook provides a registration code to access this content and is *unique to each individual user.* If students have purchased a used copy of *Avanti!* but would like access to the Premium Content, they may purchase a registration code for a nominal fee at the *Avanti!* Online Learning Center website **(www.mhhe.com/avanti).**

ACKNOWLEDGMENTS

A small community of scholar-teachers who have examined issues in second language acquisition and their impact on foreign language teaching, and whose extensive teaching experience has made them aware of the types of practice that learners need, is responsible for this *Workbook / Laboratory Manual.*

We wish to thank Zoé Robles and Amy Rowden who wrote the **Strategie di comunicazione** and the **Ascoltiamo!** and **Leggiamo! (Cultura)** sections; Carla Onorato-Wysokinski, who wrote the **Pronuncia** and **Lessico** sections; Justin Ehrenberg, who was responsible for **Strutture** and **Per saperne di più;** and Daryl Rodgers who wrote the **Scriviamo! (Cultura)** and **In Italia** sections. A special note of thanks is due Justin Ehrenberg who coordinated the preparation of all the sections and to Carla Onorato-Wysokinski who checked the Answer Key. These authors worked tirelessly to provide activities that focus students' attention on the material to be learned in creative and engaging ways. We are grateful for the imagination and originality that they brought to the project. We also wish to thank our publisher William R. Glass, director of development Susan Blatty, development editor Margaret A. Gallucci, and Maria Cristina Peccianti for their guidance and direction during the editing process. A special thanks as well to the entire production team, especially Brenda Trone of Techbooks/GTS, Christina Gimlin, and Louis Swaim.

Cognome _____ Data _____ Classe _____

$\mathcal{P}$er cominciare

$\mathcal{S}$trategie di comunicazione

A. Saluti! For each situation choose the most appropriate greeting. **Attenzione!** Some situations may have more than one answer.

     a. Buon giorno b. Buona sera c. Ciao

1. _____ you see your mailman in the morning
2. _____ you see your best friend at school before classes start for the day
3. _____ you see your mother at breakfast
4. _____ you see your neighbor, il signor Franchi, after dinner
5. _____ you see your professor at school before classes start for the day
6. _____ you see your neighbor's little baby

B. Mario, ti piace? Your new friend Mario likes some aspects of American culture, but not others. Read the list of the things he likes and doesn't like, then decide what he would say based on his list.

MARIO: Mi piace il fast food. Mi piace la musica rock, ma (*but*) non mi piace la musica country. Mi piace Lebron James. Non mi piace il cinema dell'orrore (*horror*).

1. Mi piace / Non mi piace Burger King.
2. Mi piace / Non mi piace Dave Matthews.
3. Mi piace / Non mi piace Shania Twain.
4. Mi piace / Non mi piace il basket.
5. Mi piace / Non mi piace *Texas Chainsaw Massacre.*

C. Cosa dici? You will hear four different greetings. Decide which person would have said it. You will hear each greeting twice.

ESEMPIO: *You hear:* Ciao!

    You choose: a. A student is greeting a professor.
               (b.) A student is greeting a friend.

1. a. A professor is greeting a guest lecturer.
   b. A father is greeting his daughter.

2. a. A young woman is asking an elderly gentleman where he is from.
   b. A young woman is asking a classmate where he is from.

3. a. A student is asking the professor what his name is.
   b. A student is asking another student what her name is.

4. a. A professor is telling students good-bye.
   b. A student is telling the professor good-bye.

Pronuncia

L'alfabeto e la pronuncia   The alphabet

L'alfabeto.

The Italian alphabet has twenty-one letters. There are five extra letters in the English alphabet, which in Italian are considered **lettere straniere** (*foreign*): j, k, w, x, y.

Ascolta: L'alfabeto.

Parte prima. Listen and repeat each letter of the alphabet.

a b c d e f g h i l m n o p q r s t u v z

Lettere straniere.

j k w x y

Parte seconda. You will hear a series of letters. Write the letters you hear. You will hear each letter twice.

1. _____   4. _____   7. _____   10. _____   13. _____

2. _____   5. _____   8. _____   11. _____   14. _____

3. _____   6. _____   9. _____   12. _____   15. _____

Parte terza. You will hear two letters. Put a ✓ beside the letter you *do not* hear.

1. __ b   __ d   __ t

2. __ c   __ g   __ v

3. __ s   __ r   __ l

4. __ l   __ n   __ m

5. __ f   __ s   __ n

6. __ i   __ j   __ e

7. __ w   __ v   __ u

◗ *Check your answers to this activity in the Answer Key at the back of the workbook.*

Lessico

A come amore, B come buon giorno   Alphabet and pronunciation

A. Come comincia la parola?   Listen to each word and write the first letter. You will hear each word twice.

1. ___rimavera   3. ___arzo   5. ___ono   7. ___ome
2. ___ove   4. ___ettembre   6. ___iologia   8. ___enti

B. Dettato.   Write each word that you hear. You will hear each word twice.

1. _____   5. _____   9. _____
2. _____   6. _____   10. _____
3. _____   7. _____
4. _____   8. _____

C. Che cos'è?   Listen to the following words and write each one beside its corresponding picture. You will hear each word twice.

1. _____   2. _____   3. _____   4. _____

5. _____   6. _____   7. _____   8. _____

9. _____   10. _____   11. _____   12. _____

(continued)

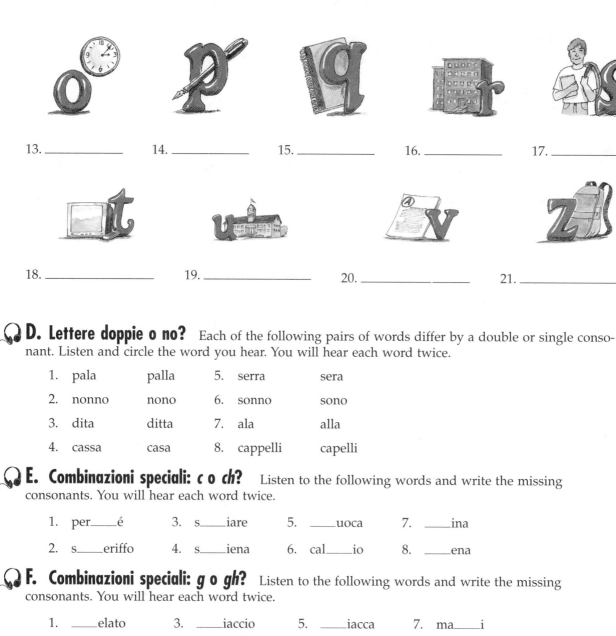

13. _____ 14. _____ 15. _____ 16. _____ 17. _____

18. _____ 19. _____ 20. _____ 21. _____

D. Lettere doppie o no? Each of the following pairs of words differ by a double or single consonant. Listen and circle the word you hear. You will hear each word twice.

1. pala   palla   5. serra   sera

2. nonno   nono   6. sonno   sono

3. dita   ditta   7. ala   alla

4. cassa   casa   8. cappelli   capelli

E. Combinazioni speciali: *c* o *ch*? Listen to the following words and write the missing consonants. You will hear each word twice.

1. per____é   3. s____iare   5. ____uoca   7. ____ina

2. s____eriffo   4. s____iena   6. cal____io   8. ____ena

F. Combinazioni speciali: *g* o *gh*? Listen to the following words and write the missing consonants. You will hear each word twice.

1. ____elato   3. ____iaccio   5. ____iacca   7. ma____i

2. spa____etti   4. ____iovane   6. ____iro   8. ma____i

G. Le città italiane.

Parte prima. Write the names of the Italian cities you hear. You will hear each name twice.

1. _____   4. _____   7. _____

2. _____   5. _____   8. _____

3. _____   6. _____   9. _____

● *Check your Answers to Activities A–G in the Answer Key at the back of the workbook.*

Parte seconda. Write the number of each city from the **Parte prima** in its correct location on the map.

Le città d'Italia

I mesi e le stagioni   Months and seasons

A. I mesi e le stagioni.

Parte prima. Write the letter of the season that corresponds to each month.

1. ____ febbraio
2. ____ luglio
3. ____ novembre
4. ____ marzo
5. ____ settembre
6. ____ gennaio
7. ____ dicembre
8. ____ giugno
9. ____ aprile
10. ____ agosto
11. ____ maggio
12. ____ ottobre

a. la primavera
b. l'estate
c. l'autunno
d. l'inverno

Parte seconda. Write the name of the season that corresponds to each illustration. Then write the names of three months associated with each season.

1. _____

    _____

    _____

    _____

2. _____

    _____

    _____

    _____

3. _____   4. _____

   _____   _____

   _____   _____

   _____   _____

B. Che mese o che stagione è?   Write the name of the month or season that corresponds to each description.

1. Il mese dopo (*after*) giugno.   _____

2. La stagione prima (*before*) dell'estate.   _____

3. Il mese prima di aprile.   _____

4. Il mese di San Valentino.   _____

5. La stagione dopo l'autunno.   _____

6. Comincia (*It begins*) il 21 giugno.   _____

7. Il mese dopo agosto.   _____

8. Il mese prima di febbraio.   _____

9. La stagione dopo la primavera.   _____

I numeri da 0 a 9.999   Numbers from 0 to 9,999

🎧 A. Che numero è?   You will hear a series of numbers. Listen and circle the number you hear. You will hear each number twice.

1.	a.	4	b.	14	c.	44
2.	a.	5	b.	15	c.	50
3.	a.	102	b.	120	c.	202
4.	a.	459	b.	495	c.	549
5.	a.	676	b.	776	c.	667
6.	a.	890	b.	819	c.	809
7.	a.	1.001	b.	1.011	c.	1.111
8.	a.	3.033	b.	3.003	c.	3.013

B. I numeri.

Parte prima. You will hear a series of numbers. Write the numbers (in digits) that you hear. You will hear each number twice.

1. _____   3. _____   5. _____   7. _____   9. _____

2. _____   4. _____   6. _____   8. _____   10. _____

Parte seconda. Write out the following numbers in words.

1. 37 _____

2. 49 _____

3. 176 _____

4. 225 _____

5. 564 _____

6. 730 _____

7. 1.118 _____

8. 2.513 _____

9. 4.816 _____

10. 9.999 _____

● *Check your answers to this activity in the Answer Key at the back of the workbook.*

C. La data.

Write the date for each of the following holidays and days.

ESEMPIO: Qual (*What*) è la data della Festa dell'Indipendenza (*Independence*) americana?

Il quattro luglio.

1. Quando (*when*) è Natale (*Christmas*)? _____.

2. Quando è San Valentino? _____.

3. Qual è il primo giorno (*day*) dell'anno? _____.

4. Quando è Halloween? _____.

5. Qual è l'ultimo (*last*) giorno di settembre? _____.

6. Qual è l'ultimo giorno dell'anno? _____.

7. Qual è il giorno di San Patrizio (*St. Patrick's Day*)? _____.

D. Tocca a te! (*It's your turn*). Answer the following question. Write out all numbers in words.

Quando è il tuo compleanno (*birthday*)? Scrivi (*write*) il giorno, il mese e l'anno.

_____

Strutture

1.1 Maschile o femminile? Gender

A. Il genere. Decide if each of the following words is **maschile** (*masculine*) or **femminile** (*feminine*). **Attenzione!** You may need to consult the glossary at the back of your textbook for nouns ending in **-e**.

		maschile	femminile
1.	pasta	☐	☐
2.	telefono	☐	☐
3.	tè	☐	☐
4.	bibita	☐	☐
5.	lezione	☐	☐
6.	comunità	☐	☐
7.	treno	☐	☐
8.	Internet	☐	☐
9.	esame	☐	☐
10.	dottore	☐	☐

B. È femminile? Put a ✓ next to the feminine nouns.

1. ☐ anno
2. ☐ matematica
3. ☐ comunicazione
4. ☐ computer
5. ☐ filosofia
6. ☐ italiano
7. ☐ psicologia
8. ☐ fiore
9. ☐ classe
10. ☐ piede

C. È maschile o femminile? Listen and write each word you hear, then decide if it is **maschile** or **femminile.** You will hear each word twice. After a brief pause, you will hear the correct answer.

		maschile	femminile
1.	_____	☐	☐
2.	_____	☐	☐
3.	_____	☐	☐
4.	_____	☐	☐
5.	_____	☐	☐
6.	_____	☐	☐
7.	_____	☐	☐
8.	_____	☐	☐

Check your answers to this activity in the Answer Key at the back of the workbook.

1.2 *Un cappuccino, per favore* Indefinite articles

A. Un, uno, una o un'? Write each word in the appropriate category according to its gender and spelling: **un, uno, una, un'**.

aereo   amica   cane   cellulare   voto

dizionario   festa   materia   religione   sport

studente   università   zaino

un	uno	una	un'
1. _____	1. _____	1. _____	1. _____
2. _____	2. _____	2. _____	2. _____
3. _____	3. _____	3. _____	
4. _____			
5. _____			

B. Una decisione! Circle the appropriate indefinite article for each word you hear. You will hear each word twice. Repeat the response.

1. un   uno   una   un'
2. un   uno   una   un'
3. un   uno   una   un'
4. un   uno   una   un'
5. un   uno   una   un'
6. un   uno   una   un'
7. un   uno   una   un'
8. un   uno   una   un'

C. Quale articolo va bene? Write the appropriate indefinite article for each of the following words.

1. _____ bicicletta
2. _____ esame
3. _____ giorno
4. _____ lezione
5. _____ acqua
6. _____ corso
7. _____ panino
8. _____ studente
9. _____ amica
10. _____ birra

D. Quale articolo? Repeat each noun with the appropriate indefinite article. You will hear each word twice. Repeat the response.

ESEMPIO: *You hear:* libro
         You say: un libro

1. ... 2. ... 3. ... 4. ... 5. ... 6. ...

1.3 *Due cappuccini, per favore*   Number

A. Singolare o plurale?
Decide if each word is **singolare** (*singular*) or **plurale** (*plural*). Check both if a word could be either singular or plural.

		singolare	plurale
1.	feste	☐	☐
2.	hamburger	☐	☐
3.	gatto	☐	☐
4.	cappuccini	☐	☐
5.	acqua	☐	☐
6.	macchine	☐	☐
7.	anno	☐	☐
8.	tè	☐	☐

B. Solo uno?
Listen and decide if each noun is **singolare** or **plurale.** You will hear each word twice. After a brief pause, you will hear the correct answer.

	singolare	plurale
1.	☐	☐
2.	☐	☐
3.	☐	☐
4.	☐	☐
5.	☐	☐
6.	☐	☐
7.	☐	☐
8.	☐	☐

C. Uno o due?
Write the plural form of each of the following words.

1.	un panino	due _____
2.	una città	quattro _____
3.	una fotografia	tre _____
4.	un gelato	otto _____
5.	un mese	cinque _____
6.	una sera	due _____
7.	un giorno	sette _____
8.	un pub	dieci _____

D. Tre, due, uno... Write the singular form of each of the following words. Be sure to include the correct form of the indefinite article.

ESEMPIO: quattro piatti → un piatto

1. tre cappuccini   _____

2. quattro film   _____

3. cinque esami   _____

4. due porte   _____

5. sette anni   _____

6. quattro aerei   _____

7. due lezioni   _____

8. tre università   _____

E. Il plurale. Write the plural form of the words you hear. You will hear each word twice. After a brief pause, you will hear the correct answer.

1. _____   5. _____

2. _____   6. _____

3. _____   7. _____

4. _____   8. _____

Check your answers to this activity in the Answer Key at the back of the workbook.

F. Il ritorno a scuola. (*Back to school*.) It's back to school time and Alessandra has to buy some supplies. Look at the illustration and write five things that she needs to buy.

1. _____

2. _____

3. _____

4. _____

5. _____

CARTOLERIA-
LIBRERIA

dizionario italiano

dizionario italiano-inglese

psicologia

chimica moderna

1.4 *L'università è fantastica!* Definite articles

A. Decisioni. Decide if each of the following words is **maschile** or **femminile** and **singolare** or **plurale**.

	maschile	femminile	singolare	plurale
1. l'orologio	☐	☐	☐	☐
2. le classi	☐	☐	☐	☐
3. la letteratura	☐	☐	☐	☐
4. gli studenti	☐	☐	☐	☐
5. l'aereo	☐	☐	☐	☐
6. i bicchieri	☐	☐	☐	☐
7. lo sport	☐	☐	☐	☐
8. le residenze	☐	☐	☐	☐
9. i voti	☐	☐	☐	☐
10. l'economia	☐	☐	☐	☐

B. L'articolo giusto. Write each word you hear, then choose the correct definite article. You will hear each word twice. Repeat the response.

1. il   lo   l'   la   i   gli   le   _____
2. il   lo   l'   la   i   gli   le   _____
3. il   lo   l'   la   i   gli   le   _____
4. il   lo   l'   la   i   gli   le   _____
5. il   lo   l'   la   i   gli   le   _____
6. il   lo   l'   la   i   gli   le   _____
7. il   lo   l'   la   i   gli   le   _____
8. il   lo   l'   la   i   gli   le   _____

● *Check your answers to this activity in the Answer Key at the back of the workbook.*

C. Quale articolo? Write the appropriate definite article for each of the following words.

1. _____ corso
2. _____ studentesse
3. _____ bottiglia
4. _____ italiano
5. _____ amici
6. _____ quaderni
7. _____ cinema
8. _____ lezione
9. _____ hamburger
10. _____ birra

D. Il plurale. Write the appropriate plural form for each of the following words.

ESEMPIO: il cane → i cani

1. l'informazione _____
2. il bambino _____
3. l'ora _____
4. il bar _____
5. lo zaino _____
6. la casa _____
7. il giorno _____
8. la città _____

E. Il singolare.

E. Il singolare. Write the singular form of each of the plural nouns you hear. You will hear each word twice.

> ESEMPIO: *You hear:* gli anni
> *You write:* l'anno

1. _____   5. _____

2. _____   6. _____

3. _____   7. _____

4. _____   8. _____

● *Check your answers to this activity in the Answer Key at the back of the workbook.*

1.5 *Mi piace l'italiano!*   The verb **piacere**

A. Piace o piacciono?

A. Piace o piacciono? Circle the form of **piacere** that correctly completes each statement, then decide if the statement is **vero** (*true*) or **falso** (*false*) for you.

	vero	falso
1. Non mi <u>piace / piacciono</u> la birra.	☐	☐
2. Mi <u>piace / piacciono</u> le lezioni d'italiano.	☐	☐
3. Mi <u>piace / piacciono</u> gli hamburger.	☐	☐
4. Mi <u>piace / piacciono</u> il professore d'italiano.	☐	☐
5. Mi <u>piace / piacciono</u> i gatti.	☐	☐
6. Non mi <u>piace / piacciono</u> la letteratura inglese.	☐	☐
7. Mi <u>piace / piacciono</u> il caffè.	☐	☐
8. Mi <u>piace / piacciono</u> gli spaghetti.	☐	☐

B. Formale o informale?

B. Formale o informale? Listen to each of the following questions and decide if it is **formale** or **informale**. After a brief pause, you will hear the correct answer.

> ESEMPIO: *You hear:* Le piace l'italiano?
> *You check:* **formale**   **informale**
>
> *or*   ☑   ☐
>
> *You hear:* Ti piace l'italiano?
> *You check:* **formale**   **informale**
>   ☐   ☑

	formale	informale
1.	☐	☐
2.	☐	☐
3.	☐	☐
4.	☐	☐
5.	☐	☐
6.	☐	☐

🎧 C. Singolare o plurale?　For each word you hear, decide if you would say **mi piace** or **mi piacciono.** You will hear each word twice. Repeat the response.

ESEMPIO:　*You hear:*　il cappuccino
　　　　　You check:　mi piace
　　　　　You say:　Mi piace il cappuccino.

	mi piace	mi piacciono
1.	☐	☐
2.	☐	☐
3.	☐	☐
4.	☐	☐
5.	☐	☐
6.	☐	☐

🎧 D. Ti piace o non ti piace?　Listen to the questions and say whether or not you like the things mentioned. You will hear each question twice.

ESEMPIO:　*You hear:*　Ti piace la matematica?
　　　　　You say:　Sì, mi piace.　*or*

　　　　　　　　　　No, non mi piace.

1. ...　2. ...　3. ...　4. ...　5. ...　6. ...

E. Tocca a te. Che cosa ti piace?　Look at the illustrations below and write three sentences stating which things you like and three sentences stating which things you don't like.

1. _____

2. _____

3. _____

4. _____

5. _____

6. _____

Cultura

Ascoltiamo!

I gesti italiani

A. I gesti degli italiani. Remember the **gesti** you learned in class? Match each gesture with its meaning.

1.

2.

        a.   Call me!

        b.   Got a cigarette?

3.

        c.   Yum!

        d.   Quiet!

4.

B. Quale gesto? For each situation choose the sentence that best corresponds to the gesture being described.

1. Earlier you called your friend Simona and told her about a problem you do not know how to solve. The next time you see her she puts her index finger on her head. Simona means:
    a. I've got an idea!
    b. I have no clue!

2. It is already 9 p.m., and your little brother Fabio looks at you while pressing his hands together and resting his head on them. Fabio means:
    a. Call me!
    b. I'm sleepy.

3. Your sister Marta is expecting a phone call from her boyfriend, but you call a friend and talk to him for more than two hours! When you finally hang up, Marta looks at you while biting the side of her index finger. Marta means:
    a. I'm furious!
    b. Let's eat!

4. You and Claudio are buying tickets to a concert, but you don't have enough money. Claudio buys both tickets with the promise that you will repay him. The day of the concert arrives, and before giving you the ticket, Claudio starts rubbing his thumb and index finger together. Claudio means:
    a. Money.
    b. What do you want?

C. Il problema di Marco. For each situation choose the appropriate gesture. **Attenzione!** There are five gestures. Only four are used.

a.

b.
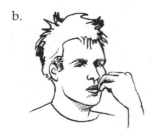
c.

d.
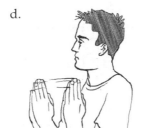
e.

1. Marco wants help solving a problem. He gestures to his friend Pietro: _____

2. Pietro does not know how to solve Marco's problem. He gestures back: _____

3. Pietro finally offers an outrageous solution. Marco laughs and gestures: _____

4. Satisfied with his cooperation, Pietro is now hungry. He gestures to Marco: _____

Leggiamo!

Strategie di lettura

Parole simili.   You can quickly increase your comprehension in Italian by using cognates (**parole simili**), words that have similar spellings and meanings in Italian and English. You can also increase your vocabulary by using **parole simili** when you speak and write.

Lettura

The following pages are taken from a pamphlet available at **Fontanarossa, l'aeroporto di Catania** in Sicily.

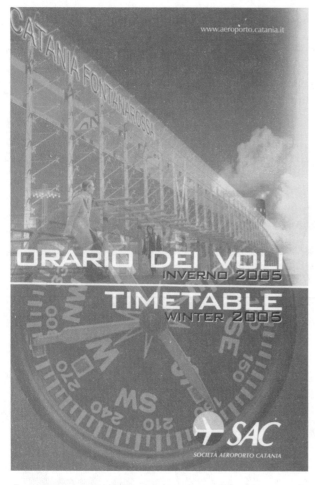

A cura di:/ *care of*

SAC S.p.A

Relazioni Esterne e Immagine / *External Relation*

Progetto grafico e stampa   **PUBBLIMAAC** (840 50 20 43)

A. Italiano-inglese.   Because there are so many international travelers, the pamphlet is bilingual. Using your knowledge of **parole simili,** write the Italian equivalents of the following English expressions from the pamphlet.

1. airline codes and phone numbers _____

2. before leaving _____

3. guide to the timetable _____

4. parking _____

5. rent a car _____

6. timetable _____

7. links and transportation _____

8. useful hints _____

9. useful telephone numbers _____

B. Come si dice... ? Using your answers from Activity A to help you, can you figure out the Italian equivalents of these English expressions?

ESEMPIO: useful words   parole <u>utili</u>

1. Internet links   _____ Internet

2. video rental   video _____

3. city guide   _____ alla città

4. train schedule   _____ dei treni

In Italia

Using the information from the *In Italia* sections of the textbook, decide if the following statements are **vero** or **falso**. If the statement is false, change one word to make it true.

	vero	falso
ESEMPIO: Italians use **ciao** with everyone. / Italians use *buon giorno* with everyone.	☐	☑
1. In Italy, the use of **buona sera** instead of **buon giorno** varies depending on whether you live in the North or the South.	☐	☐
2. Italians are less likely than Americans to address others by their professional title, such as **ingegnere**, **dottoressa**, **professore,** and so on.	☐	☐
3. In numerals, Italians would write two thousand four hundred and fifteen euros with a comma separating the two and the four.	☐	☐
4. Unlike in the United States, Italians always put the street name first, followed by the house number, e.g., **via Regina Bianca, 29.**	☐	☐

5. As you know, bars in the United States mainly serve alcoholic drinks and are frequented only by adults; **il bar** in Italy is quite similar. □ □

_____

6. When rating what gives them the most pleasure in life, Italian men and women agree on only one thing—music. □ □

_____

Scriviamo!

Presentiamoci! Write a paragraph (75 words) introducing yourself to your Italian e-pal, Stefania. Use the following part of her e-mail and the vocabulary from the textbook to get you started.

> **ESEMPIO:**
>
> Ciao!
> mi chiamo Stefania. Sono di Padova. E tu, di dove sei? Io abito in via Manzoni, 212.
> Il mio indirizzo e-mail è sgmartin@tiscali.it.
> Ti piace l'università? Io seguo un corso di letteratura inglese…

Adesso tocca a te!

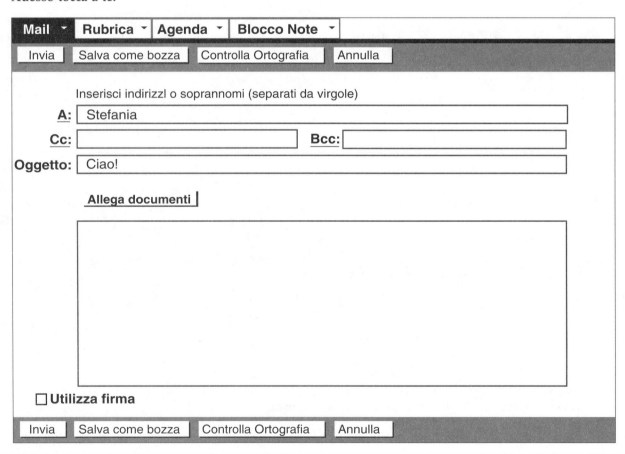

Com'è?

Capitolo **2**

Strategie di comunicazione

A. Salve! Match each greeting with its appropriate answer. **Attenzione!** All questions except two have more than one answer.

_____ 1. Di dove sei?   a. Non c'è male, e Lei?

_____ 2. Come va?   b. Sono Marco, e tu?

_____ 3. Come ti chiami?   c. Sono di Milano.

_____ 4. Come sta?   d. Benissimo, grazie! E tu?

_____ 5. Di dov'è?   e. Sono australiano.

B. Di dov'è? You spent two days at a hostel in Verona. Today, your friend joins you. He feels lost and, in order to get acquainted with the other people, he asks you about their nationalities. Answer his questions according to the cues. Repeat the responses.

> ESEMPIO: *You hear:* Di dov'è?
> *You see:* Mariana / Spagna
> *You say:* È spagnola.

1. Johnny / Inghilterra   4. Walter / Germania
2. Pablo / Messico   5. Luisa / Cuba
3. Amelie / Francia   6. Yoko / Giappone

C. Con chi parli? You will hear four different questions. Choose the option that best fits the question you hear.

1. a. Bene, grazie. E tu?   3. a. Sono studente.
   b. Ho 18 anni.   b. Ho vent'anni.

2. a. Sono Maria Cristina Verdello. 4. a. Insomma.
   b. Sono di Firenze.   b. Abito in via Crispi, 13.

Pronuncia

 *Le vocali*   Vowels

> ### Le vocali.
>
> There are seven vowel sounds in the Italian alphabet.
>
> - The vowels **a, i,** and **u** are pronounced as follows:
>
>   **a** as in *father*
>   **i** as in *marine*
>   **u** as in *rude*
>
> - The vowels **o** and **e** have two pronunciations but are spelled the same:
>
>   closed **e** as in *bait* and open **e** as in *quest*
>   closed **o** as in *cozy* and open **o** as in *cost*

A. Ascolta: Le vocali.

Parte prima. Listen to the following vowels and repeat each one. You will hear each vowel twice.

a e i o u

Parte seconda. Now, listen to the following vowels and words and repeat each one. You will hear each word twice.

a	casa	sala	ama
e	se	seta	come
	Vera	cena	c'è
i	Italia	India	Pisa
o	voto	sono	dove
	porta	cosa	rosa
u	uno	lupo	su

B. Tocca a te.

Parte prima. Listen and write the vowels you hear. You will hear each vowel twice.

1. _____ 2. _____ 3. _____ 4. _____ 5. _____

Parte seconda. Listen and write the words you hear. You will hear each word twice.

1. _____   6. _____   11. _____
2. _____   7. _____   12. _____
3. _____   8. _____   13. _____
4. _____   9. _____   14. _____
5. _____   10. _____   15. _____

Check your answers to this activity in the Answer Key at the back of the workbook.

Lessico

Sono allegro! Describing people, places, and things

A. Dove va il colore (*does the color go*)?

Parte prima. Listen and write the colors you hear. You will hear each color twice.

1. _____   4. _____   7. _____

2. _____   5. _____   8. _____

3. _____   6. _____   9. _____

Check your answers to this activity in the Answer Key at the back of the workbook.

Parte seconda. Now, write the number of the color from the **Parte prima** in the appropriate place in the illustration.

B. I colori.
Complete the following sentences with the names of the colors. When you have finished, the letters in the boxes will spell out the color of the objects in the illustration below.

_____

(continued)

1. La bandiera italiana è rossa, bianca e... ☐ _ _ _ _
2. L'elefante è... _ _ ☐ _ _ _
3. Il cielo sereno è... _ _ _ _ _ _ _☐
4. Il sole (*sun*) è... _ _ _☐ _ _
5. Il contrario di nero è... _ _ ☐ _ _ _ _

C. Quali colori hanno? What colors do you associate with the following objects or people? More than one color may be appropriate.

1. il mare _____.
2. un funerale _____.
3. Babbo Natale (*Santa Claus*) _____.
4. un bambino _____.
5. una bambina _____.
6. il giorno di San Patrizio _____.

D. L'intruso. (*Odd man out.*) Circle the adjective that does not belong in each group.

ESEMPIO: lento, debole, (veloce)

1. simpatico, cattivo, arrabbiato
2. tranquillo, nervoso, stressato
3. anziano, giovane, vecchio
4. attivo, pigro, stanco
5. magro, grande, grasso

E. Com'è? Find the adjective in Column B that is typically associated with the noun in Column A.

A	B
1. un esame _____	a. interessante
2. una Ferrari _____	b. alto
3. Michael Jordan _____	c. freddo
4. Babbo Natale _____	d. veloce
5. un caffè _____	e. caldo
6. il gelato _____	f. difficile
7. un film _____	g. debole
8. una persona ammalata _____	h. grasso

F. Qual è il contrario?

Parte prima. Complete each sentence with an adjective that is *opposite* in meaning to the one given.

1. Carlo non è magro, è _____.
2. Marco non è forte, è _____.

3. Giulio non è alto, è _____.

4. L'autobus non è veloce, è _____.

5. Umberto non è buono, è _____.

6. Il film non è bello, è _____.

7. Lorenzo non è triste, è _____.

8. Il professore non è giovane, è _____.

Parte seconda. You will hear a series of sentences. Complete each one with an adjective that is *opposite* in meaning to the one given. You will hear each sentence twice. Repeat the response.

1. ...   2. ...   3. ...   4. ...   5. ...   6. ...   7. ...   8. ...

G. Gli aggettivi e i contrari.   Hidden in the puzzle are at least eight adjectives. Find four of them, then write their opposites.

```
S  D  E  B  O  L  E
L  C  L  E  N  T  O
T  B  D  F  A  I  R
R  A  T  T  I  V  O
M  N  R  G  Z  S  R
T  Z  I  M  N  S  G
B  O  S  S  A  B  A
N  Q  T  R  S  T  M
Z  B  E  L  L  O  P
```

	Gli aggettivi	I contrari
1.	_____	_____
2.	_____	_____
3.	_____	_____
4.	_____	_____

H. Come stanno e come sono?

Parte prima. Choose the appropriate adjectives to complete the dialogues.

Dialogo 1

PAOLA: Ciao Paolo, come stai?

PAOLO: Sto bene perché sono <u>stressato / contento / ammalato</u>. E tu?

PAOLA: Io no. Non sto bene perché sono <u>allegra / veloce / arrabbiata</u>.

PAOLO: Perché?

PAOLA: Perché l'esame di matematica era (*was*) <u>difficile / pigro / triste</u>.

Dialogo 2

PAOLA: Ciao Gianna, come stai?

GIANNA: Sto così così perché sono <u>ricca / cattiva / stanca</u>. E tu?

PAOLA: Io sto benissimo perché sono <u>vecchia / innamorata / brutta</u> di Paolo!

(continued)

Dialogo 3

MANUELA: Ciao Sofia. Come stai?

SOFIA: Sto benissimo perché ho (*I have*) una <u>nuova / lenta / estroversa</u> Ferrari!

MANUELA: Che bello! Mi piacciono le Ferrari!

I. Adesso tocca a te! Answer the following question with a complete sentence.

Come stai e perché?

trutture

2.1 *L'italiano è divertente!* Adjectives

A. Quale forma è corretta? You will hear a series of nouns. Choose the adjective that best describes each noun. You will hear each noun twice. Repeat the response.

ESEMPIO: *You hear:* lo studente
You see: a. simpatica b. simpatico c. simpatici
You choose: b. simpatico
You say: lo studente simpatico

1. a. italiano   b. italiana   c. italiane
2. a. alto   b. alti   c. alta
3. a. rosso   b. rossa   c. rosse
4. a. bassa   b. basse   c. bassi
5. a. americani   b. americano   c. americane
6. a. nera   b. neri   c. nere

B. L'accordo.

Parte prima. Write the appropriate ending for each adjective.

1. una ragazza spagnol_____
2. tre amici giovan_____
3. un cane nervos_____
4. molt_____ biciclette verd_____
5. gli studenti liber_____
6. molt_____ pasta buon_____
7. la professoressa impegnat_____
8. molt_____ gatti ner_____
9. il quaderno verd_____
10. le studentesse canades_____

Parte seconda. Write the plural form of each of the following phrases.

1. il ragazzo intelligente _____
2. la macchina viola _____
3. la signora sincera _____
4. il bambino stanco _____
5. molto gelato italiano _____

Parte terza. Write the singular form of each of the following phrases.

1. gli studenti pigri _____
2. tre zaini verdi _____
3. le studentesse impegnate _____
4. i telefonini piccoli _____
5. due città grandi _____

C. *Questo o quello?* Choose the correct form of **questo** or **quello**.

1. quella / quei / quegli libri
2. quest' / questo / questi università
3. quell' / quel / quello corso
4. questo / questa / queste lezione
5. quella / quei / quelle macchine
6. quest' / queste / questa orologio
7. questa / queste / questi penne
8. quella / quelle / quell' amica
9. questo / questa / quest' professoressa
10. quei / quegli / quelle zaini

D. Ti piace questo o quello?

Parte prima. Simone and Sandro are at a store as Simone tells Sandro which items he likes on each of the tables. Listen and put a ✓ next to each item that Simone says he likes, paying close attention to the use of **questo** or **quello.** You will hear each statement twice.

Parte seconda. Now, listen again and write the appropriate form of **questo** or **quello** for each of the following nouns.

1. _____ computer

2. _____ zaino nero

3. _____ occhiali

4. _____ penne

5. _____ orologio

○ *Check your answers to this activity in the Answer Key at the back of the workbook.*

E. Ancora questo e quello.
Write the appropriate form of **questo** or **quello** for each of the following nouns according to the cues.

	vicino		lontano
1.	_____questa_____ materia	_____quella_____ materia
2.	_____ esame	_____ esame
3.	_____ bottiglie	_____ bottiglie
4.	_____ voto	_____ voto
5.	_____ cellulari	_____ cellulari
6.	_____ anno	_____ anno
7.	_____ amici	_____ amici
8.	_____ festa	_____ festa

F. Moltissimo!

Parte prima. Listen to the descriptions of people and objects with **molto/tanto** + adjective, then write the equivalent form of the adjective with **-issimo/a/i/e.** You will hear each description twice. Repeat the response.

ESEMPIO: *You hear:* un ragazzo molto magro
    You write: un ragazzo <u>magrissimo</u>

1. un gatto _____   4. un cane _____

2. una ragazza _____   5. una casa _____

3. un gelato _____   6. una macchina _____

○ *Check your answers to the **Parte prima** in the Answer Key at the back of the workbook before doing the **Parte seconda.***

Parte seconda. Now, write the opposite of each phrase from the **Parte prima.**

ESEMPIO: un ragazzo <u>magrissimo</u> → un ragazzo <u>grassissimo</u>

1. _____   4. _____

2. _____   5. _____

3. _____   6. _____

G. *Molto o poco?* Look at the illustrations and write the appropriate form of **molto** or **poco** for each noun.

1.  _____ amici

2.  _____ birra

3.  _____ gelato

4.  _____ libri

5.  _____ studentesse

6.  _____ bottiglie

2.2 *Quanti anni hai?*   The verbs *to be* and *to have*

A. Chi?

Parte prima. Match each subject with the appropriate subject pronoun.

1. _____ Laura   a. noi
2. _____ Tu e Michele   b. lei
3. _____ Io e Luisa   c. loro
4. _____ Paolo   d. lui
5. _____ Eleonora e Teresa e. voi

Parte seconda. Match each subject to the appropriate sentence.

1. _____ Laura   a. è studente all'università.
2. _____ Tu e Michele   b. abbiamo molti amici americani.
3. _____ Io e Luisa   c. sono basse.
4. _____ Paolo   d. avete fame?
5. _____ Eleonora e Teresa e. è alta e ha gli occhi verdi.

B. Quale verbo è?   Listen to each sentence and decide whether you hear the verb **avere** or the verb **essere.** You will hear each sentence twice.

ESEMPIO: *You hear:*   Marco è stanco e stressato.
           You choose: essere

	essere	avere
1.	☐	☐
2.	☐	☐
3.	☐	☐
4.	☐	☐
5.	☐	☐
6.	☐	☐

C. *Essere o avere?*   Circle the appropriate verb.

1. Patrizio è / ha giovane e forte.
2. Io sono / ho una bicicletta verde.
3. Gli studenti non sono / hanno lezione oggi.
4. Tu e Sandra siete / avete belle!
5. Il cane è / ha piccolo e tranquillo.
6. Anna è / ha gli occhi azzurri e i capelli castani.
7. Tu sei / hai una bella macchina!
8. Io e Mario siamo / abbiamo ventitré anni.

D. Chi è? Choose the appropriate illustration for each sentence you hear. You will hear each sentence twice.

a.

c.

e.

b.

d.

f.

1. _____ 2. _____ 3. _____ 4. _____ 5. _____ 6. _____

E. Il verbo giusto. Complete each of the following sentences with the appropriate forms of **essere** or **avere.**

1. Marta _____ molto cattiva e non _____ amici.

2. (io) _____ studente e _____ una macchina vecchia.

3. Il corso di chimica _____ molto difficile!

4. Questa settimana Stefano e Giulio _____ tre esami e _____ stressati.

5. Tu e Rita _____ bionde e _____ gli occhi blu.

6. Due panini, per favore. Io e Fabio _____ fame.

7. L'università _____ grande e i professori _____ molto impegnati.

8. (tu) _____ allegro/a perché non _____ compiti (homework) stasera?

F. Chi è? Listen to the following questions and decide if the person being interviewed is **Cinzia** or **la signora Tozzi.** After a brief pause, you will hear the correct answer.

	Cinzia	la signora Tozzi
1.	☐	☐
2.	☐	☐
3.	☐	☐
4.	☐	☐
5.	☐	☐
6.	☐	☐
7.	☐	☐
8.	☐	☐

G. Tocca a te! Come sei? Describe yourself using the verbs and vocabulary you have learned so far. Write at least five complete sentences.

_____

_____

_____

_____

2.3 *I miei corsi sono interessanti!* Possessive adjectives

A. Il possessivo giusto. Complete each statement with the appropriate article + possessive adjective.

ESEMPIO: Ho una penna nuova. <u>La mia</u> penna è rossa.

(La loro) (I miei) (Il nostro) (La sua) (Il suo) (I suoi) (I tuoi) (La vostra)

1. Sono studente all'università. _____ professori sono molto intelligenti.

2. Daniele e Maria hanno una casa. _____ casa è grande e bella.

3. Alberto ha una bicicletta. _____ bicicletta è veloce.

4. Tu e Marta avete molti CD. _____ musica preferita è il jazz.

5. Alessandra ha uno zaino rosso. _____ zaino è pesantissimo (*very heavy*)!

6. Tu hai due cani. _____ cani sono belli.

7. Paola ha tre libri di filosofia a casa. _____ libri sono nuovi.

8. Io e Marco abbiamo un amico molto serio. _____ amico si chiama Federico.

B. Scegli il possessivo giusto. Choose the appropriate possessive adjective.

1. _____ professoressa di biologia è brava!
   a. Il nostro   b. La nostra   c. I nostri   d. Le nostre

2. Nino e Roberto hanno gli occhiali. _____ occhiali sono molto moderni.
   a. Il loro   b. La loro   c. I loro   d. Le loro

3. _____ libri di letteratura inglese sono vecchi.
   a. Il tuo   b. La tua   c. I tuoi   d. Le tue

4. Paola ha una macchina nuova. _____ macchina è verde.
   a. Il suo   b. La sua   c. I suoi   d. Le sue

5. _____ corsi sono difficili quest'anno!
   a. Il mio   b. La mia   c. I miei   d. Le mie

6. Tu e Mara avete un bel gatto. _____ gatto è bianco e nero.
   a. Il vostro   b. La vostra   c. I vostri   d. Le vostre

7. Silvia, mi piacciono _____ fotografie. Sono belle!
   a. il tuo   b. la tua   c. i tuoi   d. le tue

C. Qual è? Listen to the following statements about Matteo or about both Matteo and his friend, Vittorio. Choose the article + possessive adjective that best complete each sentence based on what you heard. You will hear each sentence twice. Repeat the response.

> ESEMPIO: *You hear:*   Ha molti CD.
> *You see:*   <u>I suoi</u> / I loro CD sono nuovi.
> *You choose:*   I suoi
> *You say:*   I suoi CD sono nuovi.

1. <u>Le sue / Le loro</u> lezioni sono interessanti.
2. <u>Il suo / Il loro</u> computer è veloce!
3. <u>La sua / La loro</u> città è la capitale d'Italia ed è grandissima.
4. <u>I suoi / I loro</u> esami sono sempre difficili.
5. <u>Il suo / Il loro</u> orologio è molto prezioso.
6. <u>La sua / La loro</u> professoressa è di Milano.

D. Scrivi il possessivo. Complete the following dialogues with the appropriate forms of the possessive adjective.

1. ENRICO: Ho una ragazza (*girlfriend*)!

   SILVIO: Com'è _____ ragazza?

   ENRICO: È bassa e ha gli occhi castani.

2. FILIPPO: Stefano ha molte amiche canadesi.

   MAURO: Di dove sono _____ amiche?

   FILIPPO: Sono di Toronto.

3. LAURA: Alice e Rita hanno due quaderni.

   ANNA: Di che colore sono?

   LAURA: _____ quaderni sono rosa.

4. ROBERTO: Tu hai due pesciolini (*goldfish*)?

   MARCELLA: Sì. _____ pesciolini si chiamano Ugo e Pino.

5. MARIA: Io e Chiara abbiamo un appartamento.

   DIEGO: Ah sì? Dov'è?

   MARIA: _____ appartamento è a Chicago.

6. GIORGIA: Ho tre lezioni domani.

   FABIO: Come sono?

   GIORGIA: _____ lezioni sono sempre interessanti.

E. Un'intervista. You have just won the Student of the Year Award at your school and are being interviewed by the school newspaper. Listen and answer the following questions using a possessive adjective. You will hear each question twice.

> ESEMPIO: *You hear:*   Di che colore è la tua penna preferita?
> *You say:*   La mia penna preferita è rossa.

1. ...   2. ...   3. ...   4. ...   5. ...   6. ...

F. Tocca a te! Che cos'hanno?   Look at the illustrations and describe each of the people.
Attenzione! Write at least five complete sentences using adjectives.

1.

2.

3.

4.

5.

1. _____

2. _____

3. _____

4. _____

5. _____

Cultura

Ascoltiamo!

I cognomi degli italiani

A. Qual è l'origine?   You learned about the origins of some Italian family names. Match each name with its appropriate origin. **Attenzione!** There are five choices. Only four are used.

1. _____ Del Monte
2. _____ Alti
3. _____ Giovani
4. _____ Romano
5. _____ Grassi
6. _____ Allegro
7. _____ Neri

a.   l'aspetto fisico
b.   un colore
c.   il carattere / la personalità
d.   la provenienza geografica
e.   il nome del padre

B. I cognomi.   You will hear six Italian names. You will hear each name twice. Choose the most appropriate origin of the name.

a. il nome del padre   b. la provenienza geografica   c. un colore   d. l'aspetto fisico

1. _____   3. _____   5. _____

2. _____   4. _____   6. _____

C. Vero o falso?   You will hear four different statements about the origins of family names. You will hear each statement twice. Decide if it is **vero** or **falso.**

	vero	falso
1.	☐	☐
2.	☐	☐
3.	☐	☐
4.	☐	☐

Leggiamo!

Strategie di lettura

Recognizing cultural conventions. We rely on our expectations of how and where information typically appears to help us understand what we are reading. When we read in another language, what is "typical" may be different. Look carefully at the information below about the **Museo Nazionale della Scienza e della Tecnologia.** It may look a little different from what you expect.

Lettura

**Museo Nazionale
della Scienza e della Tecnologia**

Via S. Vittore 21
20123 Milano - Italy
Tel. +390248555200
Fax. +390248010016
E-mail info@museoscienza.it

A. In Italia si scrive così. Answer the questions about the museum.

1. How does a street address written in Italian differ from a street address written in English? **Attenzione!** The abbreviation **S.** stands for **San(to)** (*Saint*).

   _____

2. The number **20123** is the **codice postale** for the city of Milan. What is the equivalent number called in English?

   _____

3. How is a telephone number different in Italian? **Attenzione!** The number **39** is the country code for Italy. The **prefisso** (*city area code*) for Milano is **02.**

   _____

B. Un biglietto da visita. (*Business card.*) If you wanted to create a business card with your address and phone number written according to Italian conventions, how would it look?

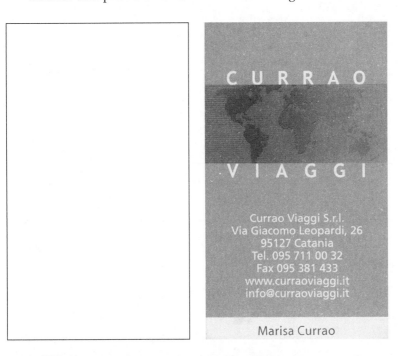

Currao Viaggi S.r.l.
Via Giacomo Leopardi, 26
95127 Catania
Tel. 095 711 00 32
Fax 095 381 433
www.curraoviaggi.it
info@curraoviaggi.it

Marisa Currao

In Italia

Using the information from the *In Italia* sections of the textbook, decide if the following statements are **vero** or **falso.** If the statement is false, change one word to make it true.

	vero	falso
1. When someone in Italy asks you how you are, you should add **grazie** after you answer, and then return the question with **E tu / E Lei?**	☐	☐
2. During the World Cup Italians watch their national team, **gli Arancioni,** on TV.	☐	☐
3. Those who are not interested in soccer may read a detective story (**un verde**) instead.	☐	☐
4. When Italians make a toll-free call, they use the appropriate **numero gratis.**	☐	☐
5. It is said that **bello** is Italy's favorite adjective because, quite simply, everything in the country is so beautiful.	☐	☐
6. The most common last name in Italy is **Bianchi.**	☐	☐

 *Scriviamo!*

Descriviamo gli altri! Write a paragraph (75 words) describing one or two of your closest friends. Use the following model and the vocabulary from the book to get you started.

ESEMPIO: La mia amica si chiama Rebecca. È americana, di Denver, ma abita a Chicago. Ha 20 anni e il suo compleanno è a luglio. Ha i capelli rossi e lunghi e gli occhi verdi. Il suo film preferito è…

Adesso tocca a te!

Cosa ti piace fare?

Capitolo 3

Strategie di comunicazione

A. Cosa dici?   Choose the phrase that best completes each question.

1. You are at the train station and would like to know when the next train departs. You ask:

    «_____ parte il treno?»
    a.   A che ora
    b.   Che ora

2. You recently purchased a watch. To set it, you ask: «_____ sono?»
    a.   A che ora
    b.   Che ore

3. You have a job interview but you don't remember at what time. You call the secretary and ask:

    «_____ è il colloquio?»
    a.   A che ora
    b.   Che ora

4. A friend has invited you to a concert tonight and you would like to know what time it starts.

    You ask: «_____ è il concerto»?
    a.   A che ora
    b.   Che ora

5. You are at a restaurant waiting for a friend to arrive, but s/he might be running late. You ask

    the waiter: «_____ sono?»
    a.   Che ora è
    b.   Che ore

B. Che ora è? You will hear a series of people tell you what time it is. Match each clock with the time you hear. You will hear each time twice.

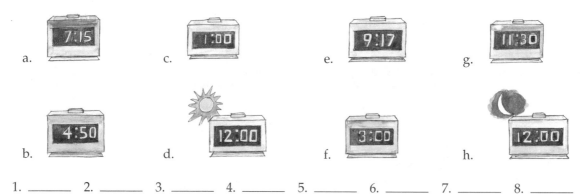

a.   c.   e.   g.

b.   d.   f.   h.

1. _____ 2. _____ 3. _____ 4. _____ 5. _____ 6. _____ 7. _____ 8. _____

C. Un viaggio in Italia! You are talking on the phone with Daniele planning a trip through Italy. He is asking you what time the trains leave for the following cities. Answer his questions, according to the cues. You will hear each question twice. Repeat the response.

ESEMPIO: *You hear:* A che ora parte il treno per Venezia?
You say: Alle 8.00

PARTENZE			
07.35	Pisa	13.20	Firenze
08.00	Venezia	16.05	Palermo
10.40	Milano	17.10	Bologna
11.15	Napoli	21.43	Torino

Pronuncia

Intonazione   Intonation

Intonazione.

In Italian the same sentence can be a statement of fact (**un'affermazione**), a question (**una domanda**), or an exclamation of surprise, shock, astonishment, or marvel (**un'esclamazione**). There is no equivalent to the English *do/does* when forming questions. In spoken Italian, rising intonation indicates a question. Listen to the following examples:

Sono le nove. (affermazione)
Sono le nove! (esclamazione)
Sono le nove? (domanda) ↗

Ascolta: L'intonazione. You will hear a series of statements. Decide if each one is **un'affermazione**, **una domanda,** or **un'esclamazione.** After a brief pause, you will hear the correct answer.

	un'affermazione	una domanda	un'esclamazione
1.	☐	☐	☐
2.	☐	☐	☐
3.	☐	☐	☐
4.	☐	☐	☐
5.	☐	☐	☐
6.	☐	☐	☐
7.	☐	☐	☐
8.	☐	☐	☐

Lessico

Che fai di bello? Talking about your daily activities

A. Che faccio? Match each statement in Column A with its logical completion in Column B.

A		B	
1.	Stasera sono stanco quindi (*therefore*) _____.	a.	ascolto la sua musica
2.	Studio molto perché _____.	b.	vado al bar
3.	Mi piace andare al cinema, ma _____.	c.	vado in discoteca
4.	Ballo tutta la sera quando _____.	d.	lavo i piatti
5.	Oggi pulisco la casa e _____.	e.	non mi piacciono i film di Al Pacino
6.	Mi piace Pavarotti e spesso _____.		
7.	Suono il pianoforte e _____.	f.	non esco
8.	Prendo un caffè ogni volta che _____.	g.	ascolto spesso Beethoven
		h.	frequento l'università

B. Gli amici di Salvatore. Listen as Salvatore's friends describe themselves. Then, choose the *two* statements that each person would likely make about his/her lifestyle. You will hear each description twice.

1. a. Ascolto Miles Davis e Chopin.   c. Vado sempre in discoteca.
   b. Non ho un cane.   d. Vado spesso al cinema.

2. a. Sono una studentessa.   c. Mi piace fare shopping.
   b. Guardo molti film.   d. Mangio la pizza la domenica.

3. a. Non studio molto.   c. Ho due cani.
   b. Mi piace guardare la TV.   d. Non vado a dormire molto tardi.

C. Il verbo nascosto (hidden).   Write the answer to each of the following questions. When you have finished, the letters in the squares will form the verb missing from Laura's statement.

Qual è...

1. il giorno dopo (*after*) domenica?   ☐ _ _ _ _ _

2. il giorno prima (*before*) di lunedì?   _ _ _ _ _ _ _ ☐

3. il giorno prima di sabato?   ☐ _ _ _ _ _

4. il giorno di Thanksgiving?   _ _ ☐ _ _ _ _

5. il giorno prima di mercoledì?   _ _ ☐ _ _ _ _

6. il giorno dopo venerdì?   _ _ _ _ _ _ ☐

   LAURA: Oh no!!! Questo sabato sera ☐☐☐☐☐☐, ma io voglio andare a ballare con i miei amici!

D. La settimana di Salvatore.

Parte prima. Listen as Salvatore describes his week. Complete his agenda with the missing information. You will hear the passage twice.

	lunedì	martedì	mercoledì	giovedì	venerdì
9.00			università		
11.00			↓		
13.00	pranzo	pranzo	pranzo	pranzo	pranzo
15.00		lezione di chitarra	biblioteca		
17.00					
19.00					uscire con Sandro
21.00					

● *Check your answers to the **Parte prima** in the Answer Key at the back of the workbook before doing the **Parte seconda**.*

Parte seconda. Now, listen to Salvatore again and decide if his statements are **vero** or **falso** according to his agenda. Each statement will be read twice.

	vero	falso		vero	falso		vero	falso
1.	☐	☐	4.	☐	☐	6.	☐	☐
2.	☐	☐	5.	☐	☐	7.	☐	☐
3.	☐	☐						

E. La vita di Luisa.

Parte prima. Complete the paragraph using each of the following verbs. Each verb is used once.

ballo   frequento   gioco   guardo   prendo

lavoro   faccio   studio   suono   leggo

Ciao, sono Luisa. Sono una ragazza italiana e _____ ¹ medicina all'Università di Milano. Studio molto perché l'università è difficile, ma faccio anche molte altre cose durante la settimana. Il lunedì e il mercoledì _____ ² le lezioni di medicina tutta la mattina, la sera _____ ³ a carte con le mie amiche alle venti e poi _____ ⁴ la TV per due ore. Il martedì studio tutto il giorno, _____ ⁵ molti libri, lavo i vestiti e non ho tempo per uscire. Il mercoledì e il giovedì _____ ⁶ in un negozio (*store*) del centro, dalle quattordici alle diciannove perché ho bisogno di (*I need*) soldi per l'università. _____ ⁷ l'autobus perché non ho i soldi per il taxi. Il venerdì studio tutta la mattina, ma la sera esco con le mie amiche Anna e Sofia e _____ ⁸ in discoteca tutta la sera. Mi piace molto andare a ballare con loro, sono simpatiche e divertenti. Il sabato _____ ⁹ la chitarra con gli amici, a casa mia o a casa di uno di loro e la domenica _____ ¹⁰ sempre colazione a casa dei miei genitori.

◗ *Check your answers to the* **Parte prima** *in the Answer Key at the back of the workbook before doing the* **Parte seconda.**

Parte seconda. You will hear Luisa make a series of statements about her life. Listen to each pair of statements and decide which one is true based on what you know about her from the **Parte prima.** You will hear each statement twice.

1. _____ 2. _____ 3. _____ 4. _____ 5. _____ 6. _____ 7. _____

F. Le attività di Marco.

Marco is away at college and is writing an e-mail to his parents explaining what he does in a typical day. Look at the illustrations and write the activities he is thinking of.

ESEMPIO: Studio l'italiano.

(continued)

1. _____.
2. _____.
3. _____.
4. _____.
5. _____.

G. Le tue attività.

Parte prima. What are the activities that you do regularly during the week? List at least two different activities for each day.

ESEMPIO: Il lunedì vado in biblioteca e ascolto la musica.

1. Il lunedì _____.

2. Il martedì _____.

3. Il mercoledì _____.

4. Il giovedì _____.

5. Il venerdì _____.

Parte seconda. Use the following agenda and write in the activities that you do on the weekend for each of the times listed. Use as many verbs as possible.

sabato	domenica
10.00	
12.00	
14.00	
16.00	
18.00	
20.00	
22.00	

Strutture

3.1 Mi piace studiare l'italiano! The infinitive of the verb

A. Che verbo è? Listen to the following verbs in the **io** form and say the corresponding infinitive. You will hear each verb twice. Repeat the response.

ESEMPIO: *You hear:* parlo
You say: parlare

1. ... 2. ... 3. ... 4. ... 5. ... 6. ... 7. ... 8. ...

B. Non mi va. Read the following sentences and match each statement in Column A with the appropriate response in Column B. The first one is done for you.

A

1. __d.__ Ho molte bottiglie di coca-cola.

2. _____ Ho un CD di Pavarotti.

3. _____ Non ho soldi (*money*)!

4. _____ Sono una brava studentessa.

5. _____ La casa è in disordine (*a mess*)!

6. _____ La mia macchina è sporca (*dirty*)!

7. _____ Ho molta fame!

B

a. Mi va di mangiare un panino.

b. Non mi va di lavare la macchina.

c. Non mi va di pulire.

d. Preferisco le bibite gassate (*carbonated*).

e. Non mi piace lavorare.

f. Mi piace ascoltare la musica.

g. Mi va di studiare.

C. Le piace o no? Listen to Anna as she talks about what she likes and doesn't like to do. Put a ✓ next to the things that Anna says she *likes* to do. You will hear the passage twice.

Le piace...

1. _____ studiare.

2. _____ leggere i libri di psicologia.

3. _____ scrivere le relazioni (*papers*).

4. _____ parlare al telefono.

5. _____ uscire con gli amici.

6. _____ studiare a casa.

D. Esco stasera. Paolo has made plans for this evening with his friend Emiliano, but when Paolo tells his mother what he is doing he doesn't tell the whole truth. Listen to Paolo and Emiliano's conversation, then read the following statements that Paolo makes to his mother. Decide if each statement is **vero** or **falso** based on their conversation. You will hear the conversation twice.

	vero	falso
1. Vado a ballare con Emiliano, Cinzia e Alice.	☐	☐
2. Bevo qualcosa al bar prima.	☐	☐
3. Vado in autobus.	☐	☐
4. Mangio la pizza con Emiliano.	☐	☐
5. Arrivo da Emiliano (*at Emiliano's house*) alle 9.30.	☐	☐

E. Che cosa ti piace fare? Complete the sentences with one of the following infinitives.

(ballare) (giocare) (leggere) (mangiare) (studiare)

ESEMPIO: Sono pigro e sempre stanco. Mi piace *dormire*.

1. Ho molti libri di Stephen King. Mi piace _____.

2. Ho sempre fame. Mi piace _____.

3. Sono sempre in discoteca il sabato sera. Mi piace _____.

4. Sono uno studente serio e faccio molti esami difficili. Mi piace _____.

5. Sono sportivo. Mi piace _____ a calcio.

F. Due gemelli differenti. Lucia and Lucio are twins, but have very different likes and dislikes. Complete the following descriptions of them with the appropriate infinitives.

Lucia è una ragazza molto allegra. Le piace <u>parlare</u> al telefonino e _____¹ nel suo diario.

Quando è in camera sua (*her room*) preferisce _____² la porta e _____³ la musica. Non le piace _____⁴ la camera ed è sempre tutto in disordine.

Lucio è un ragazzo serio e tranquillo. Gli piace _____⁵ panini e _____⁶ la coca-cola. Gli piace _____⁷ la filosofia e _____⁸ i fumetti (*comics*). Per lo sport, preferisce _____⁹ a golf con gli amici.

3.2 Studio l'italiano The present indicative of regular verbs

A. I verbi regolari. Write the missing meanings of the verbs, then complete the chart.

	suonare	spiegare	chiudere	aprire *to open*	pulire
	_____	_____	_____		_____
io		spiego		apro	
tu			chiudi		
lui, lei; Lei					
noi	suoniamo				puliamo
voi					
loro					

B. Chi fa che cosa? Match the following statements with the appropriate subject pronouns. The first one is done for you.

a. Tu e Fabrizio   b. Monica   c. Luca e Angela   d. Io e Martina   e. Tu

1. __b.__ legge un libro interessante.
2. _____ studiano fisica in biblioteca.
3. _____ mangi un panino al bar.
4. _____ siamo stanchi e stressati.
5. _____ oggi giocate a tennis.
6. _____ capisci bene l'italiano.
7. _____ pulite l'appartamento.
8. _____ il sabato lavano il cane.
9. _____ ha un amico spagnolo.
10. _____ torniamo a casa presto.

C. Che cosa gli piace fare? Paolo, Laura, Giacomo, Mario, and Francesca like what they do. Answer the questions about them using either **gli piace** or **le piace**. Each question will be read twice. Repeat the response.

ESEMPIO: *You hear:* Paolo gioca spesso a calcio con il fratello?
You say: Sì, gli piace giocare a calcio con il fratello.

1. ...   2. ...   3. ...   4. ...   5. ...

D. Che cosa fa Chiara?

Parte prima. Complete Chiara's weekend agenda for her using the following verbs.

a. ballo   b. frequento   c. gioco   d. leggo   e. mangio

f. pulisco   g. scrivo   h. studio

	venerdì	**sabato**	**domenica**
9.00	_____[1] la lezione di chimica	faccio shopping in città	vado in chiesa (*church*)
12.00	mangio alla mensa	mangio un panino	_____[2] a casa della nonna (*grandmother*)
14.30	_____[3] in biblioteca	_____[4] la casa	_____[5] a basket
18.00	_____[6] un libro	_____[7] una e-mail a Angelo	studio a casa
23.15	vado a una festa	_____[8] in discoteca	vado a letto

▶ *Check your answers to the **Parte prima** in the Answer Key at the back of the workbook before doing the **Parte seconda**.*

Parte seconda. Listen to the questions based on Chiara's agenda and choose the correct response. Each question will be read twice.

1. a. venerdì   b. sabato   c. domenica
2. a. a mezzogiorno   b. alle 18.00   c. alle 23.15
3. a. venerdì   b. sabato   c. domenica
4. a. alle 9.00   b. a mezzogiorno   c. alle 14.30
5. a. a casa della nonna   b. alla mensa   c. al bar

E. La giornata di Eleonora.

Parte prima. Complete the following paragraph by inserting the appropriate verb endings.

ESEMPIO: Franco paga il cappuccino al bar.

Ogni giorno Eleonora frequent_____[1] le lezioni all'università dalle otto e mezzo di mattina fino

alle tre e mezzo del pomeriggio. Alle otto prend_____[2] un cappuccino e una brioche al bar dove

legg_____[3] il giornale. Eleonora studi_____[4] molto e, quando è a lezione, ascolt_____[5] sempre

i professori. A mezzogiorno mangi_____[6] alla mensa con i compagni e parl_____[7] con loro delle

lezioni. Dopo pranzo Eleonora e i compagni studi_____[8] in biblioteca per un'ora e poi hanno un'altra

lezione dalle due fino alle tre e mezzo. Eleonora torn_____[9] a casa stanca, allora guard_____[10]

un po' la televisione e dorm_____[11] per mezz'ora. La sera Eleonora e gli amici non mangiano alla

mensa, prefer_____[12] mangiare insieme (*together*) al ristorante.

▶ *Check your answers to the **Parte prima** in the Answer Key at the back of the workbook before doing the **Parte seconda**.*

Parte seconda. You will now hear a series of statements about Eleonora's day. Decide if the statements are **vero** or **falso** based on the information given in the **Parte prima.** Each statement will be read twice.

	vero	falso
1.	☐	☐
2.	☐	☐
3.	☐	☐
4.	☐	☐
5.	☐	☐

F. A lezione di filosofia.
Listen to Mario and Stefano's conversation as they discuss their philosophy class and their classmates. Complete their conversation with the verbs that you hear. The conversation will be read twice.

MARIO: Stefano, ti piace _____[1] le lezioni di filosofia della professoressa

Marinetti?

STEFANO: Sì e no. A volte (*At times*) lei _____[2] troppo veloce e non

_____[3] le opinioni degli studenti. _____[4] anche un po'

nervosa quando non _____[5] tutto.

MARIO: E cosa dici di quelle ragazze sempre attente e serie? Durante la lezione

_____[6] sempre la professoressa e _____[7] appunti (*class*

notes). _____[8] tutto! Poi _____[9] anche belle!

STEFANO: Sì, _____[10] ragione. Perché non _____[11] con loro questo

weekend?

MARIO: No, non posso. _____[12] al ristorante sabato e domenica. E poi quelle

ragazze non _____[13] ragazzi come noi!

G. Che cosa fanno Gianni e Massimo il mercoledì?

Parte prima. What are Gianni and Massimo doing today? Listen to the passage and number the activities in the order that you hear them. You will hear the passage twice. The first one is done for you. **Attenzione!** Read all the options before listening to the passage.

_____ lavare i piatti   _____ tornare al bar   _____ leggere il giornale

_____ mangiare   _____ ballare in discoteca   __1__ lavorare al bar

_____ tornare a casa   _____ dormire per due ore   _____ guardare il calcio

Parte seconda. Now, listen to the passage again and write the answers to the following questions.

1. Dove fanno il pranzo Gianni e Massimo? _____

2. Che cosa leggono? _____

3. A che ora tornano al bar? _____

4. Con chi (*With whom*) vanno in discoteca la sera? _____

5. Perché dormono per due ore? _____

Check your answers to Activities F and G in the Answer Key at the back of the workbook.

H. Roberta non ascolta sempre la mamma. Roberta does not always do what her mother tells her. Complete the following conversation with the correct form of the verb in parentheses.

MAMMA: Roberta, _____[1] (mangiare) a casa stasera con noi oppure (*or*) in pizzeria

con gli amici?

ROBERTA: Non lo so. _____[2] (studiare) in biblioteca fino alle sette, poi io e Claudia

_____[3] (giocare) a calcio e più tardi _____[4] (andare) a

ballare in discoteca con Paolo e Marco.

MAMMA: Roberta! _____[5] (avere) lezione domani mattina! Se stanotte[a]

_____[6] (dormire) poco, domani non _____[7] (capire) niente

a lezione!

ROBERTA: Mamma, io e Claudia _____[8] (tornare) a casa presto perché anche lei

_____[9] (lavorare) domani.

MAMMA: Non ci credo,[b] voi ragazze non _____[10] (ascoltare) mai i genitori e vi

_____[11] (piacere) fare le ore piccole!

[a]Se... *If tonight* [b]Non... *I don't believe you*

I. Cosa fate di bello oggi? What are you and your friends doing today? Complete the sentences below with your activities for each part of the day.

ESEMPIO: Di mattina… andiamo a lezione di storia.

Di mattina… _____

A mezzogiorno… _____

La sera… _____

3.3 *Dove vai?* Irregular verbs

A. Che cosa fanno? You will hear a series of statements about what people enjoy doing on Saturdays. Choose the subject pronoun that corresponds to each statement. You will hear each statement twice.

ESEMPIO: *You hear:* Faccio sport con gli amici.
You check: ☑ io

	io	tu	lei / lui	noi	voi	loro
1.	☐	☐	☐	☐	☐	☐
2.	☐	☐	☐	☐	☐	☐
3.	☐	☐	☐	☐	☐	☐
4.	☐	☐	☐	☐	☐	☐
5.	☐	☐	☐	☐	☐	☐
6.	☐	☐	☐	☐	☐	☐
7.	☐	☐	☐	☐	☐	☐
8.	☐	☐	☐	☐	☐	☐

B. Dove andiamo?
Answer the questions using the verb **andare** and one of the following places. **Attenzione!** Some questions have more than one possible answer.

(a casa)   (all'università)   (in pizzeria)

(alla mensa)   (al bar)   (al cinema)

ESEMPIO: FILIPPO: Dove vai a studiare?
          LUIGI: Vado in biblioteca.

1.   ELISABETTA: Dove andiamo a fare colazione?

        MARILENA: _____

2.   SARA: Dove andate questa sera?

  GIULIANO E MARINO: _____

3.   TOMMASO: Dove va Silvia a mangiare?

          MARCO: _____

4.   FRANCESCO: Dove vai a dormire?

         GIULIO: _____

5.   GIORGIA: Dove andate a mangiare la pizza?

  ALESSIO E JESSICA: _____

6.   PIERO: Dove andiamo a studiare oggi?

        GIANNI: _____

C. Le espressioni con *fare.*
Look at the following illustrations and complete the sentences with an idiomatic expression with **fare.**

1.

Che tempo fa? Fa _____.

Laura fa _____ al parco con la sua amica Cinzia.

Francesco fa _____.

2.  Fa molto _____ in palestra (*gym*).

Mara e Elisabetta fanno _____.

3. Le studentesse fanno _____ e lo

studente fa _____.

D. La nostra giornata.

Parte prima. Marina is a university student and her roommate Stefania works at a clothing store. Complete the passage about their typical day with the appropriate forms of the following verbs. **Attenzione!** Some verbs may be used more than once.

(andare)   (arrivare)   (avere)   (fare)   (lavorare)   (prendere)   (uscire)

Ogni giorno io e Stefania _____[1] colazione a casa alle 7.15. Stefania

_____[2] di casa alle 7.45 perché _____[3] in un negozio (*store*). Io

_____[4] di casa alle 9.00 perché _____[5] una lezione all'università alle

9.30. Arrivo presto a lezione ma i miei compagni[a] _____[6] sempre in ritardo (*late*).

Alle 11.00 io e i miei amici _____[7] al bar durante la pausa (*break*) e

_____[8] un caffè, poi _____[9] lezione fino (*until*) all'una.

Stefania alle 10.30 fa una breve pausa, _____[10] al bar dove _____[11]

un cappuccino. Alle 13.30 Stefania finisce di lavorare al negozio e noi due _____[12] a

casa a mangiare. La sera (noi) _____[13] con gli amici o guardiamo la TV a casa.

[a]i... *my classmates*

● *Check your answers to this activity in the Answer Key at the back of the workbook before doing the* **Parte seconda.**

Parte seconda. Now, based on the information in the **Parte prima,** decide whether each statement refers to Marina, Stefania, or **tutte e due** (*both of them*).

	Marina	Stefania	tutte e due
1. Fa colazione a casa.	☐	☐	☐
2. Esce di casa alle 7.45.	☐	☐	☐
3. Ha lezione alle 9.30.	☐	☐	☐
4. Va al bar alle 11.00 con gli amici.	☐	☐	☐
5. Prende un cappuccino al bar alle 10.30.	☐	☐	☐
6. Esce con gli amici la sera.	☐	☐	☐

E. A che ora... ? You will hear a series of questions. Answer each question with the time provided. You will hear each question twice.

> ESEMPIO: *You hear:* A che ora vai a scuola?
> *You see:* 8.30
> *You say:* Vado a scuola alle otto e mezzo.

1.	8.00	3.	11.35	5.	1.30
2.	7.45	4.	10.15	6.	4.10

F. Una famiglia impegnata.

Parte prima. You will hear five questions about the Moretti family. Answer each question based on the illustrations. Each question will be repeated twice. Repeat the response.

> ESEMPIO: *You hear:* Chi fa una foto?
> *You say:* Paolo fa una foto.

1. ... 2. ... 3. ... 4. ... 5. ...

Parte seconda. Now, answer the following questions based on the illustrations in the **Parte prima.**

1. Chi guarda Marco e Filippo? _____

2. Che cosa mangia Argo? _____

3. Che cosa fa il nonno? _____

G. Ti piace il weekend?

Answer the following questions about your weekend activities. Use complete sentences.

1. Che cosa ti piace fare il weekend?

    _____

2. Quando esci con gli amici, dove andate di solito (*usually*)?

    _____

3. Cosa fate tu e i tuoi amici quando fa brutto tempo?

    _____

4. Studi durante il weekend? Quando?

    _____

5. A che ora vai a letto il weekend?

    _____

H. Cara Cinzia.

Parte prima. Complete the following e-mail to Cinzia from her friend Martina with the appropriate forms of the verbs **andare, arrivare, avere (2), essere (2), frequentare, piacere, stare, uscire.**

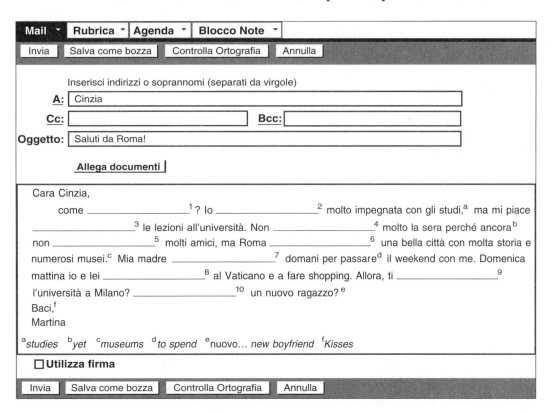

| Mail ▾ | Rubrica ▾ | Agenda ▾ | Blocco Note ▾ |

| Invia | Salva come bozza | Controlla Ortografia | Annulla |

Inserisci indirizzi o soprannomi (separati da virgole)

A: Cinzia

Cc: _____   **Bcc:** _____

Oggetto: Saluti da Roma!

Allega documenti

Cara Cinzia,

come _____1 ? Io _____2 molto impegnata con gli studi,[a] ma mi piace _____3 le lezioni all'università. Non _____4 molto la sera perché ancora[b] non _____5 molti amici, ma Roma _____6 una bella città con molta storia e numerosi musei.[c] Mia madre _____7 domani per passare[d] il weekend con me. Domenica mattina io e lei _____8 al Vaticano e a fare shopping. Allora, ti _____9 l'università a Milano? _____10 un nuovo ragazzo? [e]

Baci,[f]

Martina

[a]*studies*   [b]*yet*   [c]*museums*   [d]*to spend*   [e]*nuovo... new boyfriend*   [f]*Kisses*

☐ **Utilizza firma**

| Invia | Salva come bozza | Controlla Ortografia | Annulla |

Parte seconda. Now, play the part of Cinzia and respond to Martina's e-mail.

Mail ▾	Rubrica ▾	Agenda ▾	Blocco Note ▾	

Invia	Salva come bozza	Controlla Ortografia	Annulla

Inserisci indirizzi o soprannomi (separati da virgole)

A: Martina

Cc: _____   **Bcc:** _____

Oggetto: Re: Saluti da Roma!

__Allega documenti__ |

Cara Martina,

_____

_____

_____

_____

Baci,

_____

☐ **Utilizza firma**

Invia	Salva come bozza	Controlla Ortografia	Annulla

Cultura

L'orario degli italiani

A. Cosa fa? Listen to Paolo's description of his typical workday. For each of the following statements, check **vero** if the activity is part of Paolo's day, or **falso** if it is not. You will hear the passage twice.

ESEMPIO: *You hear:*   Mangia con la famiglia.
           You check: ☑ **vero**   ☐ **falso**

		vero	falso
1.	Va a lavorare presto la mattina.	☐	☐
2.	Prende un caffè la mattina.	☐	☐
3.	Mangia a casa a mezzogiorno.	☐	☐
4.	Prende un caffè nel pomeriggio.	☐	☐
5.	Torna a casa alle 21.00.	☐	☐

B. L'orario tipico italiano o americano?
Robert, an American from New York, is visiting his Uncle Marco in Rome. You will hear five statements describing typical American or Italian daily activities. Each statement will be repeated twice. Decide whether the statement refers to what Robert does in the United States or if it refers to what **zio Marco** does in Italy.

	Robert	zio Marco
1.	☐	☐
2.	☐	☐
3.	☐	☐
4.	☐	☐
5.	☐	☐

C. L'orario italiano.
How much do you remember about the typical Italian workday that was presented in class? Based on what you learned in class, choose the correct answer to the following questions.

1. Gli italiani vanno al bar per uno spuntino _____.
   a. alle 11.00 e alle 17.00
   b. alle 10.00 e alle 18.00

2. La mattina molti negozi aprono _____.
   a. alle 9.00
   b. alle 11.30

3. I bambini spesso non vanno a letto prima delle _____.
   a. 22.00
   b. 24.00

4. Gli italiani del Sud mangiano _____ degli italiani del Nord.
   a. più tardi
   b. più presto

Strategie di lettura

Using visuals. When we read we rely on words and also on the photos and illustrations accompanying the reading. This combination helps when we encounter new words and difficult expressions. The following article appeared in the popular culture/science magazine *Focus*. In it, you will find out more about a popular Italian habit.

A. Prima di leggere.
Look at the title and illustration and answer the following question. The idiomatic expression *schiacciare un pisolino* has a meaning similar to the word *riposo* which appears in the reading. From looking at the picture, can you guess the meaning of these two terms?

    a. look at a map
    b. eat a snack
    c. take a nap

B. Vero o falso?
Read the text and look at the map of Italy to decide if the following sentences are **vero** or **falso**.

	vero	falso
1. More than half of Italians take a nap.	☐	☐
2. Italians usually nap in the afternoon.	☐	☐
3. Most Italians who nap do so once or twice a week.	☐	☐
4. People in Northern Italy nap more than in Southern Italy.	☐	☐

C. Parole nuove.
Now, scan the text again and see if you can find the Italian equivalents of the following words.

    1. distribution   _____

    2. percentage   _____

    3. week   _____

    4. rest   _____

Lettura

Ti piace schiacciare un pisolino?

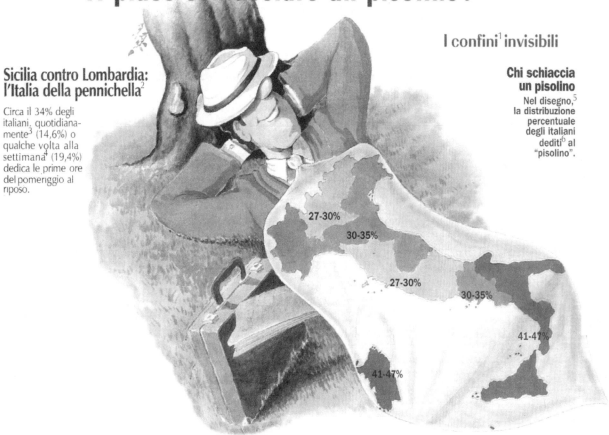

I confini[1] invisibili

Sicilia contro Lombardia: l'Italia della pennichella[2]

Circa il 34% degli italiani, quotidiana-mente[3] (14,6%) o qualche volta alla settimana[4] (19,4%) dedica le prime ore del pomeriggio al riposo.

Chi schiaccia un pisolino

Nel disegno,[5] la distribuzione percentuale degli italiani dediti[6] al "pisolino".

27-30%

30-35%

27-30%

30-35%

41-47%

41-47%

[1]borders   [2]nap   [3]daily   [4]qualche... *a few times a week*   [5]drawing   [6]devoted

In Italia

Using the information from the *In Italia* sections of the book, decide whether the following statements are **vero** or **falso.** If the statement is false, change one word to make it true.

	vero	falso
1. In Italy, train schedules, TV program times, and store hours are written using the 24-hour clock.	☐	☐
2. Stores that are open all afternoon are said to have an **orario pomeridiano.**	☐	☐
3. The first day of the week on an Italian calendar is **domenica.**	☐	☐

(continued)

	vero	falso
4. Almost every region of Italy has a particular design for its **carte da gioco.**	☐	☐
5. The degree program called **Laurea in Beni Culturali** allows a student to study a variety of subjects such as art, history, archeology, and foreign languages.	☐	☐
6. Italians traditionally answer the phone with the expression **presto,** literally, *ready.*	☐	☐

Scriviamo!

Cosa fai di bello?   Write a paragraph (75 words) about your weekly schedule. Describe what you do during the week and when. Use the following model and the vocabulary from the book to get you started.

ESEMPIO: Frequento le lezioni tutti i giorni dalle 10 alle 17. Il lunedì faccio yoga con la mia amica. Di sera guardo la TV e studio… Il weekend mi piace uscire con gli amici.

Adesso tocca a te!

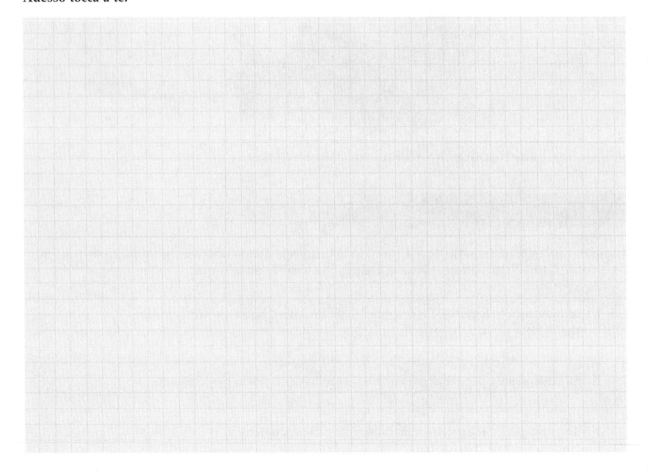

Che bella famiglia!

Capitolo 4

Strategie di comunicazione

A. Ripasso.   You have been invited to a party by one of your Italian friends. In order to meet people you need to ask questions. For each situation write an appropriate question or statement in Italian using the expressions you have learned. Then, write the responses.

1.   You approach someone to ask her/his name; you ask: «_____?»

     S/he responds: «_____.»

2.   You'd like to know where s/he is from; you ask: «_____?»

     S/he responds: «_____.»

3.   S/he looks to be your age but you aren't sure; you ask: «_____?»

     S/he responds: «_____.»

4.   All of a sudden s/he isn't feeling well; you inquire: «_____?»

     S/he responds: «_____.»

5.   You see another person you would like to talk to; you tell her/him:

     «_____.»

     S/he responds: «_____.»

B. Che bello!   Comment on situations and things you like and don't like. Match each item from Column A with one of the expressions with **che** in Column B. **Attenzione!** Adjectives must agree with the noun.

A	B
1. _____ un documentario lungo e noioso	a. Che belli!
2. _____ la casa non è pulita	b. Che buoni!
3. _____ i gelati del Bar Vivoli a Firenze	c. Che mattone!
4. _____ i film di Roberto Benigni	d. Che città meravigliosa!
5. _____ Roma	e. Che schifo!

C. Domande. You will hear a series of four statements. Each one will be read twice. The second time, write the letter of the statement that best matches each question.

1. _____ Che fai?   3. _____ Chi è?

2. _____ Che tempo fa?   4. _____ Cos'è?

ronuncia

 **La lettera c**   Pronunciation of the letter c

---

La lettera c.

- Before **a, o,** and **u** the consonant **c** has a hard sound, as in *cup*.

- Before **e** or **i** the consonant **c** has a soft sound, as in *cheap*.

- The combination **ch** only appears before **e** or **i** and has a hard sound.

  Listen and repeat the following words. Note the difference between the hard and soft sounds.

Hard **c:**	casa	cantare	conto	culla	Cuba
Soft **c:**	ci	c'è	docente	cibo	Cina
Hard **c:**	che	chi	Chianti	maschi	chiodo

A. Dettato.

Parte prima. You will hear each of the following words twice. Complete each word with **c** or **ch.**

1. Mar___ella   3. bar___a   5. Mar___e   7. for___etta

2. gio___i   4. re___uperare   6. ___ena   8. arriveder___i

Parte seconda. Now write the words you hear. You will hear each word twice.

1. _____   4. _____   7. _____

2. _____   5. _____   8. _____

3. _____   6. _____   9. _____

▶ *Check your answers to this activity in the Answer Key at the back of the workbook.*

Lessico

Che bella famiglia! Talking about your family

A. I parenti. Match the family members in Column A with the corresponding definition in Column B.

A	B
1. ___ il cugino	a. la sorella della madre o del padre
2. ___ la zia	b. è sposata (*married*) con il marito
3. ___ la moglie	c. la madre della madre o del padre
4. ___ il nonno	d. il marito della nonna
5. ___ lo zio	e. il figlio di una sorella o di un fratello
6. ___ i nonni	f. il fratello del padre o della madre
7. ___ la nonna	g. il figlio di uno zio
8. ___ il nipote	h. i genitori del padre o della madre

B. La famiglia di Dina. Look at the picture of Dina's family and decide whether the statements that Dina makes are **vero** or **falso**.

	vero	falso
1. Ho quattro figli.	☐	☐
2. Non ho un marito.	☐	☐
3. Non ho figlie.	☐	☐
4. I miei genitori non sono nella fotografia.	☐	☐
5. Non abbiamo animali in casa.	☐	☐
6. Ci sono solo due fratelli nella foto.	☐	☐
7. La mia famiglia è formata da cinque persone.	☐	☐

C. La famiglia di Sandra.
Complete the description of Sandra's family with the following words. Each word is used once.

(cugino) (famiglia) (figlia) (figlio) (genitori) (marito) (nipote) (nipoti)

Ciao, sono Sandra Martini. Sono insegnante d'italiano all'Università di Bologna. Mi piace

insegnare italiano, è una bellissima lingua. Lavoro molto, ma mi piace anche passare (*pass*) molto

tempo con la mia _____¹.

Siamo in quattro: io, mio _____² Antonio, mio _____³ Giuliano e

mia _____⁴ Patrizia. Io e Antonio siamo marito e moglie da quattro anni. Anche lui

è insegnante come me, insegna inglese nella mia stessa (*same*) università.

Giuliano ha due anni ed è molto simpatico. Patrizia è più grande, ha tre anni. A loro piace

giocare con il _____⁵ Massimiliano, il figlio di mia sorella Valentina.

Mio _____⁶ Massimiliano viene spesso (*often*) a casa nostra e qualche volta

(*sometimes*) dorme con noi, soprattutto (*most of all*) durante il weekend.

I miei _____⁷ sono anziani, ma vengono spesso a trovarci (*visit us*) perché gli

piace stare con i loro due _____⁸: giocano con loro e fanno insieme lunghe

passeggiate nel parco.

D. I membri della famiglia di Ugo e Sara.
Complete the following sentences with the appropriate family relationship.

ESEMPIO: Giovanna è mia madre. Io sono sua figlia.

1. Ugo e Sara sono sposati. Sara è la _____ di Ugo.

2. Clara è la nonna di Sara. Sara è sua _____.

3. Sara è la moglie di Ugo. Ugo è suo _____.

4. Sara è la sorella di Alfredo. Alfredo è suo _____.

5. Sara è la madre di Riccardo. Riccardo è suo _____.

6. Franco è il nonno di Ugo. Ugo è suo _____.

7. Lina è la zia di Sara. Sara è sua _____.

⌒◯ E. L'albero genealogico (*family tree*) di Martina.

Parte prima. Listen to Martina describe her family and fill in the missing names in the family tree. You will hear the passage twice.

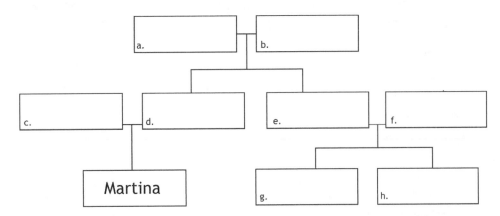

⌒◯ **Parte seconda.** Listen to Martina's description of her family again and choose the correct answer.

		a.	b.	c.
1.	Martina ha _____.	12 anni	14 anni	13 anni
2.	I suoi nonni abitano a _____.	Palermo	Termoli	Salerno
3.	Martina vede i nonni _____.	ogni estate	ogni mese	questo mese
4.	Sua zia Giulia ha _____.	tre figlie	due figlie	due figli
5.	Le sue cugine sono più _____ di lei.	grandi	alte	piccole
6.	La madre di Martina insegna _____.	ingegneria	storia	italiano
7.	I suoi genitori _____ molto.	studiano	lavano	lavorano

⌒◯ F. La casa di Bianca.

Parte prima. Listen to Bianca describe the members of her family. Write the names of the four people in the house.

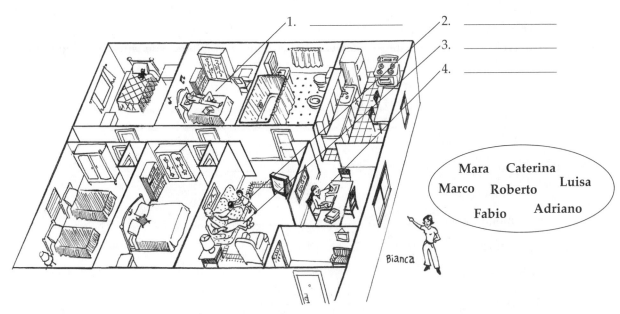

1. _____
2. _____
3. _____
4. _____

Mara   Caterina
Marco   Roberto   Luisa
Fabio   Adriano

Parte seconda. Listen to Bianca's description of her family again and fill in the missing information in the chart.

	Che cosa fa?	Quanti anni ha?
Mara		
Caterina		
Luisa		
Roberto		
Fabio		

G. Un incontro fra amici d'infanzia.
Pino and Veronica are childhood friends but they have not seen each other for a long time. Listen to their conversation and then choose the correct response to each question. You will hear their conversation twice. **Attenzione!** Improve your comprehension by reading the questions before listening to the conversation.

1. Dove abita Pino adesso?
   a. a Firenze
   b. a Napoli
   c. a Pisa

2. Chi è Gianni?
   a. un amico di Pino
   b. il fratello di Pino
   c. il fratello di Veronica

3. Dove lavora Laura?
   a. in un negozio
   b. in un ufficio
   c. all'università

4. Secondo (*According to*) Veronica, perché Gianni non ha una ragazza?
   a. non vuole (*doesn't want*) una ragazza
   b. studia molto
   c. lavora molto

5. Adesso Gianni dove abita?
   a. con Veronica
   b. da solo (*alone*)
   c. con gli amici

6. Quanti anni ha Gianni?
   a. 24
   b. 35
   c. 28

H. Il familiare nascosto. (*The hidden family member.*)
Write the appropriate answers next to each definition. Then cross out the first letter of each word from the list of letters. The letters remaining in the list will spell out the name of a family member.

Z Z L C I S N O M G

1. Il padre e la madre sono i ___ ___ ___ ___ ___ ___ ___ ___ .

2. Significa «automobile» ___ ___ ___ ___ ___ ___ ___ .

3. Il figlio di mia figlia è mio ___ ___ ___ ___ ___ ___ .

4. Marito e moglie sono ___ ___ ___ ___ ___ ___ ___ .

5. La sorella di mia madre è mia ___ ___ ___ .

6. Mio padre legge molti ___ ___ ___ ___ ___ .

7. I figli dei miei zii sono i miei ___ ___ ___ ___ ___ ___ .

I. Tocca a te! Complete only the statements that pertain to your family.

1. Mia madre si chiama _____.

2. La mia mamma ha _____ anni.

3. Mia madre fa _____.

4. Mio padre si chiama _____.

5. Il mio papà ha _____ anni.

6. Mio nonno si chiama _____.

7. Mia nonna si chiama _____.

8. Mio fratello si chiama _____.

9. I miei fratelli si chiamano _____.

10. Mia sorella si chiama _____.

11. Le mie sorelle si chiamano _____.

12. Il mio cane si chiama _____.

13. Il mio gatto si chiama _____.

*S*trutture

4.1 *Com'è tua madre?* Possessives with family members

A. Come si scrive? Complete each phrase with the appropriate definite article, if necessary.

1. _____ mia figlia

2. _____ nostra famiglia

3. _____ vostri parenti

4. _____ tuo cugino

5. _____ loro amiche

6. _____ tua macchina

7. _____ suo nonno

8. _____ miei occhiali

9. _____ loro zie

10. _____ mia madre

B. La famiglia di Alessandra.

Parte prima. Listen as Alessandra describes her family and fill in the missing information.

_____¹ famiglia è molto numerosa (*big*). _____² genitori si chiamano

Giuliano e Giuseppina. Ho un fratello e due sorelle. _____³ padre è architetto e ha

52 anni e _____⁴ mamma è casalinga e ha 50 anni. _____⁵ fratello si

chiama Gianluca, ha 17 anni e studia al liceo (*high school*). _____⁶ sorelle si chiamano

Simona e Fabiana, hanno tutte e due otto anni perché sono gemelle. Io ho 21 anni e studio medicina

all'università. _____⁷ nonni abitano con noi, ma loro non lavorano perché sono in

pensione (*retired*). _____⁸ cane si chiama Max ed è molto pigro, ma bravo. Zio

Franco e zia Gianna abitano vicino a (*nearby*) noi e hanno una figlia che si chiama Isabella. La do-

menica mangiamo sempre a casa loro perché zia Gianna cucina molto bene!

▶ *Check your answers to the* **Parte prima** *in the Answer Key at the back of the workbook before doing the*
Parte seconda.

Parte seconda. Now reread the passage from the **Parte prima** and decide whether the statements about
Alessandra are **vero** or **falso**.

		vero	falso
1.	La madre di Alessandra ha 52 anni.	☐	☐
2.	Alessandra ha due sorelle e un fratello.	☐	☐
3.	Le sue sorelle studiano al liceo.	☐	☐
4.	Suo nonno lavora, ma sua nonna è in pensione.	☐	☐
5.	Il cane di Alessandra si chiama Max.	☐	☐
6.	Alessandra ha una cugina.	☐	☐

C. Carla e i suoi.
Complete each of the following sentences about Carla's family with one of the
following possessive adjectives. Each expression is used once.

(Suo) (Sua) (I suoi) (Le sue) (Il loro) (La loro) (I loro) (Le loro)

1. Alberto va a casa della nonna per mangiare. _____ nonna cucina molto bene.

2. Emanuela e Francesca escono con le amiche. _____ amiche vanno sempre in discoteca.

3. Susanna va in Svizzera (*Switzerland*) con i genitori. _____ genitori vanno in Svizzera a
   sciare ogni anno.

4. Daniela e Maria sono sorelle. _____ padre è di Verona.

5. Luca non conosce bene le cugine. _____ cugine sono di New York.

6. Valeria è sposata e non lavora. _____ marito è avvocato.

7. Pietro e Marilena abitano con la mamma. _____ genitori sono divorziati.

8. Giulio e Rita hanno una figlia. _____ figlia si chiama Elisabetta.

D. Le cose che faccio...
Complete the statements with a possessive adjective and a definite article, if necessary, then decide if the statements are **vero** or **falso** according to your personal habits.

	vero	falso
ESEMPIO: Mangio spesso con <u>la mia</u> famiglia.	☑	☐
1. Studio sempre con _____ amici.	☐	☐
2. Parlo spesso al telefono con _____ genitori.	☐	☐
3. Vado spesso a casa di _____ nonna.	☐	☐
4. Conosco bene _____ cugini.	☐	☐
5. Parlo molto con _____ fratello.	☐	☐
6. Prendo spesso il caffè con _____ professoressa d'italiano.	☐	☐

E. Com'è la sua famiglia?
You will hear a series of statements about Gianni's family. Listen to each one then choose the possessive adjective that best completes the statement. You will hear each statement twice. Repeat the response.

> ESEMPIO: *You hear:* Gianni ha una sorella.
> *You see:* _____ sorella è alta e bionda.
> a. Mia   b. Sua   c. La loro
>
> *You choose:* b. Sua
> *You say:* Sua sorella è alta e bionda.

1. _____ fratello è pigro e tranquillo.
   a. Tuo   b. Vostro   c. Mio

2. _____ nonni sono anziani e allegri.
   a. I nostri   b. I loro   c. I miei

3. _____ cugino è piccolo e magro.
   a. Nostro   b. Tuo   c. Suo

4. _____ sorella è stressata e nervosa.
   a. La loro   b. Sua   c. Nostra

5. _____ zii sono impegnati e stressati.
   a. I vostri   b. I tuoi   c. I suoi

6. _____ genitori sono giovani e innamorati.
   a. I suoi   b. I vostri   c. I loro

F. Quale possessivo?
Complete each of the following statements with the appropriate possessive adjective and a definite article, if necessary.

1. Gianna ha due zie a Milano. _____ zie sono molto belle e sono modelle (*models*).

2. Ho una macchina piccola. _____ macchina è rossa e blu e corre veloce.

3. Tu e Giulia avete un cugino italiano. _____ cugino abita a Napoli.

4. Io e Marcella abbiamo due figli gemelli. _____ figli hanno quattro anni.

5. Marco ha un gatto a casa sua. _____ gatto è grasso e vecchio.

(continued)

6. Tu sei sposato e hai un figlio. _____ moglie è professoressa all'università.

7. Io non conosco bene i parenti italiani. _____ nonno vive a Torino e ha settantacinque anni.

8. Fabrizio e Giada parlano italiano, francese e inglese. _____ amici parlano solo (*only*) l'italiano.

G. La tua famiglia.
You will hear a series of questions. Answer them according to how each person would be related to you. Use a possessive adjective in your answer. You will hear each question twice.

ESEMPIO: *You hear:* Chi è la sorella di tua madre?
You say: È mia zia.

1. ... 2. ... 3. ... 4. ... 5. ... 6. ... 7. ...

4.2 *Quanti anni hai?*
The interrogatives **quanto** (*how much*) and **quale** (*which*)

A. Qual è?

Parte prima. Choose the response in Column B that best corresponds to each question word in Column A.

A	B
1. _____ Quando... ?	a. Prendo un caffè.
2. _____ Con chi... ?	b. €350.
3. _____ Perché... ?	c. Esco con Mario e Matteo.
4. _____ Dove... ?	d. Partiamo alle 7.35 domani mattina.
5. _____ Che cosa... ?	e. Preferisco i film di Fellini.
6. _____ Quali... ?	f. Andiamo al cinema.
7. _____ Quanto... ?	g. Studio l'italiano perché mi piace l'Italia.

Check your answers to the **Parte prima** *in the Answer Key at the back of the workbook before doing the* **Parte seconda.**

Parte seconda. Now write the correct question for each answer in the **Parte prima**. The first one has been done for you.

1. Quando partite?   (d. Partiamo alle 7.35 domani mattina.)

2. _____

3. _____

4. _____

5. _____

6. _____

7. _____

B. Qual è la parola giusta? Choose the interrogative expression that best completes each of the following questions.

1. <u>Dove / Quanto</u> andiamo a mangiare, al ristorante o in pizzeria?
2. <u>Perché / Che cosa</u> facciamo stasera?
3. <u>Quando / Quale</u> escono Luca e Andrea?
4. <u>Con chi / Quanto</u> vai in montagna in agosto?
5. <u>Quanta / Quanti</u> pasta mangi, un piatto o due piatti?
6. <u>Quali / Quale</u> libro è più difficile, il libro d'italiano o il libro di chimica?
7. <u>Quante / Quanto</u> costa un appartamento a Milano?
8. <u>Qual è / Quale</u> il tuo animale preferito?

C. Le domande. Complete each of the following questions with the appropriate form of **quanto** or **quale,** then answer the question.

1. _____ materia preferisci, la storia o la matematica?

   _____

2. _____ costa un viaggio (*trip*) in Italia?

   _____

3. _____ sorelle ha tua madre?

   _____

4. _____ programma preferisci alla TV?

   _____

5. _____ studenti ci sono nella (*in*) tua classe d'italiano?

   _____

6. _____ giornale (*newspaper*) leggi, *USA Today* o *The New York Times*?

   _____

7. _____ libri hai nello zaino? È pesante (*heavy*)!

   _____

8. _____ è il tuo film preferito?

   _____

D. Qual è la risposta giusta? You will hear a series of questions. For each question, choose the best answer from the following list.

a. Psicologia, matematica e italiano.
b. Dodici.
c. €20.000.
d. Sette.
e. Il rosso.
f. I ravioli.

1. _____ 2. _____ 3. _____ 4. _____ 5. _____ 6. _____

E. Un nuovo semestre.

Parte prima. Listen to Gabriella and Elena as they talk about their new semester at the university. Complete their conversation with the appropriate interrogative expressions. You will hear their conversation twice.

GABRIELLA: Allora Elena, _____¹ corsi segui questo semestre?

ELENA: Seguo filosofia, storia dell'arte e letteratura inglese. E tu, _____² corsi segui?

GABRIELLA: Seguo quattro corsi. Anche io seguo storia dell'arte. _____³ hai lezione?

ELENA: Alle 10.30.

GABRIELLA: E _____⁴ giorni?

ELENA: Il lunedì, il mercoledì e il giovedì. _____⁵?

GABRIELLA: _____⁶ è il tuo professore?

ELENA: Il professor Bianchi. Anche tu hai lo stesso professore?

GABRIELLA: Sì! Che bello!

Check your answers to this activity in the Answer Key at the back of the workbook.

Parte seconda. Based on the conversation in the **Parte prima,** choose the best answer to each of the following questions.

1. Quanti corsi segue Elena questo semestre?
   a. tre
   b. quattro
   c. due

2. Quale lezione hanno in comune (*in common*) le due ragazze?
   a. filosofia
   b. storia dell'arte
   c. letteratura inglese

3. Quanti giorni alla settimana hanno lezione insieme?
   a. due
   b. cinque
   c. tre

4. Quando hanno lezione insieme?
   a. di mattina
   b. di pomeriggio
   c. di sera

5. Com'è Gabriella alla fine (*end*) della conversazione?
   a. arrabbiata
   b. allegra
   c. nervosa

F. Quanto e quale.

Parte prima. You will hear a series of questions. Write each question you hear. You will hear each question twice.

ESEMPIO: *You hear:* Quanti fratelli hai?
You write: Quanti fratelli hai?

1. _____

2. _____

3. _____

4. _____

5. _____

6. _____

7. _____

Check your answers to the **Parte prima** in the Answer Key at the back of the workbook before doing the **Parte seconda.**

Parte seconda. Now write the answers to each question from the **Parte prima.** Use complete sentences.

1. _____
2. _____
3. _____
4. _____
5. _____
6. _____
7. _____

G. Scrivi la domanda! Formulate a question for each of the following answers.

1. _____

   —Andiamo al ristorante alle otto.

2. _____

   —Mia sorella abita a Milano.

3. _____

   —Usciamo con Teresa e Natalia.

4. _____

   —Ho cinque libri nello zaino.

5. _____

   —Vanno a studiare in biblioteca.

6. _____

   —Il mio sport preferito è il calcio.

4.3 *Sai sciare?* More irregular verbs

A. Quale verbo è? Complete each dialogue with the appropriate forms of the verb.

Dialogo 1

(stare)

LEONARDO: Ciao Nicola! Come _____[1]?

NICOLA: _____[2] bene, e tu?

LEONARDO: Non c'è male. Che cosa fai di bello stasera? Tu e Paola uscite?

NICOLA: No, noi _____[3] a casa a vedere un film alla TV.

(continued)

Dialogo 2

(sapere)

ANNALISA: _____⁴ come si chiama il nuovo professore di spagnolo? È bravo?

NICOLETTA: No, non _____⁵ come si chiama e non _____⁶ se (*if*) è bravo. Lui

purtroppo (*unfortunately*) non _____⁷ parlare molto bene l'italiano. Io non

capisco niente!

Dialogo 3

(dare)

DAVIDE: Voi _____⁸ i compiti al professore oggi?

CARLO E LINO: No, facciamo i compiti stasera e _____⁹ tutto (*everything*) al professore
domani.

B. Conoscere o sapere?   Choose the appropriate verb for each question, then answer each question.

1. Conosci / Sai bene Roma?

   _____

2. Conosci / Sai nuotare bene?

   _____

3. Tua madre conosce / sa i tuoi amici?

   _____

4. Conosci / Sai leggere il cinese (*Chinese*)?

   _____

5. Conosci / Sai chi è il presidente degli Stati Uniti?

   _____

6. Il tuo migliore amico (*best friend*) / La tua migliore amica conosce / sa i tuoi zii?

   _____

7. I tuoi nonni conoscono / sanno i Musei Vaticani (*Vatican Museums*)?

   _____

8. Conosci / Sai a che ora parte il treno per Milano?

   _____

C. Un weekend a Parigi.   Complete the following paragraph about Mara and Patrizia's weekend in Paris with the appropriate forms of **conoscere** or **sapere**.

Io e la mia amica Patrizia andiamo a Parigi questo weekend. Patrizia _____¹ bene

la città perché sua madre è francese e a Parigi ha molti parenti. Io non _____² nessuno

(*anyone*) a Parigi e non _____³ parlare francese, ma Patrizia _____⁴ parlare bene il francese e tutti i suoi parenti _____⁵ parlare italiano. Patrizia

_____⁶ molti ragazzi carini e loro _____⁷ dove ci sono tutte le

discoteche più (*most*) famose della città. Fortunatamente io _____⁸ ballare bene.

D. Cosa facciamo oggi?
You will hear a brief phone conversation between Alberto and Cristina. After their conversation you will hear a series of statements. Decide whether each statement is **vero** or **falso.** You will hear the conversation and the questions twice.

Vocabolario utile: la gelateria (*ice cream store*)

	vero	falso
1.	☐	☐
2.	☐	☐
3.	☐	☐
4.	☐	☐
5.	☐	☐
6.	☐	☐

E. Cosa sai fare?

Parte prima. You will hear a series of statements about Marcella's family and friends and their activities. Match each statement you hear with the corresponding illustration. You will hear each statement twice.

a.

c.

e.

b.

d.

1. _____ 2. _____ 3. _____ 4. _____ 5. _____

Parte seconda. Now, listen again and write the sentence you hear for each illustration.

1. La nonna _____

2. Io _____

3. Noi _____

4. Gaia _____

5. Tu _____

● *Check your answers to this activity in the Answer Key at the back of the workbook.*

F. Tante domande!

You will hear a series of questions. Listen carefully and answer according to your personal habits and routines. You will hear each question twice.

ESEMPIO: *You hear:* Sai parlare italiano?
You say: Sì, so parlare italiano. (No, non so parlare italiano.)

1. ...   2. ...   3. ...   4. ...   5. ...   6. ...

G. Tanti verbi irregolari!

Parte prima. Complete the following paragraph about Nicola and Gianpiero's family by choosing the appropriate verb for each sentence.

Nicola e Gianpiero <u>sono / fanno</u>[1] fratelli e amano[a] studiare. Il loro padre è medico[b] e la loro madre è casalinga. Il loro fratellino si chiama Gabriele, <u>ha / è</u>[2] sette anni e <u>sta / sa</u>[3] giocare bene a calcio, ma non è molto bravo a scuola. Ogni venerdì i loro genitori <u>danno / escono</u>[4] perché amano andare a teatro o al cinema. Il venerdì sera Nicola e Gianpiero <u>stanno / hanno</u>[5] a casa con Gabriele e <u>hanno / fanno</u>[6] i compiti insieme. La domenica i tre ragazzi <u>vanno / hanno</u>[7] a casa della nonna e la nonna <u>dà / fa</u>[8] un po' di (*a little*) soldi ai suoi nipoti.

[a]*love* [b]*doctor*

● *Check your answers to the **Parte prima** in the Answer Key at the back of the workbook before doing the* ***Parte seconda.***

Parte seconda. Now, based on the paragraph in the **Parte prima,** decide whether the following statements are **vero** or **falso.** If a statement is false, rewrite it.

		vero	falso
1.	Gabriele ama nuotare in piscina.	☐	☐
2.	Ogni venerdì i genitori vanno al cinema o a teatro.	☐	☐
3.	Il venerdì sera Nicola e Gianpiero escono con gli amici.	☐	☐
4.	La domenica i ragazzi vanno a casa della nonna.	☐	☐
5.	La nonna dà il gelato ai ragazzi.	☐	☐

4.4 *L'italiano è più bello di...* The comparative

A. Quale aggettivo? Complete each sentence with one of the following adjectives. **Attenzione!** Be sure to make the adjective agree with the subject! Use each adjective only once.

facile   forte   grande

lento   vecchio   veloce

1. Una casa è più _____ di un appartamento.

2. Una nonna è più _____ di una nipote.

3. Una tartaruga (*turtle*) è più _____ di un coniglio (*rabbit*).

4. Un caffè americano è meno _____ di un espresso.

5. Una macchina è più _____ di una bicicletta.

6. Un esame di calcolo (*calculus*) è meno _____ di un esame di algebra.

B. Più o meno? Compare each of the following, using **più** or **meno** and the adjective in parentheses.

ESEMPIO: una bambina di 5 anni / una donna di 35 anni (piccolo)
Una bambina di 5 anni è più piccola di una donna di 35 anni.

1. un viaggio in Africa / un viaggio in Europa   (esotico)

_____

2. un corso di francese / un corso di arabo (*Arabic*)   (difficile)

_____

3. un padre / un figlio   (vecchio)

_____

4. una festa / una lezione di matematica   (divertente)

_____

5. un cane / un elefante   (grande)

_____

6. un film comico / un documentario   (noioso)

_____

7. due studentesse che non vanno a lezione / due studentesse che studiano molto   (serio)

_____

C. Chi è più alto? Read the statements, then answer the question with a sentence comparing the two people mentioned.

ESEMPIO: Antonella lavora dieci ore al giorno. Fausto lavora cinque ore al giorno.
Chi è più stanco?
Antonella è più stanca di Fausto.

1. Elisa guarda la TV. Sandra gioca a tennis. Chi è più pigra, Elisa o Sandra?

_____

2. Gino ha 55 anni. Marco ha 33 anni. Chi è meno vecchio?

_____

3. Patrizia non lavora e segue un corso all'università. Anna Maria ha due lavori (*jobs*) e segue tre corsi all'università. Chi è più impegnata, Patrizia o Anna Maria?

_____

4. Michele è sempre nervoso e non dorme. Fabiana è tranquilla e dorme bene. Chi è meno stressato?

_____

5. Alberto arriva a scuola in dieci minuti. Guido arriva a scuola in quindici minuti. Chi è più lento?

_____

6. Valentina ha quattro figli. Silvia ha solo una figlia. Chi è più libera, Valentina o Silvia?

_____

7. Stefano sta sempre a casa. Beatrice va in discoteca tutte le sere. Chi è meno attivo?

_____

D. Chi è più... ? You will hear a series of statements comparing two people. Answer the question that follows each statement by choosing the appropriate name. Repeat the response.

ESEMPIO: *You see:* Diego   Marcello
You hear: Diego ascolta sempre i genitori ma Marcello non ascolta mai i genitori. Chi è più disubbidiente (*disobedient*)?
You choose: Marcello
You say: Marcello è più disubbidiente.

1. Valeria   Stefania
2. Enrico   Mario
3. Carlo   Anna
4. Federica   Michele
5. Gessica   Valentina
6. Stefano   Antonio

E. Più o meno? You will hear a series of questions. Say the correct response to each one. You will hear each question twice. Repeat the response.

ESEMPIO: *You hear:* È più moderno un CD o una cassetta?
You say: Un CD è più moderno di una cassetta.

1. ... 2. ... 3. ... 4. ... 5. ...

F. Vediamo! Compare the person on the left in each illustration to the person on the right using the adjective in parentheses.

ESEMPIO:

(alto) Antonella è meno alta di Maria.

Antonella **Maria**

1.

(anziano) _____

Marcello **Pietro**

2.

(allegro) _____

Vanessa **Luigi**

(continued)

3.

(veloce) _____

Gigi Riccardo

4.

(stanco) _____

Susanna   Roberto

5.

(nervoso) _____

_____

Sofia   Amanda

Cultura

Ascoltiamo!

La famiglia italiana oggi

A. Com'è la famiglia?
The following statements are based on information you learned in class about the Italian family. Decide if each statement is **vero** or **falso.**

		vero	falso
1.	La famiglia moderna è piccola.	☐	☐
2.	Nelle famiglie italiane oggi ci sono pochi bambini.	☐	☐
3.	Gli immigrati hanno famiglie numerose.	☐	☐
4.	Poche donne italiane oggi lavorano fuori casa.	☐	☐

B. Una famiglia moderna o tradizionale?
The following statements describe Italian families. Decide if the family being described is **moderna** (*modern*) or **tradizionale** (*traditional*).

		moderna	tradizionale
1.	Nella mia famiglia siamo in sei.	☐	☐
2.	Mia nonna abita con noi.	☐	☐
3.	Mio fratello abita lontano, a Milano.	☐	☐
4.	Io sono figlio unico.	☐	☐
5.	Nella mia famiglia siamo in tre.	☐	☐

C. Qual è la differenza?
Listen to Maria's conversation with her American friend Barbara who is living in Italy. You will hear their conversation twice. The first time, just listen. The second time, complete the following sentences by writing **M** if the statement describes Maria's family or **B** if the statement describes Barbara's family.

1. _____ ha più fratelli.

2. _____ non ha tanti parenti.

3. I genitori di _____ sono divorziati.

4. _____ ha più cugini.

5. _____ non ha fratelli o sorelle.

Leggiamo!

Strategie di lettura

A. Recognizing cognates. Find the **parole simili** for the following words in the reading *La famiglia de' Medici* and write their equivalent in Italian.

1. florentine _____
2. financial _____
3. government _____
4. merchants _____
5. principle _____
6. politician _____

B. False cognates. Here are some words that may look like **parole simili,** but in fact have a slightly different meaning. See if you can match them with their correct meanings.

1. _____ corte
2. _____ improvvisamente
3. _____ antica
4. _____ opera

a. work of art, literature (not operas)
b. old, ancient (but not antique)
c. royal court (not municipal court)
d. suddenly (not improvisationally)

Lettura

Read the following passage about the Medici family and complete the activities.

La famiglia de' Medici

La famiglia de' Medici è importantissima nella storia italiana del Rinascimento. È un'antica famiglia fiorentina, di origine popolare, che poi diventa ricca[1] grazie alle sue attività finanziarie. È una famiglia di mercanti e di uomini d'affari.[2] Aprono banche in tutte le principali capitali europee.

Lorenzo, nipote di Cosimo il Vecchio con cui ha inizio la Signoria de' Medici,[3] nasce a Firenze nel 1449. A soli[4] vent'anni Lorenzo prende in mano[5] il governo della città dopo la morte del padre, Piero il Gottoso.[6]

Lorenzo (il «Magnifico») è un astuto diplomatico e uomo politico. Favorisce le arti e dà un grande impulso alla vita culturale fiorentina. Invita alla sua corte artisti e filosofi ed è anche lui autore di numerose opere in poesia e in prosa.

Lorenzo muore[7] improvvisamente nel 1492. Lascia un grande vuoto[8] nel mondo politico e artistico del Quattrocento.[9]

[1]che... *that then becomes rich*   [2]*businessmen*   [3]con... *with whom the de' Medici dynasty begins*   [4]A... *only*   [5]prende... *takes over*   [6]il... *the Gouty, a nickname*   [7]*dies*   [8]Lascia... *He leaves a huge void*   [9]*1400's*

A. Scanning.
Scan the reading to complete the Medici family tree by using the following words.

figlio   nipote   nonno   padre

1. Lorenzo è il _____ di Cosimo.

2. Lorenzo è il _____ di Piero.

3. Cosimo è il _____ di Lorenzo.

4. Cosimo è il _____ di Piero.

B. Skimming.
Skim the reading to determine the significance of these dates, then choose the correct answer.

1. 1449 _____   a. Lorenzo nasce.   b. Inizia la Signoria de' Medici.

2. 1492 _____   a. Lorenzo invita molti artisti a corte.   b. Lorenzo muore.

C. Dopo la lettura.
Lorenzo de' Medici was a politician, a businessman, and a poet. How important are these qualities in a leader? Can you name any leaders in recent history who possess(ed) similar qualities? Write down adjectives in Italian that sum up these qualities.

_____

_____

D. Understanding cultural conventions.
Write the following dates in Italian.

ESEMPIO: 2005   duemilacinque

1. 1449 _____

2. 1492 _____

In Italia

Using the information from the *In Italia* sections of the book, decide whether the following statements are **vero** or **falso**. If the statement is false, change one word to make it true.

	vero	falso
1. Unlike in the United States where a driver's license is generally used, Italians carry a **carta d'identità** as identification for legal purposes.	☐	☐
2. Few of the famous Italian businesses in the world are family owned and operated.	☐	☐
3. It is rather uncommon for Italian sons to be still living at home with their parents when they're 30 years old.	☐	☐

(continued)

		vero	falso
4.	Basketball is the most popular sport in Italy.	☐	☐
5.	Every town and city in Italy, no matter how big or small, has at least one soccer team.	☐	☐
6.	The heads of many of the most powerful and famous families in Italian history, such as the Sforza and the Gonzaga, had their beginnings as soldiers of fortune or **condottieri.**	☐	☐

Scriviamo!

Ecco la mia famiglia.   Do you remember your Italian e-pal, Stefania from **Capitolo 1?** She wants to know about your family. Write a paragraph (75 words) describing your family; tell her how many people are in your family, how many brothers and sisters you have, what their names are, what they do for a living, what they are like, and so on. Use Stefania's e-mail below and the vocabulary from the book to get you started.

ESEMPIO:

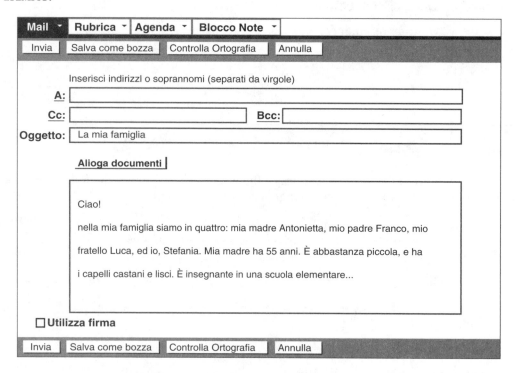

Adesso tocca a te!

Mail ▾	Rubrica ▾	Agenda ▾	Blocco Note ▾	

Invia	Salva come bozza	Controlla Ortografia	Annulla

Inserisci indirizzl o soprannomi (separati da virgole)

A: Stefania

Cc: **Bcc:**

Oggetto: Re: La mia famiglia

__Allega documenti__ |

☐ **Utilizza firma**

Invia	Salva come bozza	Controlla Ortografia	Annulla

A tavola!

Capitolo **5**

Strategie di comunicazione

A. Grazie, ma non posso.   Marco dice sempre di no agli inviti. Completa ogni frase con l'espressione giusta. Usa ogni espressione *una sola volta*.

   a. Non posso   b. Forse   c. Devo   d. Ho un impegno

   ESEMPIO: —Marco, ti va di andare al cinema oggi?
   —No grazie, <u>non posso</u> oggi. Va bene domani?

1. —Ciao Marco, ti piacerebbe mangiare un gelato più tardi?

   —_____ domani, non ho tempo oggi.

2. —Buona sera Marco, ti va di fare una passeggiata adesso?

   —Adesso? _____ perché vado a mangiare.

3. —Come stai Marco? Ti va di ballare stasera?

   —Non posso stasera. _____ con mia nonna.

4. —Caro Marco, ti piacerebbe prendere un caffè?

   —No, grazie. _____ fare i compiti.

B. Ti piacerebbe o Le piacerebbe?   Per le seguenti situazioni scegli la persona più appropriata.

1. Se dico: «Ti piacerebbe venire a casa mia?», parlo con _____.
   a. la signora Rossi
   b. un ragazzo, Gianni
   c. a o b

2. Se dico: «Buon giorno, Le piacerebbe comprare una rivista?», parlo con _____.
   a. un ragazzo giovane
   b. il signor Carli
   c. a o b

3. Se dico: «Ciao Maria, ti piacerebbe prendere un caffè?», parlo con _____.
   a. un'amica
   b. una professoressa
   c. a o b

4. Se dico: «Buona sera, Le piacerebbe prendere un gelato?», parlo con _____.
   a. la signora Bianchi
   b. il signor Bianchi
   c. a o b

C. Ho un'idea! Ascolta le domande e scrivi la lettera della risposta più appropriata. Ogni domanda sarà ripetuta (*repeated*) due volte. **Attenzione!** Leggi tutte le risposte prima di ascoltare le domande. Usa ogni risposta *una sola volta*. Ci sono sei risposte; devi usarne solo cinque.

1. _____   a. Sì, Certo! Andiamo al bar qui vicino?

2. _____   b. Grazie, ma stasera devo studiare.

3. _____   c. Come no?! Mi piace andare al cinema.

4. _____   d. Beh. Insomma. Non mi piace molto viaggiare.

5. _____   e. Sì, grazie. Mi piacerebbe molto. Ho solo un cane.

                  f. Sì, grazie. Non mi piace cucinare.

Pronuncia

 *La lettera g*   Pronunciation of the letter *g*

La lettera g.

- Before the vowels **a, o,** and **u** the consonant **g** has a hard sound, as in the word *game*.

- Before the vowels **e** or **i** the consonant **g** has a soft sound, like the first sound in the word *jelly*.

- The combination **gh** appears only before **e** or **i** and has a hard sound.

  Listen and repeat the following words. Note the difference between the hard and soft sounds.

hard **g:**	**pagare**	**prego**	**ragù**
soft **g:**	**gelato**	**vegetariano**	**cugini**
hard **gh:**	**spaghetti**	**sughi**	**paghi**

Dettato.

Parte prima. Completa le parole che senti con **g** o **gh.** Ogni parola sarà ripetuta due volte.

1. fa___iolini
2. man___iare
3. parmi___iano
4. ve___etale
5. ___iotto
6. reg___iano
7. su___o
8. pa ___iamo
9. ori___ine
10. dipin___ere

Parte seconda. Adesso scrivi le parole che senti. Ogni parola sarà ripetuta due volte.

1. _____
2. _____
3. _____
4. _____
5. _____
6. _____
7. _____
8. _____
9. _____
10. _____

● *Check your answers to this activity in the Answer Key at the back of the workbook.*

Lessico

Tutti a tavola!   Restaurant terms and items on an Italian menu

A. Mangiamo!   Abbina i cibi dell'insieme A con le categorie dell'insieme B.

A	B
1. ___ il gelato	a. antipasti
2. ___ l'insalata	b. primi piatti
3. ___ il prosciutto	c. secondi piatti
4. ___ gli spaghetti	d. contorni
5. ___ la mozzarella	e. formaggi
6. ___ il parmigiano	f. dolci
7. ___ il tiramisù	g. bevande
8. ___ il vitello	
9. ___ i tortellini	
10. ___ la birra	
11. ___ il pesce	
12. ___ il salame	

B. Una cena da *Il Gondoliere.*

Parte prima. Ecco il dialogo fra il signor Norberti, un cliente che va spesso al ristorante *Il Gondoliere* e il cameriere Dino. Le frasi non sono nell'ordine corretto. Numera le frasi da 1 a 7, secondo l'ordine giusto. Il numero 1 è già stato inserito.

a. ___   CAMERIERE: E per primo? Oggi abbiamo delle linguine alle vongole eccezionali.

b. ___   CAMERIERE: Benissimo, grazie.

c. ___   SIGNOR NORBERTI: Mah… no… preferisco gli spaghetti al sugo di pomodoro. Sono sempre buonissimi qui.

d. ___   CAMERIERE: Prende anche il secondo?

e. ___   SIGNOR NORBERTI: Sì, il vostro famoso pollo alla griglia «alla Gondoliera.»

f. _1_   CAMERIERE: Buona sera, signor Norberti, cosa prende da bere stasera?

g. ___   SIGNOR NORBERTI: Buona sera. Acqua minerale, una bottiglia grande, per favore.

Parte seconda. Adesso ascolta il dialogo e controlla se le tue risposte sono giuste.

C. I cibi e le bevande.
Completa le frasi che senti con una delle parole della lista. Ogni frase sarà ripetuta due volte. **Attenzione!** Leggi le parole prima di ascoltare le frasi.

a. la birra   e. il pesce

b. le zucchine   f. rosso

c. gassata   g. la torta al cioccolato

d. il gorgonzola   h. gli spaghetti ✓

ESEMPIO: *Senti:*   Voglio sempre mangiare la pasta. Mi piacciono…
               Dici: Mi piacciono gli spaghetti.

1. …   2. …   3. …   4. …   5. …   6. …   7. …

D. Una cena per gli amici.
Gianni invita tre amici a cena a casa sua. Ma cosa deve preparare? Telefona a tutti e tre per chiedere cosa preferiscono. Ascolta i dialoghi e decidi quale piatto Gianni deve preparare per ogni persona. I dialoghi saranno ripetuti due volte.

Dialogo 1

FRANCO: a.   i tortellini in brodo
           b.   la mozzarella di bufala
           c.   le patate fritte

Dialogo 2

ELEONORA: a.   il pescespada alla brace
              b.   le lasagne
              c.   prosciutto e salame

Dialogo 3

VIRGINIA: a.   la bistecca alla fiorentina
           b.   i funghi e le zucchine
           c.   affettati misti

E. Il coperto. Scrivi i nomi degli oggetti che vedi nel disegno.

1. _____   4. _____

2. _____   5. _____

3. _____   6. _____

F. Che tipo di cibo è? Decidi se le seguenti frasi sono **vere** o **false.** Se la frase è falsa, cambia una parola per renderla vera.

	vero	falso
1. Il patè di fegato è un dolce.	☐	☐
2. Gli gnocchi sono un antipasto.	☐	☐
3. Il pollo è un secondo piatto.	☐	☐
4. Il sugo di pomodoro è un sugo rosso.	☐	☐
5. Il conto arriva prima del pranzo.	☐	☐
6. Al ristorante paghiamo il menu.	☐	☐
7. La bistecca è un primo.	☐	☐
8. I peperoni sono un tipo di frutta.	☐	☐

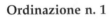 **G. Di che è l'ordinazione?**

Parte prima. Quattro clienti ordinano il cibo e le bevande in un ristorante. Scrivi a chi appartiene (*belongs*) ogni ordinazione. Le ordinazioni saranno ripetute due volte.

a.

c.

b.

d.

1. _____   2. _____   3. _____   4. _____

Parte seconda. Adesso tocca a te! Immagina di essere in un ristorante e ordina al cameriere i cibi che vedi nei due disegni.

Ordinazione n. 1

_____

_____

Ordinazione n. 2

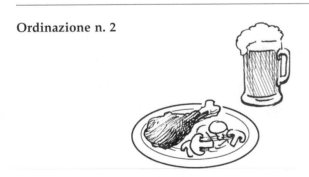

_____

_____

H. Un pranzo per un anniversario. Rita e Federica vogliono organizzare un pranzo per il venti-cinquesimo anniversario di matrimonio dei loro genitori. Guardano il menu del ristorante *La Torre* per decidere se va bene per i gusti di tutti gli invitati.

La Torre
Via delle due Torri, 46
Bologna

Antipasti

patè di fegato.............................4,50
liver patè

prosciutto e melone 6,00
cured ham and melon

salmone affumicato..................10,30
smoked salmon

affettati misti...........................8,50
assortment of sliced meats and sausages

Primi Piatti

tortellini in brodo.......................7,00
tortellini in broth

gnocchi al sugo di
pomodoro................................6,50
dumplings with tomato sauce

risotto alla marinara..................8,50
creamy rice with seafood

spaghetti alla bolognese.............6,30
spaghetti with meat sauce

Secondi Piatti

braciola di vitello.......................9,30
veal cutlet

pollo arrosto con funghi...............8,00
roast chicken with mushrooms

pescespada alla brace................13,00
charcoal-grilled swordfish

bistecca fiorentina....................15,00
Florentine steak

Contorni

peperoni alla griglia...................3,50
grilled peppers

zucchine e fagiolini....................5,20
zucchini and green beans

patate fritte.............................3,70
french fries

insalata mista.........................3,00
mixed salad

Formaggi

mozzarella di bufala...................6,50
fresh buffalo milk mozzarella

gorgonzola................................5,00
Gorgonzola cheese

parmigiano................................5,50
Parmesan cheese

formaggi misti..........................8,50
mixed cheeses

Dolci

frutta fresca di stagione.............4,50
seasonal fresh fruit

gelato alla crema......................3,50
cream ice cream

torta al cioccolato.....................5,00
chocolate cake

Bevande

vino della casa house wine
  mezzo litro (1/2 liter)...........4,00
  litro..............................6,00
Pinot/Chardonnay...................20,00
Merlo/Lambrusco...................18,00
acqua minerale (naturale/gassata)
mineral water (still/sparkling)
  mezzo litro......................2,00
  litro.............................3,00
birra.....................................3,00
beer

coperto (cover charge): 5,00

(continued)

1. RITA: Le zie Alba e Rosanna sono vegetariane. Che cosa possono ordinare?

   _____

2. FEDERICA: Piero vuole sempre qualcosa (*something*) alla fine del pranzo, ma non mangia dolci. Che può prendere?

   _____

3. RITA: A nonna Gloria piacciono i primi piatti, ma non le piace la pasta. Che c'è di buono per lei?

   _____

4. FEDERICA: I signori Lombardi vogliono sempre un dolce dopo il pranzo, ma non gli piace il cioccolato. Quali dolci ci sono per loro?

   _____

5. RITA: Nonno Alfredo ama il pesce. Che può scegliere?

   _____

6. FEDERICA: Il nostro fratellino mangia solo la carne, lo sai. Che c'è per lui?

   _____

I. Che mangi?   Completa le frasi con la parola giusta. Dopo, leggi, dall'alto in basso, le lettere scritte nelle caselle (*boxes*) per avere la risposta alla domanda finale.

1. Non mi piace il pesce, preferisco la…   □ ___ ___ ___ ___

2. Amo gli spaghetti al sugo di…   ___ □ ___ ___ ___ ___ ___

3. A tavola bevo sempre l'acqua…   ___ ___ □ ___ ___ ___ ___

4. Il mio piatto preferito è il pollo…   ___ ___ ___ ___ ___ □ ___

5. Alla fine del pranzo a volte si mangia il…   ___ □ ___ ___ ___

6. La pizza margherita ha il pomodoro e la…   ___ ___ ___ ___ ___ □ ___ ___

7. Sulla pizza mi piacciono molto i…   ___ ___ □ ___ ___ ___

8. Dopo il primo si ordina il…   ___ ___ ___ □ ___ ___ ___

9. Cosa si mangia insieme al secondo?   Il ___ ___ ___ ___ ___ ___ ___ ___

J. Tocca a te! E tu, che cosa ordineresti (*would order*)? Guarda il menu del ristorante *La Torre* e scrivi quello che ordineresti tu. Scegli un antipasto, un primo, un secondo con contorno, un dolce e una bevanda.

Vorrei _____

_____

_____

_____

_____

*S*trutture

5.1 *C'è un primo ma ci sono due secondi*
There is / There are

A. Cosa c'è in cucina? Scegli **c'è** o **ci sono** per descrivere le cose che sono nella cucina di Veronica.

	C'è...	Ci sono...	
1.	☐	☐	una forchetta.
2.	☐	☐	tre torte.
3.	☐	☐	una bottiglia di vino.
4.	☐	☐	un pomodoro.
5.	☐	☐	due meloni.
6.	☐	☐	un coltello.
7.	☐	☐	quattro peperoni.
8.	☐	☐	sei tovaglioli.

B. Chi c'è a casa?

La mamma non è a casa, ma a casa ci sono dei (*some*) parenti. La mamma telefona e chiede a Mario chi c'è a casa. Guarda l'immagine e di' se ci sono o non ci sono le persone indicate dalla mamma. Ogni domanda sarà ripetuta due volte. Ripeti la risposta.

ESEMPIO: *Senti:* C'è lo zio Alberto?
Dici: No, non c'è.

la zia Anna

Cesare e Pietro

lo zio Paolo

Luca

1. ... 2. ... 3. ... 4. ... 5. ... 6. ...

C. Cosa c'è nella macchina di Guido?

Guarda il disegno e fai una lista di quello che c'è nella macchina di Guido usando **c'è** o **ci sono**.

1. _____   4. _____
2. _____   5. _____
3. _____   6. _____

D. A casa di Stefania.

Ascolta la descrizione e scrivi il numero delle persone o delle cose indicate usando **c'è** o **ci sono.** La descrizione sarà ripetuta due volte.

ESEMPIO: *persone:* <u>Ci sono sei persone</u>.

1. fratelli: _____

2. sorelle: _____

3. cani: _____

4. camere da letto (*bedrooms*): _____

5. computer: _____

Check your answers to this activity in the Answer Key at the back of the workbook.

E. Tocca a te! Nella mia camera da letto.

Scrivi almeno cinque frasi che descrivono quello che c'è (e non c'è) nella tua camera da letto. Usa le espressioni **c'è** e **ci sono.**

_____
_____
_____
_____
_____

5.2 *Vuoi mangiare qualcosa?* Verb + infinitive

A. Che decisioni!

Cosa devono fare le seguenti persone? Leggi le domande e scegli la risposta giusta.

ESEMPIO: Laura ha una riunione (*meeting*) molto importante domani. Cosa deve fare?
   a. Deve stare a casa.
   b. Deve andare in ufficio.
   c. Deve fare shopping.
   Scegli: b.

1. Io e Silvana abbiamo un esame di biologia lunedì. Cosa dobbiamo fare questo weekend?
   a. Dovete uscire con amici.
   b. Dovete fare molte domande.
   c. Dovete studiare in biblioteca.

(continued)

2. Parti per le vacanze domani mattina alle 5.30 dall'aeroporto. Cosa devi fare stasera?
   a. Devo preparare le valigie (*suitcases*).
   b. Devo andare al cinema con il mio ragazzo / la mia ragazza.
   c. Devo leggere un bel libro.

3. Tu e un collega di lavoro (*colleague*) dovete andare a mangiare al ristorante con il vostro capo (*boss*). Lui paga tutto e avete molta fame. Cosa dovete fare?
   a. Dobbiamo mangiare tutto quello che ci va.
   b. Dobbiamo invitare un altro compagno.
   c. Dobbiamo osservare quello che fa il capo e seguirne l'esempio.

4. Michele non ha molti amici ed è molto triste. Cosa deve fare?
   a. Non deve parlare con nessuno (*anyone*).
   b. Deve uscire e incontrare altre persone.
   c. Deve stare a casa con la mamma a guardare la TV.

5. Gianna e Luisa sono allergiche ai latticini (*milk products*). Cosa *non* devono mangiare al ristorante?
   a. Non devono mangiare i fagiolini.
   b. Non devono mangiare le zucchine.
   c. Non devono mangiare il gelato.

B. Cosa vuole? Alessio dice le sue preferenze. Digli (*Tell him*) cosa può fare. Ogni preferenza sarà ripetuta due volte. Ripeti la risposta.

ESEMPIO: *Senti:*   Non voglio leggere e non voglio fare sport.

   Vedi: a. Puoi andare in biblioteca.
                 b. Puoi andare a teatro.
                 c. Puoi giocare a tennis.
   Scegli e dici: b. Puoi andare a teatro.

1. a. Puoi andare all'università.
   b. Puoi guardare la TV.
   c. Puoi leggere gli appunti (*classnotes*).

2. a. Puoi telefonare a Sara.
   b. Puoi incontrare Sara per prendere un caffè al bar.
   c. Puoi andare a casa di Sara.

3. a. Puoi prendere la macchina di tua madre.
   b. Puoi prendere la moto.
   c. Puoi andare in centro in autobus.

4. a. Puoi ascoltare la radio.
   b. Puoi andare in discoteca.
   c. Puoi andare al cinema.

5. a. Puoi andare in un ristorante elegante.
   b. Puoi andare in pizzeria.
   c. Puoi andare da McDonalds.

6. a. Puoi bere una birra.
   b. Puoi bere un'aranciata.
   c. Puoi bere un po' di vino.

C. Che vuoi fare stasera?

Parte prima. Scegli la forma giusta del verbo per completare il dialogo.

ANNA: Che <u>vuoi / puoi</u>[1] fare stasera? Preferisci andare al cinema o uscire con Valeria e Francesca?

MARTINA: <u>Devo / Voglio</u>[2] andare al cinema, ma non <u>devo / posso</u>[3] perché non ho soldi.

ANNA: Senti, non <u>dobbiamo / possiamo</u>[4] andare al cinema se non <u>devi / puoi</u>[5], ma veramente non mi va di uscire con Valeria e Francesca. Sai che non mi piacciono tanto. Sono un po' noiose.

MARTINA: E allora, che facciamo?

ANNA: Se <u>puoi / vuoi</u>[6], <u>posso / voglio</u>[7] pagare io il cinema stasera. Tu <u>puoi / vuoi</u>[8] pagare la prossima (*next*) volta.

MARTINA: Va bene, è una buon'idea!

*Check your answers to the **Parte prima** in the Answer Key at the back of the workbook before doing the **Parte seconda.***

Parte seconda. Adesso rileggi il dialogo e rispondi alle domande con delle frasi complete.

1. Cosa vuol fare Martina stasera?

   _____

2. Perché Martina non può andare al cinema?

   _____

3. Perché Anna non vuole uscire con Valeria e Francesca?

   _____

4. Chi paga il cinema stasera?

   _____

D. I desideri.
Cosa vogliono fare queste persone questo weekend? Ascolta le loro preferenze e rispondi scegliendo una delle espressioni della lista. Usa il verbo **volere.** Ogni frase sarà ripetuta due volte.

ESEMPIO: *Senti:* Gianna ama lo sport.
Dici: b. Vuole giocare a tennis.

volere + ...
- a. andare in biblioteca
- b. giocare a tennis ✓
- c. suonare la chitarra
- d. andare al cinema
- e. comprare un telefonino
- f. preparare una cena per gli amici

1. ... 2. ... 3. ... 4. ... 5. ...

E. Cosa vogliamo fare?

Parte prima. Guarda le immagini e scrivi una frase per descrivere che cosa vogliono fare le seguenti persone.

1.

3.

5.

2.

4.

1. Laura _____

2. Fausto e Carla _____

3. Maria e Giuseppe _____

4. Carlo e Lorenzo _____

5. Mario _____

6. E tu? Cosa vuoi fare? _____

F. Cosa dobbiamo fare? Scrivi che cosa devono fare le persone in ciascuna situazione.

ESEMPIO: Tiziana vuole studiare in America.
<u>Deve studiare bene l'inglese.</u>

1. Maria sta male. Ha la febbre (*fever*) e la nausea.

   _____

2. Tu e Mirella avete l'esame di chimica domani.

   _____

3. Marco vuole andare in Italia con la sua ragazza per quindici giorni, ma non ha soldi.

   _____

4. Gina e Francesca vogliono fare una festa a casa loro ma la casa è in disordine (*messy*).

   _____

5. Paola abita a Roma e vuole andare a Parigi, ma non vuole prendere l'aereo.

   _____

5.3 Andiamo al ristorante   Prepositions

A. Quale preposizione? Completa le frasi con la preposizione appropriata della lista. **Attenzione!** Puoi usare ogni preposizione *una sola volta.*

a   con   da   di   in   per   su

1. L'aereo arriva a Parigi _____ New York domani mattina alle 8.40.

2. Io e mio marito andiamo _____ Spagna per il viaggio di nozze (*honeymoon*).

3. Adesso vado _____ casa perché sono stanco.

4. Se vinco alla lotteria, compro una nuova macchina _____ mia moglie.

5. Questo libro è molto vecchio: è _____ mio nonno.

6. Il tuo gatto è _____ quella sedia.

7. Carlo e Lisa, quest'estate, vanno in Inghilterra _____ i loro genitori.

B. Espressioni con *a* e *in*. Dove vanno queste persone? Scrivi per ogni immagine una frase corrispondente. Usa *a* o *in*.

ESEMPIO:    Va a ballare.   o   Va in discoteca.

(*continued*)

1.

_____

2.

_____

3.

_____

4.

_____

5.

_____

C. La preposizione giusta. Scegli le preposizioni giuste per completare le frasi.

1. Metto il cellulare <u>allo / nello</u> zaino <u>di / del</u> Giacomo.
2. Devo uscire di casa <u>a / alle</u> 8.00 per andare <u>a / alla</u> scuola.
3. Ci sono una birra e un panino <u>con / per</u> il prosciutto <u>nel / sul</u> tavolo.
4. Nel pomeriggio Mario va sempre <u>a / dalla</u> casa di Stefania.
5. Questa macchina non è mia, è la macchina <u>alla / della</u> mamma.
6. Chi è quella signora <u>con / per</u> tua madre?
7. A che ora arrivate <u>a / in</u> New York? <u>A / Alle</u> mezzanotte o <u>al / all'</u> una?
8. Perché oggi non vai <u>a / in</u> piscina <u>con / a</u> gli amici?

D. Ancora le preposizioni. Completa il breve testo con le preposizioni semplici o articolate appropriate.

Io e Stefania andiamo sempre _____¹ biblioteca il sabato pomeriggio _____² due fino _____³ cinque.

Il sabato sera andiamo spesso _____⁴ cinema _____⁵ i nostri amici. Dopo il film prendiamo qualcosa

da bere o da mangiare _____⁶ bar vicino. Qualche volta[a] andiamo _____⁷ discoteca e torniamo _____⁸

casa tardi! La domenica facciamo una passeggiata o giochiamo _____⁹ tennis insieme, ma andiamo

_____¹⁰ letto presto perché il lunedì mattina, _____¹¹ 8.30, abbiamo lezione _____¹² biologia.

[a]qualche... *sometimes*

E. Tante domande!

Parte prima. Scrivi le domande che senti. Ogni domanda sarà ripetuta due volte.

    ESEMPIO: *Senti e scrivi:* A che ora arrivi all'università?

1. Domanda: _____
2. Domanda: _____
3. Domanda: _____
4. Domanda: _____
5. Domanda: _____
6. Domanda: _____

● *Check your answers to the **Parte prima** in the Answer Key at the back of the workbook before doing the **Parte seconda.***

Parte seconda. Ora ascolta le domande di nuovo e rispondi in frasi complete.

ESEMPIO: *Senti:*   A che ora arrivi all'università?
          Dici: Arrivo all'università alle 9.00.

1. ...   2. ...   3. ...   4. ...   5. ...   6. ...

5.4 *Compro del pane*   The partitive

A. Che cosa mangio?   Scrivi quello che puoi mangiare con le seguenti cose e poi decidi se è **vero** o **falso** per te.

(della frutta)   (dell'olio e dell'aceto)   (del parmigiano)

(delle patate fritte)   (del pesce)   (del riso)

		vero	falso
1.	Cosa metti sull'insalata? _____	☐	☐
2.	Cosa mangi con il cibo cinese? _____	☐	☐
3.	Cosa mangi per dolce? _____	☐	☐
4.	Cosa mangi al mare? _____	☐	☐
5.	Cosa metti sulla pasta? _____	☐	☐
6.	Cosa mangi con l'hamburger? _____	☐	☐

B. Vuoi il latte?   Completa le frasi con la forma giusta del partitivo. **Attenzione!** Puoi usare alcune forme più di una volta.

(del)   (dello)   (dell')   (della)   (dei)   (degli)   (delle)

1. Voglio mangiare _____ pasta a pranzo.

2. Oggi devo comprare _____ zucchero al supermercato.

3. A cena bevo _____ vino rosso.

4. La nonna prepara _____ belle bistecche stasera.

5. Mangio _____ insalata con la carne.

6. La mamma mette sempre _____ spinaci nel mio piatto.

7. Domani, al mercato, prendo _____ fagiolini freschi.

8. Metto _____ mozzarella nell'insalata.

9. I nonni vogliono _____ funghi a pranzo.

10. C'è _____ sugo da mettere sulla carne.

C. La lista della spesa di Marco.

Parte prima. Ascolta la conversazione fra Marco e Marianna e segna le cose che Marco ha comprato. La conversazione sarà ripetuta due volte.

Parte seconda. Adesso scrivi le cose che ha comprato Marco con la forma giusta del partitivo.

_____

_____

● *Check your answers to this activity in the Answer Key at the back of the workbook.*

Parte terza. Ascolta di nuovo (*again*) la conversazione e scrivi una risposta possibile di Marco all'ultima domanda di Marianna.

MARCO: _____

_____

D. Un po' di... Ripeti le parole che senti, sostituendo **un po' di** con il partitivo. Ripeti la risposta.

ESEMPIO: *Senti:* Mangio <u>un po' di</u> pane.
Dici: Mangio <u>del</u> pane.

1. ... 2. ... 3. ... 4. ... 5. ... 6. ...

E. Cosa compra la nonna? Guarda l'immagine e scrivi che cosa può comprare la nonna al mercato stamattina. Usa il partitivo.

(continued)

La nonna può comprare...

1. _____   5. _____

2. _____   6. _____

3. _____   7. _____

4. _____

F. Tocca a te! Una bella cena. Stasera devi preparare una cena per un gruppo di amici. Che cosa vuoi preparare? Che cosa devi comprare al supermercato per preparare questa cena? Usa il partitivo quando puoi.

Voglio preparare...

_____

_____

Devo comprare...

_____

_____

Cultura

Ascoltiamo!

Il galateo a tavola

A. Cosa dicono? Abbina ogni frase con la persona che la dice.

a. Salute!
b. Grazie, altrettanto!
c. Che bei fiori!
d. Buon appetito!

B. Beneducato o maleducato?
Ascolta le frasi. Decidi se l'azione descritta nella frase è **beneducata** o **maleducata** secondo le regole del galateo italiano. Le frasi saranno ripetute due volte.

ESEMPIO: *Senti:* «Tengo il tovagliolo intorno il collo.»
Scegli: **beneducato** **maleducato**
☐ ☑

	beneducato	maleducato
1.	☐	☐
2.	☐	☐
3.	☐	☐
4.	☐	☐
5.	☐	☐

C. Quale cultura?
Ascolta le frasi e decidi se l'azione è tipica di una persona beneducata in Italia, in America o in tutte e due le culture. Le frasi saranno ripetute due volte.

ESEMPIO: *Senti:* Dire **Buon appetito!** prima di mangiare.
Scegli: **italiano** **americano** **tutte e due**
☑ ☐ ☐

	italiano	americano	tutte e due
1.	☐	☐	☐
2.	☐	☐	☐
3.	☐	☐	☐
4.	☐	☐	☐
5.	☐	☐	☐

Leggiamo!

Strategie di lettura

Relating graphics and text. The illustrations, photos, and graphics that accompany a text can be helpful keys to understanding the text's message. As you read the publicity for *Banacher* on the next page, notice how the graphics, the words in the margins, and the photo all convey important information about the locale.

Banacher is connected to a restaurant, *Mantèca*. How does the name of the restaurant appear in this advertisement? How do you think the two names appear in the *restaurant's* ad?

Lettura

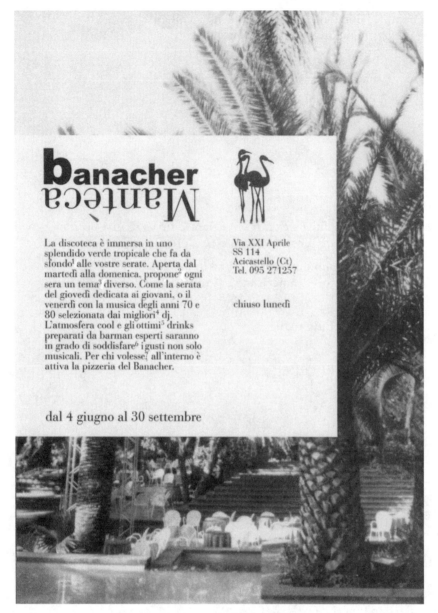

banacher
Manteca

La discoteca è immersa in uno splendido verde tropicale che fa da sfondo[1] alle vostre serate. Aperta dal martedì alla domenica, propone[2] ogni sera un tema[3] diverso. Come la serata del giovedì dedicata ai giovani, o il venerdì con la musica degli anni 70 e 80 selezionata dai migliori[4] dj. L'atmosfera cool e gli ottimi[5] drinks preparati da barman esperti saranno in grado di soddisfare[6] i gusti non solo musicali. Per chi volesse[7] all'interno è attiva la pizzeria del Banacher.

Via XXI Aprile
SS 114
Acicastello (Ct)
Tel. 095 271257

chiuso lunedì

dal 4 giugno al 30 settembre

[1]che... *that serves as a backdrop* [2]*proposes* [3]*theme* [4]*best* [5]*excellent* [6]saranno... *will be able to satisfy* [7]per... *for whoever would like*

A. Vero o falso? Decidi se le seguenti frasi sono **vere** o **false.**

	vero	falso
1. Banacher è solo una discoteca.	☐	☐
2. Banacher è aperta solo d'estate.	☐	☐
3. Da Banacher la musica cambia ogni sera.	☐	☐
4. Banacher è aperta tutte le sere.	☐	☐

B. Non solo musica.
A Banacher non c'è solo la musica. Trova l'aggettivo (gli aggettivi) che descrive (descrivono) ognuno di questi altri elementi.

1. verde _____ e _____

2. atmosfera _____

3. drinks _____

4. barman _____

C. Ti piace il funk?
Rispondi alle seguenti domande.

1. Per un ragazzo di 18 anni, qual è la sera migliore (better)?

   _____

2. Per un ragazzo di 30 anni che vuole sentire la musica della sua epoca (era), qual è la sera migliore?

   _____

In Italia

Utilizzando le informazioni delle sezioni In Italia del libro, decidi se le frasi seguenti sono vere o false. Se la frase è falsa, cambia una parola per renderla vera.

	vero	falso
1. Per una cena elegante e costosa in Italia, la gente va di solito in una trattoria.	☐	☐
2. In molti ristoranti in Italia, la mancia è già inclusa nel conto sotto «coperto e servizio».	☐	☐
3. La regione Toscana è nota come il centro gastronomico d'Italia.	☐	☐
4. Ogni giorno in Italia, si mangiano un po' meno di un milione di pizze.	☐	☐
5. Anche in Italia, la pizza romana è considerata quella migliore, per i suoi ingredienti e il modo in cui è preparata.	☐	☐
6. Quando si è invitati a pranzo o a cena in Italia, è da persone beneducate portare un regalo, come i cioccolatini, le paste o i fiori.	☐	☐

Come si mangia a casa tua?
Scrivi un breve testo (75 parole) su che cosa ti piace e non ti piace mangiare e perché. Scrivi che cosa si mangia a casa tua. Scrivi le differenze fra come mangiano gli italiani e come mangiano gli americani. Utilizza l'esempio sotto ed il vocabolario del libro.

ESEMPIO: In America non seguiamo la dieta mediterranea. Mangiamo molta carne e non mangiamo molta frutta e verdura come in Italia. Però, a casa mia mangiamo spesso la frutta. Io mangio una mela e un'arancia ogni giorno…

Adesso tocca a te!

Cosa hai fatto questo weekend?

Capitolo 6

Strategie di comunicazione

A. Cosa dici?   Completa le frasi con l'interiezione appropriata. Scegli fra quelle della lista.
Attenzione! Usa ogni interiezione *una sola volta*.

a. Oddio   b. Ahi   c. Magari   d. Boh   e. Macché   f. dai ✓

ESEMPIO: —Aspetta! (*Wait!*) Devo finire di mangiare.

—Ma _dai_, dobbiamo uscire adesso!

1.   Domani c'è l'esame di fisica.

Domani? _____, non ho studiato!

2.   Ettore, quale gelato vuoi, alla fragola (*strawberry*) o al cioccolato?

_____, non lo so. Mi piacciono tutti e due.

3.   Ma, Anna, cosa c'è?

_____, il braccio (*arm*) mi fa male.

4.   Federico, chi è al telefono? Annarita?

_____! La ragazza più bella della città non telefona a casa mia.

5.   Tuo padre ha comprato una macchina nuova?

Mio padre? Una BMW? _____, ha comprato una piccola Fiat 500, di colore verde.

B. Cos'è successo?   Trova nell'insieme B il consiglio giusto per ogni problema dell'insieme A. Scrivi la lettera corrispondente.

A	B
_____ 1. Ho mangiato molto!	a. Devi rileggere gli appunti.
_____ 2. Ho fatto le ore piccole!	b. Bevi una camomilla.
_____ 3. Non ho capito il passato prossimo!	c. Devi chiedere alla biglietteria (*ticket booth*).
_____ 4. Ho perso (*I lost*) l'orario dell'autobus!	d. Vai a dormire.

🎧 **C. Uffa!** Ascolta le frasi e scrivi la lettera della risposta giusta. Le frasi saranno ripetute due volte. **Attenzione!** Leggi le risposte prima di ascoltare le frasi. Usa ogni risposta *una sola volta*. Ci sono sei risposte; devi usarne solo cinque.

1. _____
2. _____
3. _____
4. _____
5. _____

a. Dai! Non sono così difficili!
b. Peccato! Non vedo l'ora di conoscerla (*meet her*).
c. Ehilà! Come stai?
d. Magari! Devo lavorare.
e. Boh!? Alle 9.00?
f. Mamma mia! È incredibile.

Pronuncia

La combinazione sc Pronunciation of sc

🎧
La combinazione sc.

- Before the vowels **a, o,** and **u** the combination **sc** has a hard sound, as in *sky*.
- Before the vowels **e** or **i** the combination **sc** has a soft sound, as in *she*.
- The combination **sch** appears only in front of **e** or **i** and has a hard sound.

  Listen and repeat the following words. Note the difference between the hard and soft sounds.

hard **sc:**	pesca	ascoltare	scusa
soft **sc:**	scegliere	pesce	sciarpa
hard **sch:**	pesche	maschio	schiena

🎧 **Dettato.**

Parte prima. Completa le parole che senti con **sc** o **sch.** Ogni parola sarà ripetuta due volte.

1. ____i   3. li____a   5. u____ire   7. cono____ere

2. ri____io   4. vi____io   6. va____e   8. li____io

Parte seconda. Adesso scrivi le parole che senti. Ogni parola sarà ripetuta due volte.

1. _____   4. _____   7. _____

2. _____   5. _____   8. _____

3. _____   6. _____   9. _____

🔵 *Check your answers to this activity in the Answer Key at the back of the workbook.*

Lessico

Il mio weekend   Talking about your weekend activities

A. Il weekend di Paola. Scegli le parole giuste per completare le frasi.

1. Il weekend, alle nove di mattina, Paola fa sempre un giro _____.
   a. al compleanno   b. in teatro   c. in bici

2. Il pomeriggio del sabato le piace _____ gli amici.
   a. regalare   b. visitare   c. andare a trovare

3. La domenica va sempre _____ di calcio con il suo ragazzo.
   a. alla partita   b. alla gita   c. allo spettacolo

4. La domenica mattina deve fare _____.
   a. il museo   b. il bucato   c. la musica

5. Il sabato sera le piace andare a _____ uno spettacolo a teatro.
   a. vedere   b. festeggiare   c. suonare

6. Qualche volta va a visitare _____ d'arte moderna.
   a. un paziente   b. una gita   c. un museo

7. Ogni weekend _____ molte e-mail alle sue amiche.
   a. regala   b. scrive   c. canta

8. Le piace anche ascoltare _____ di Jovanotti.
   a. le lezioni   b. l'e-mail   c. le canzoni

B. Ogni quanto? (*How often?*) Riscrivi le frasi. Sostituisci le espressioni sottolineate con un avverbio di tempo. Scegli l'avverbio giusto fra quelli della lista. Puoi usare alcuni avverbi più di una volta.

(mai)   (ogni tanto)   (sempre)

(una volta all'anno)   (una volta alla settimana)   (una volta al mese)

ESEMPIO: Prepara il pranzo <u>tutti i giorni</u>.
          Prepara <u>sempre</u> il pranzo.

1. Fa il bucato <u>il lunedì sera</u>.

   _____.

2. <u>Il primo weekend del mese</u> va a teatro con gli amici.

   _____.

3. <u>In nessun giorno</u> può fare feste a casa, perché la sua casa è piccola.

   _____.

(*continued*)

4. Il sabato gioca a tennis con suo fratello.

   _____

5. In agosto va a trovare i nonni in Italia.

   _____

6. In nessuna stagione fa sport, perché non le piace.

   _____

7. Fa la spesa al supermercato quando può.

   _____

8. Cena a casa tutte le sere.

   _____

9. Visita il museo l'ultima domenica di ogni mese perché non paga l'ingresso.

   _____

🎧 C. Come passano il weekend? Ascolta cosa fanno le seguenti coppie di amiche e poi decidi a chi si riferiscono le frasi. I testi saranno ripetuti due volte.

	Lucia e Isabella	Marta e Roberta
1. Sabato vanno a vedere *Otello*.	☐	☐
2. Sabato sera vanno a sentire Zucchero dal vivo (*live*).	☐	☐
3. Domenica sera vanno alla discoteca *Gilda*.	☐	☐
4. Domenica vogliono vedere la mostra (*exhibition*) di Raffaello.	☐	☐
5. Amano molto la musica moderna.	☐	☐
6. Hanno passione (*passion*) per il teatro drammatico.	☐	☐

🎧 D. In che ordine?

Parte prima. Ascolta la descrizione del tipico sabato di Teresa e metti in ordine cronologico le immagini. Numera le immagini da 1 a 6. Il testo sarà ripetuto due volte.

a. _____

c. _____

e. _____

b. _____

d. _____

f. _____

Parte seconda. Descrivi, in ordine cronologico, quello che fa Teresa il sabato. Scrivi una frase per ogni immagine.

1. _____ .

2. _____ .

3. _____ .

4. _____ .

5. _____ .

6. _____ .

E. Che fanno?   Ascolta le frasi e scegli le parole giuste per completare ogni frase. Le frasi saranno ripetute due volte. Ripeti la risposta.

1. a. i CD   b. i libri   c. i regali
2. a. le canzoni   b. i vostri amici   c. le lezioni di biologia
3. a. il letto   b. l'esame di storia   c. le partite di calcio
4. a. il treno   b. l'e-mail   c. la letteratura inglese
5. a. in teatro   b. al cinema   c. in moto
6. a. scriviamo   b. cuciniamo   c. leggiamo
7. a. uno spettacolo   b. un film   c. un concerto rock
8. a. lo shopping   b. il mio compleanno   c. la spesa

F. Tocca a te!   Quali sono le tue attività preferite? Scrivi un breve testo. Descrivi almeno quattro attività diverse.

_____

_____

_____

_____

Strutture

6.1 Che hai fatto questo weekend?   The present perfect of regular verbs

A. Chi l'ha fatto?   Decidi chi ha fatto le seguenti cose: **Francesco**, **Francesca** o **non si sa.**

	Francesco	Francesca	Non si sa.
1. Ha parlato al telefono.	☐	☐	☐
2. È tornata a casa alle 20.15.	☐	☐	☐
3. È andata a trovare lo zio.	☐	☐	☐
4. Ha dormito due ore.	☐	☐	☐

(continued)

	Francesco	Francesca	Non si sa.
5. È uscita di casa alle 7.15.	☐	☐	☐
6. Ha guardato la TV.	☐	☐	☐
7. Ha lavato la macchina.	☐	☐	☐
8. È arrivato a casa alle 14.30.	☐	☐	☐
9. Ha pulito il bagno (*bathroom*).	☐	☐	☐
10. È andato all'università.	☐	☐	☐

B. Chi parla?

Parte prima. Leggi le seguenti frasi e decidi quale di queste persone ha fatto l'azione. Scrivi la lettera corrispondente.

    a. Carlo   b. Roberta   c. Marcello e Diego   d. Sofia e Marianna

    ESEMPIO: *Vedi:* È entrata in albergo alle 16.00.
                Scegli: b.

1. _____ È partito per New York ieri sera.

2. _____ Sono uscite con i genitori.

3. _____ È andata a cena con la zia.

4. _____ Sono tornati presto a casa.

5. _____ È andato al concerto di Ligabue.

6. _____ Sono arrivate tardi al cinema.

7. _____ È uscita con gli amici alle 21.15.

8. _____ Sono stati al bar per tre ore.

Parte seconda. Scrivi il soggetto di ogni frase che senti. Le frasi saranno ripetute due volte.

    ESEMPIO: *Senti:* È entrata in casa alle 20.10.
                Scrivi: b.

    a. Carlo   b. Roberta   c. Marcello e Diego   d. Sofia e Marianna

1. _____   5. _____

2. _____   6. _____

3. _____   7. _____

4. _____   8. _____

C. I verbi al passato prossimo.
Scrivi la coniugazione dei seguenti verbi al passato prossimo. **Attenzione!** Prima decidi quale ausiliare hanno, **avere** o **essere**.

	andare	ballare	capire	partire	uscire
io					
tu					
lui					
lei					
noi					
voi					
loro (m.)					
loro (f.)					

D. Quando l'hai fatto? Ascolta le frasi e decidi quando le persone hanno fatto le varie attività. **Attenzione!** Alcune frasi sono al **presente** e alcune frasi sono al **passato prossimo.** Le frasi saranno ripetute due volte. Dopo una breve pausa, sentirai la risposta giusta.

ESEMPIO: *Senti:*   Marco è uscito con Paola.
  Vedi: a. la settimana prossima   b. la settimana scorsa
  Scegli: b. la settimana scorsa

1. _____   a. ieri sera   b. domani sera
2. _____   a. domenica scorsa   b. domani
3. _____   a. la settimana scorsa b. oggi
4. _____   a. sabato scorso   b. sabato prossimo
5. _____   a. tre giorni fa   b. domani pomeriggio
6. _____   a. ieri mattina   b. domani mattina

E. Le nostre vacanze (*vacation*).

Parte prima. Rita parla delle sue vacanze dell'anno scorso con Lucio. Ascolta e scrivi tutti i verbi che senti. Il testo sarà ripetuto due volte.

ESEMPIO: *Senti:*   Abbiamo mangiato in un ristorante elegante.
  Scrivi: abbiamo mangiato

1. _____   5. _____
2. _____   6. _____
3. _____   7. _____
4. _____   8. _____

Parte seconda. Adesso ascolta il testo di nuovo e rispondi alle seguenti domande con delle frasi complete.

1. Dove sono andati Lucio e Rita per le vacanze?

_____

2. A che ora sono partiti da Milano?

_____

(continued)

3. Che cosa hanno visitato martedì?

_____

4. Che cosa ha fatto Rita tutti i giorni? Che cosa ha fatto Lucio?

_____

5. Quando sono partiti da Roma per Milano?

_____

6. Quando sono tornati al lavoro?

_____

Check your answers to this activity in the Answer Key at the back of the workbook.

F. Che ha fatto la famiglia Marini venerdì scorso? Scrivi che cosa hanno fatto venerdì scorso le varie persone delle immagini. Scrivi delle frasi complete.

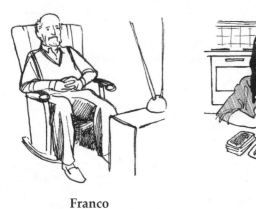

Franco

Barbara e Luca

Giulia

Susanna

Giuliano

_____

_____

_____

_____

6.2 *Ieri abbiamo vinto la partita*

The present perfect of irregular verbs

A. Regolare o irregolare?
Decidi se i seguenti participi passati sono regolari o irregolari, poi scrivi l'infinito di tutti i verbi.

		regolare	irregolare	l'infinito
1.	ho festeggiato	☐	☐	_____
2.	ho visto	☐	☐	_____
3.	ho scelto	☐	☐	_____
4.	sono entrata	☐	☐	_____
5.	ho offerto	☐	☐	_____
6.	sono arrivato	☐	☐	_____
7.	ho detto	☐	☐	_____
8.	ho scritto	☐	☐	_____

B. La giornata di Gabriele.

Parte prima. Gabriele parla di quello che (*what*) ha fatto oggi. Segna l'infinito di ogni verbo che senti. Il testo sarà ripetuto due volte.

1. ☐ andare
2. ☐ arrivare
3. ☐ bere
4. ☐ chiudere
5. ☐ correre
6. ☐ dormire
7. ☐ leggere
8. ☐ offrire
9. ☐ partire
10. ☐ perdere
11. ☐ rimanere
12. ☐ rompere
13. ☐ scegliere
14. ☐ scrivere
15. ☐ tornare
16. ☐ uscire

Parte seconda. Ascolta il testo di nuovo e decidi se le frasi sono **vere** o **false**.

		vero	falso
1.	Gabriele è uscito di casa alle otto meno un quarto.	☐	☐
2.	Ha fatto colazione a casa.	☐	☐
3.	Ha bevuto un cappuccino a colazione.	☐	☐
4.	È andato al lavoro in macchina.	☐	☐
5.	Ha dormito due ore dopo pranzo.	☐	☐
6.	È rimasto a casa tutto il pomeriggio.	☐	☐

C. Che hanno fatto Fabiana e Vincenzo?

Parte prima. Ascolta la conversazione tra Fabiana e Vincenzo e completa le frasi con i verbi che senti. La conversazione sarà ripetuta due volte.

FABIANA: Dove _____¹ i soldi per il cinema?

VINCENZO: Sono sul tavolo. _____² un film per stasera?

FABIANA: Non ancora (*yet*). _____³ sul giornale che c'è un nuovo film di Benigni.

VINCENZO: Quanto mi piace Benigni! Dai, andiamo!

FABIANA: Ma Alberto vuole venire con noi al cinema o no?

VINCENZO: Non lo so. L'_____⁴ al suo telefonino, ma non _____⁵.

FABIANA: Pazienza! (*Patience!*) Tanto (*Anyway*), l'ultima volta che _____⁶ con noi, _____⁷ durante tutto il film.

VINCENZO: Andiamo da soli (*by ourselves*) allora.

▶ *Check your answers to the* **Parte prima** *in the Answer Key at the back of the workbook before doing the* **Parte seconda.**

Parte seconda. Rileggi la conversazione e rispondi alle domande con delle frasi complete.

1. Dove vogliono andare stasera Fabiana e Vincenzo?

   _____

2. Quale film hanno scelto?

   _____

3. Chi deve andare al cinema con Fabiana e Vincenzo?

   _____

4. Che cosa ha fatto Alberto l'ultima volta che è andato al cinema con Fabiana e Vincenzo?

   _____

5. Invitano Alberto questa volta?

   _____

D. E per te?
Completa le frasi con un verbo al passato prossimo nella forma per **io**. Scegli il verbo giusto fra quelli della lista. Poi decidi se la frase è vera per te.

(andare) (bere) (fare) (perdere) (prendere) (rimanere) (scrivere) (vedere) (vincere)

	vero	falso
1. _____ a casa sabato sera. Non sono uscito/a.	☐	☐
2. _____ un caffè ieri mattina.	☐	☐
3. Stamattina _____ presto all'università.	☐	☐
4. _____ un bel film al cinema lo scorso fine settimana.	☐	☐
5. _____ molte volte le chiavi (*keys*).	☐	☐
6. _____ una passeggiata sotto la pioggia (*rain*).	☐	☐
7. _____ una poesia (*poem*) d'amore per una persona speciale.	☐	☐
8. _____ la metropolitana (*subway*) a Milano.	☐	☐
9. _____ una borsa di studio (*scholarship*).	☐	☐

E. Che hai fatto? Ascolta le domande e rispondi con una frase completa. Ogni domanda sarà ripetuta due volte.

> ESEMPIO: *Senti:* Hai studiato l'italiano lo scorso weekend?
> *Rispondi:* Sì, lo scorso weekend ho studiato l'italiano.
> (No, lo scorso weekend non ho studiato l'italiano.)

1. ... 2. ... 3. ... 4. ... 5. ... 6. ...

F. Tocca a te! Che hai fatto lo scorso weekend? Descrivi quello che hai fatto lo scorso weekend. Scrivi almeno sei frasi.

_____

_____

_____

_____

_____

_____

6.3 *Non studio mai dopo mezzanotte!* Negative expressions

A. E tu? Scegli l'espressione negativa giusta per completare le frasi.

1. Non parlo con <u>nessuno / niente</u> a lezione e ascolto sempre il professore.
2. Non studio <u>niente / più</u> la chimica perché è troppo difficile.
3. La mattina non beve <u>nessuno / niente</u>.
4. Non bevo <u>mai / niente</u> la birra.
5. Non ho conosciuto <u>nessuno / niente</u> il primo giorno di scuola.
6. Non studio <u>mai / nessuno</u> durante il weekend.
7. Non guardo <u>niente / più</u> i cartoni (*cartoons*) il sabato mattina.
8. Non faccio <u>nessuno / niente</u> quando sono in vacanza.

B. Il negativo. Cambia le seguenti frasi da affermative a negative. Usa le parole tra parentesi.

ESEMPIO: Guardo sempre la TV la sera. (non... mai)
Non guardo **mai** la TV la sera.

1. Ho visto molte persone a casa di Giacomo sabato sera. (non... nessuno)

_____

2. Io e Natalia abbiamo comprato molti vestiti a Roma l'anno scorso. (non... niente)

_____

3. I miei genitori hanno visto i loro amici ieri sera. (non... nessuno)

_____

4. Vedo i miei compagni in biblioteca ogni sera. (non... mai)

_____

5. Lavoro sempre al negozio (*store*) dopo le lezioni. (non... più)

_____

6. Ho speso €10 ieri mattina. (non... niente)

_____

7. Laura e Matteo parlano sempre al telefono la sera. (non... mai)

_____

C. Hai mai... ? Ascolta le domande e rispondi con l'espressione **non... mai** quando è necessario. Ogni domanda sarà ripetuta due volte.

ESEMPIO: *Senti:* Hai mai studiato il cinese?
Dici: Sì, ho studiato il cinese.
(No, non ho mai studiato il cinese.)

1. ...   2. ...   3. ...   4. ...   5. ...   6. ...

D. Cosa c'è scritto? Metti le parole in ordine giusto per formare delle frasi complete. **Attenzione!** Tutte le frasi sono al passato prossimo e usano **non... mai** e **non... più.**

1. non / la / bevuto / mai / ha / birra

Gianni è astemio. _____

2. gelateria / Anna / più / lavorato / non / quella / ha / in

Dopo il furto (*robbery*), _____

3. venuta / non / casa / mia / è / a / mai

Marianna non esce. _____

4. preso / mai / il / non / treno / ha

La nonna ha paura di viaggiare (*to travel*). _____

5. visto / dopo / amici / le / vacanze / ho / più / gli / non

Sono troppo impegnato. _____

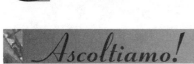

La musica in Italia

A. Come finisce? Scegli la parola giusta per completare le frasi.

1. La musica pop italiana è influenzata da quella <u>australiana / americana</u>.
2. In Italia la musica pop si chiama anche musica <u>leggera / pesante</u>.
3. Tutti gli anni c'è un grande festival di musica pop nella città di <u>Siracusa / Sanremo</u>.
4. Molti cantanti di fama internazionale sono formati <u>nei conservatori / nelle università</u>.
5. Un'attività molto diffusa tra i giovani è <u>cantare il karaoke / ballare in discoteca</u>.

B. Che tipo di musica compone? Ascolta i nomi di cinque artisti italiani. I nomi saranno ripetuti due volte. Segna la categoria di musica giusta per ogni artista.

ESEMPIO: *Senti:*   Puccini

	opera	hip hop / rap	R&B
Scegli:	☑	☐	☐

	opera	hip hop / rap	R&B
1.	☐	☐	☐
2.	☐	☐	☐
3.	☐	☐	☐
4.	☐	☐	☐
5.	☐	☐	☐

C. Hai buona memoria? Ascolta le frasi. Solo due frasi sono vere. Segna le tre frasi *false*. Le frasi saranno ripetute due volte. Se la frase è falsa, scegli l'espressione appropriata della lista per renderla vera.

(giovani)   (opera lirica)   (leggera)

ESEMPIO: *Senti:*   Rossini fu compositore della musica funk.

	vero	falso	
Scegli:	☐	☑	l'espressione: <u>opera lirica</u>

	vero	falso	
1.	☐	☐	l'espressione: _____
2.	☐	☐	l'espressione: _____
3.	☐	☐	l'espressione: _____
4.	☐	☐	l'espressione: _____
5.	☐	☐	l'espressione: _____

Leggiamo!

Strategie di lettura

Using contextual cues to tense. Verbs help us identify and organize the order of events in a story. While verb tense is the most reliable indicator of when the action occurred, what you know about how stories are told, the structure of the story (*atto primo, atto secondo*), and adverbs of time (*ieri, poi, l'anno prossimo*) can also help you figure out when events happen. Read this summary of the opera *Turandot* by Puccini. You will encounter easy verbs in the present, recognize verbs in the past, and even have a peek at verbs in the future!

Lettura

Riassunto dell'opera *Turandot*

La principessa Turandot è bellissima, così bella che tutti gli uomini si innamorano di lei appena[1] la vedono. Però, oltre che essere bellissima, è anche molto crudele.[2] I suoi pretendenti[3] devono risolvere tre enigmi;[4] e se non danno le risposte esatte[5] vengono decapitati. Chi, invece, riesce a risolvere gli enigmi avrà la mano[6] della bella principessa.

Nel primo atto, il principe Calaf vede Turandot e si innamora pazzamente[7] di lei.

Nel secondo atto il principe risolve i tre enigmi. La principessa, infuriata, vuole sapere il nome di questo principe che ora deve, ma non vuole, sposare. Il principe, a sua volta, propone un enigma alla principessa, per scoprire[8] il suo vero nome: se lei riuscirà a indovinare,[9] non dovrà sposarlo. Turandot ordina a tutti di non dormire finché[10] lei non riuscirà a scoprire il nome del principe.

Nel terzo atto la principessa dice di aver indovinato il nome del principe. Dice che si chiama «Amore», perché anche la bellissima Turandot si è innamorata di Calaf.

Quest'opera ha un'aria bellissima e molto famosa, *Nessun dorma* (*Let no one sleep*), che il principe canta nel secondo atto. Ecco il testo dell'aria:

Nessun dorma!… Nessun dorma!…

Tu pure, o Principessa,

nella tua fredda stanza[11]

guardi le stelle che tremano[12]

d'amore e di speranza![13]

Ma il mio mistero è chiuso in me,

il nome mio nessun saprà![14]

[1]*as soon as* [2]*cruel* [3]*suitors* [4]*enigmas, riddles* [5]*exact* [6]*hand* [7]*madly* [8]*discover* [9]*guess* [10]*until* [11]*room* [12]*stelle… stars that tremble* [13]*hope* [14]*will know*

A. La storia.

Leggi le seguenti frasi e indica l'ordine delle azioni nell'opera *Turandot*.

___1___ Gli uomini si innamorano di Turandot, appena la vedono.

_____ Turandot deve risolvere un enigma, deve indovinare il nome del principe Calaf.

_____ Calaf risolve gli enigmi.

_____ I pretendenti che non risolvono gli enigmi sono decapitati.

_____ Secondo Turandot, il principe si chiama «Amore» perché anche lei si è innamorata.

_____ Turandot si arrabbia perché a questo punto si deve sposare ma non vuole.

In Italia

Utilizzando le informazioni delle sezioni *In Italia* del libro, decidi se le frasi seguenti sono **vere** o **false**. Se la frase è falsa, cambia una parola per renderla vera.

	vero	falso
1. Per i ragazzi italiani il weekend inizia il venerdì sera.	☐	☐
2. Il tipo di musica per cui Zucchero è famoso si chiama R&B.	☐	☐
3. Jovanotti è famoso per la sua musica folk.	☐	☐
4. La Galleria degli Uffizi, uno dei musei più famosi del mondo, fu creata dalla grande famiglia Medici a Napoli.	☐	☐
5. *L'Aida* è forse l'opera più famosa di Giuseppe Verdi.	☐	☐
6. *L'Arena*, l'anfiteatro romano che è noto in tutto il mondo per la sua stagione lirica, si trova a Milano.	☐	☐

Scriviamo!

Sei andato/a al concerto? Scrivi un breve testo (75 parole) sull'ultimo concerto o sull'ultimo spettacolo (teatro, balletto, mostra [*exhibit*]) a cui sei andato/a. Descrivi dove sei andato/a, con chi, e chi era il/la cantante o il gruppo. Utilizza l'esempio sotto ed il vocabolario del libro.

ESEMPIO: L'estate scorsa sono andato a un concerto degli U2 a Boston. Sono andato/a con i miei amici dell'università. Siamo andati in macchina. Abbiamo sentito tutte le loro canzoni più famose. Dopo il concerto siamo andati…

Adesso tocca a te!

I vestiti e la moda

Capitolo 7

Strategie di comunicazione

A. Mi puoi... ? / Mi può... ? Scegli la domanda giusta per ogni risposta. Scrivi la lettera corrispondente.

1. _____ «Certo, è 045.78.57.939»

2. _____ «Oddio, la mia età non la dico a nessuno!»

3. _____ «Sì, signorina. Eccolo.»

4. _____ «Peccato! Non posso. Non ho un orologio.»

5. _____ «Certo, mi chiamo Michele.»

a. «Mi può dare l'orario dell'ufficio?»

b. «Mi puoi dire il tuo nome?»

c. «Mi può dire quanti anni ha?»

d. «Mi puoi dare il tuo numero?»

e. «Mi può dire l'ora?»

B. Scusa/Scusi, posso? Completa le domande con **posso** e l'infinito appropriato.

1. —Scusi, sono qui con il mio cane. _____?

   —Certo! Gli animali sono benvenuti qui.

2. —Scusa, Maria, non ho capito la lezione di matematica.

   _____ con te?

   —Sì, ma non l'ho capita bene neanch'io!

3. —Scusi, _____ nell'aeroporto?

   —No, è vietato (*prohibited*). Non c'è una zona fumatori (*smoking*).

4. —Scusi, vorrei comprare delle scarpe. _____ queste nere?

   —Certo! Quale numero porta?

5. —Pronto, Sandra! Sono Lucia. _____ con Davide?

   —Ciao, Lucia! Mi dispiace, ma Davide non c'è.

C. Mi puoi... ? / Mi può... ? / Posso? Fabio e Mario vogliono comprare dei jeans e parlano con il commesso. Ascolta le domande e scegli l'immagine giusta. Le domande saranno ripetute due volte. Scrivi la lettera corrispondente.

a.

Fabio

b.

Mario

1. _____   3. _____

2. _____   4. _____

ronuncia

 La lettera z   Pronunciation of the letter *z*

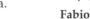 **La lettera z.**

The letter **z** sometimes has the sound /dz/ as in the word *be<u>ds</u>*, and sometimes has the sound /ts/ as in the word *be<u>ts</u>*. The double consonant **zz** is lengthened /tts/ or /ddz/.

Listen and repeat the following words:

zero	zona	pranzo
calzini	grazie	alzarsi
pizza	mazzo	mezzo

Dettato.

Parte prima. Completa le parole che senti con **z** o **zz**. Ogni parola sarà ripetuta due volte.

1. ____ucchero   5. ____ia   9. vacan____e

2. pi____o   6. pe____o   10. ini____iare

3. cola____ione   7. ____agabria

4. pa____o   8. ____en____ero

🎧 **Parte seconda.** Adesso scrivi le parole che senti. Ogni parola sarà ripetuta due volte.

1. _____   5. _____   9. _____

2. _____   6. _____   10. _____

3. _____   7. _____

4. _____   8. _____

▶ *Check your answers to this activity in the Answer Key at the back of your workbook.*

essico

 ***Cosa porti?***   Describing your clothes

A. I vestiti e gli accessori. Osserva le immagini e scrivi il nome dei vestiti o degli accessori adatti al tempo.

la borsa da spiaggia   il costume da bagno   la felpa   l'impermeabile

la maglietta   il maglione   i pantaloncini   i pantaloni   gli stivali

1. _____

2. _____

    _____

    _____

    _____

    _____

    _____

    _____

B. Cosa portano? Scegli l'abbigliamento più appropriato per ogni persona.

1. Alfredo porta _____.
    a. la gonna gialla   b. i pantaloni neri

2. Mio fratello porta _____.
    a. la borsa a fiori   b. la maglietta a righe

3. Mia sorella porta _____.
    a. il vestito rosa   b. la cravatta marrone

4. La signora Rossi indossa _____.
    a. la cravatta verde   b. il costume da bagno

5. Lucio per un funerale indossa _____.
    a. la giacca nera   b. la camicia rossa

6. Al mare mio padre porta _____.
    a. gli occhiali da sole   b. il giubbotto

C. Dove sono? Ascolta le descrizioni delle persone e decidi dove sono secondo il tipo di vestiti che portano. Scegli fra i quattro posti (*places*) della lista. Ogni descrizione sarà ripetuta due volte.

a. a un concerto rock   b. al mare   c. a un matrimonio   d. a una partita di tennis

1. _____   2. _____   3. _____   4. _____

D. Quale dei due? Nell'immagine ci sono tre coppie di gemelli vestiti in modo simile ma con una differenza. Ascolta la descrizione di uno dei due gemelli di ogni coppia e poi decidi quale dei due parla. Ogni descrizione sarà ripetuta due volte.

Paolo   Luca   **Marina   Manuela**   **Nora   Lorella**

1. _____   2. _____   3. _____

E. I regali. Sei a Milano di fronte alla vetrina (*store window*) di Versace e vuoi comprare dei regali alla moda per la tua famiglia. Il tuo amico ti chiede cosa vuoi comprare per ogni persona. Rispondi alle sue domande. Ogni domanda sarà ripetuta due volte. Ripeti la risposta.

ESEMPIO: *Senti:* Che vuoi comprare per tua madre?
            Dici: Per mia madre voglio comprare una gonna.

1. ... 2. ... 3. ... 4. ... 5. ... 6. ...

F. Che cos'è? Scrivi il nome della cosa descritta (*described*).

ESEMPIO: *Vedi:* Le donne portano questa per metterci dentro le loro cose.
            Scrivi: la borsa

1. Si porta questa d'inverno intorno al collo (*neck*). _____

2. È un sinonimo di trench. _____

3. Si mettono questi prima delle scarpe. _____

4. Si porta questo quando fa freddo al posto di una t-shirt. _____

5. Wrangler e Levi's sono nomi famosi per _____

6. Si portano queste ai piedi per giocare a tennis. _____

7. Versace e Valentino sono due _____

8. Sono simili ai pantaloni, ma più corti. _____

9. Gli stilisti mostrano la nuova collezione in una _____

G. Chi lo porta? Parte prima. Scrivi il nome della persona che porta i seguenti capi (*items*) di abbigliamento.

Alessandro   **Roberto**   **Sonia**

1. _____ indossa la gonna.

2. _____ porta i sandali.

3. _____ porta la cravatta.

4. _____ porta il berretto.

5. _____ indossa il giubbotto.

6. _____ porta gli orecchini.

Parte seconda. Adesso scrivi i capi di abbigliamento che non hai trovato nella **Parte prima.**

1. Roberto porta anche _____

_____

2. Alessandro porta anche _____

_____

3. Sonia porta anche _____

_____

H. Adesso tocca a te! Rispondi alle domande con delle frasi complete.

1. Se vai a una festa elegante, cosa ti piace portare?

_____

_____

2. Cosa ti piace indossare nel tempo libero?

_____

_____

Strutture

7.1 *Lo stilista dà il vestito alla modella* Direct and indirect objects

A. Qual è? Decidi se l'elemento **evidenziato** è il soggetto, un complemento diretto o un complemento indiretto.

	soggetto	complemento diretto	complemento indiretto
1. Domenica Giulia ha preparato **gli spaghetti.**	☐	☐	☐
2. **Paola e Valeria** hanno comprato i costumi da bagno nuovi.	☐	☐	☐
3. Stamattina mia zia ha scritto un'e-mail **a mia madre.**	☐	☐	☐
4. Mia nonna cerca **una bella gonna** per Natale.	☐	☐	☐
5. Lisa ha telefonato **a Marco** la settimana scorsa.	☐	☐	☐
6. **La nostra professoressa** porta gli stivali rossi.	☐	☐	☐
7. Hai già ricevuto **la lettera?**	☐	☐	☐
8. Pietro ha dato tutte le cravatte **al suo amico Mario.**	☐	☐	☐
9. **Io e Dario** ascoltiamo la musica insieme.	☐	☐	☐

B. Complemento diretto o indiretto? Scegli il complemento giusto per completare le frasi.

1. Tuo nonno ascolta _____ in macchina.
   a. la radio   b. alla radio

2. Telefoni _____ stasera o domani?
   a. Maria   b. a Maria

3. Do i soldi _____ per il regalo di Federica.
   a. Salvatore   b. a Salvatore

4. Lisa e Anna guardano _____ alla TV.
   a. il telefilm   b. al telefilm

5. Giacomo ed io abbiamo scritto un'e-mail _____ stamattina.
   a. Silvia   b. a Silvia

6. Hai dato gli orecchini _____?
   a. la tua ragazza   b. alla tua ragazza

7. Carla vede _____ tutti i giorni sull'autobus.
   a. Mario   b. a Mario

C. Quale complemento?

Ascolta le frasi e decidi se hanno **un complemento diretto, un complemento indiretto, o un complemento diretto e un complemento indiretto.** Ogni frase sarà ripetuta due volte. Dopo una breve pausa sentirai la risposta giusta.

	diretto	indiretto	diretto e indiretto
1.	☐	☐	☐
2.	☐	☐	☐
3.	☐	☐	☐
4.	☐	☐	☐
5.	☐	☐	☐
6.	☐	☐	☐
7.	☐	☐	☐

D. Un po' di creatività.

Completa le frasi con un complemento diretto o indiretto appropriato. **Attenzione!** Il complemento indiretto richiede (*requires*) sempre una preposizione.

1. Ho pulito _____ la settimana scorsa.

2. I miei amici hanno cucinato _____ ieri sera.

3. Il mio professore / La mia professoressa d'italiano ha dato _____ a tutti gli studenti.

4. Ho scritto un'e-mail _____ e non ha risposto.

5. Ascolto _____ quando sono in macchina.

6. Ho rotto _____ di mio fratello e mio fratello si è arrabbiato.

7. Ho provato _____ l'ultima volta che ho fatto shopping.

8. Ho telefonato _____ stamattina.

7.2 *Che stai facendo?* Present progressive

A. Che stanno facendo?

Forma delle frasi abbinando, nel modo giusto, i verbi dell'insieme A con le parole dell'insieme B.

A	B
1. Sta parlando _____.	a. i compiti di matematica
2. Sta leggendo _____.	b. un nuovo CD
3. Sta mangiando _____.	c. sul divano (*couch*)
4. Sta ascoltando _____.	d. con la mamma
5. Sta dormendo _____.	e. un cappuccino al bar
6. Sta facendo _____.	f. un piatto di pasta
7. Sta bevendo _____.	g. il giornale di oggi

B. La famiglia di Enrico.
Ascolta Enrico mentre descrive delle situazioni. Poi scegli la frase a cui ogni situazione corrisponde. Ogni descrizione sarà ripetuta due volte. Ripeti la risposta.

1. _____
   a. Sta preparando la pasta per il pranzo.
   b. Sta andando in pizzeria.
2. _____
   a. Stiamo andando in farmacia (*pharmacy*).
   b. Stiamo andando al bar.
3. _____
   a. Sta guardando una partita di calcio a casa.
   b. Sta leggendo un libro di fantascienza (*science fiction*).
4. _____
   a. Stanno andando al cinema con le amiche.
   b. Stanno ascoltando la musica alla radio.
5. _____
   a. Stiamo guardando il telegiornale (*news*).
   b. Stiamo leggendo degli articoli interessanti.
6. _____
   a. Sta dormendo in camera sua.
   b. Sta facendo l'aerobica.

C. Che confusione!
Scegli fra i verbi della lista per completare le frasi. Usa i verbi al presente progressivo.

(apparecchiare) (cantare) (nuotare) (perdere) (provare) (pulire) (vincere)

1. Peccato! Michele e i suoi amici _____ la partita di calcio!

2. Io e Lorenzo _____ in piscina con mia sorella.

3. (*Noi*) _____ la cucina perché è sporchissima (*very dirty*)!

4. Io _____ la tavola adesso perché dobbiamo mangiare tra poco.

5. Che bello! La mia squadra (*team*) preferita _____ la partita di basket!

6. Oddio! Mara _____ un'altra gonna in camerino (*fitting room*)!

7. Mario _____ nella doccia? Non ha una bella voce (*voice*)!

D. Ma che state facendo?!
Sabato pomeriggio tutti stanno facendo attività diverse. Ascolta le frasi e riscrivi i verbi dal presente al presente progressivo. Ogni frase sarà ripetuta due volte.

ESEMPIO: *Senti:* Marco lava la macchina di sua madre.
         Scrivi: Marco <u>sta lavando</u> la macchina di sua madre.

1. Sara _____ la TV con suo fratello.

2. Maria e Filippo _____ a calcio con i compagni.

3. Beatrice _____ nel diario.

4. Luigi e Carlo _____ la musica in macchina.

5. Enrico _____ dei biscotti al cioccolato.

6. Benedetta e Antonella _____ i compiti d'inglese.

7. Gemma _____ una camomilla.

● *Check your answers to this activity in the Answer Key at the back of the workbook.*

E. Tocca a te! Adesso tu stai facendo i compiti d'italiano, no? Che stanno facendo i tuoi amici o la tua famiglia in questo momento? Se non lo sai, usa la fantasia e scrivi almeno cinque frasi.

_____

_____

_____

_____

_____

7.3 *Cosa mi metto oggi?*   Reflexive verbs

A. La mattina di Mauro.

Parte prima. Completa il seguente paragrafo con i verbi giusti.

(si alza)   (si annoia)   (si fa)   (si lava)   (si mette)   (si sveglia)   (si veste)

Tutti i giorni Mauro _____ ^{1} alle 7.00, ma _____ ^{2}

alle 7.10. Dopo va in bagno dove _____ ^{3} la barba, poi

_____ ^{4} i denti e la faccia (*face*). Alle 7.35 torna in camera dove

_____ .^{5} _____ ^{6} i pantaloni, la camicia, la cravatta, la

cintura, i calzini e le scarpe. Deve sempre portare i vestiti eleganti per andare al lavoro. Alle 7.45

Mauro va in cucina e fa colazione velocemente: di solito mangia dei biscotti e beve un caffellatte.

Esce di casa alle 8.10 e va al lavoro. Arriva in ufficio alle 8.30 dove _____ ^{7}

moltissimo perché non gli piace il suo lavoro.

◗ *Check your answers to this activity in the Answer Key at the back of the workbook before doing the **Parte seconda**.*

Parte seconda. Ascolta le frasi e decidi se sono **vere** o **false**. Se la frase è falsa, riscrivila nel modo giusto. Ogni frase sarà ripetuta due volte.

	vero	falso	
1.	☐	☐	_____
2.	☐	☐	_____
3.	☐	☐	_____
4.	☐	☐	_____
5.	☐	☐	_____

◗ *Check your answers to this activity in the Answer Key at the back of the workbook.*

B. La coniugazione dei verbi riflessivi. Scrivi il significato dei seguenti verbi e poi completa la tabella con le forme giuste.

	truccarsi	svegliarsi	sentirsi	arrabbiarsi	divertirsi
	_____	_____	*to feel*	_____	_____
io				mi arrabbio	
tu		ti svegli			
lui, lei; Lei			si sente		
noi					
voi	vi truccate				
loro					si divertono

C. La giornata di Roberta.

Parte prima. Ascolta le frasi e scegli l'immagine a cui corrisponde ogni frase. Le frasi saranno ripetute due volte.

ESEMPIO: *Senti:* Mi sveglio alle otto meno venti.
Scegli: g.

a.  c.  e.  g.

b.  d.  f.

1. _____ 2. _____ 3. _____ 4. _____ 5. _____ 6. _____

Parte seconda. Adesso osserva le immagini e descrivi la giornata di Roberta. Scrivi una frase per ogni immagine.

ESEMPIO: *Vedi:*   g.

Scrivi: Roberta si sveglia alle 7.40.

1. _____
2. _____
3. _____
4. _____
5. _____
6. _____

D. È riflessivo o no?   Scegli la forma giusta del verbo per completare le frasi.

1. Tu e Marta <u>vi svegliate / svegliate</u> ogni mattina alle 6.30?
2. Io <u>mi chiamo / chiamo</u> la mia mamma due volte alla settimana.
3. <u>Ti senti / Senti</u> bene oggi? Non dici niente e sei molto pallido (*pale*).
4. Tommaso e Francesca <u>si svegliano / svegliano</u> la loro figlia alle otto per andare a scuola.
5. Anna Maria <u>si trucca / trucca</u> solo quando esce la sera con gli amici, non per andare a lezione.
6. La piccola Maria <u>si veste / veste</u> sempre le sue bambole (*dolls*) quando gioca.
7. Io <u>mi lavo / lavo</u> i denti ogni sera prima di andare a letto.
8. Non <u>ti senti / senti</u> mai il telefono quando squilla (*rings*).

E. Devi alzarti subito!

Parte prima. Completa il dialogo tra Giulio e sua madre con le forme dei verbi che senti.

LA MAMMA: Giulio! Sono le otto meno un quarto! Ma _____[1] o no?

GIULIO: Dai mamma! _____[2] ancora dieci minuti.

LA MAMMA: Ma non hai tempo. Hai lezione tra poco e prima _____[3] colazione.

GIULIO: Non voglio andare a lezione stamattina.

LA MAMMA: Senti Giulio, non _____[4] un'altra volta. Ogni lunedì mattina sei sempre così. Dai, sbrigati (*hurry up*)!

GIULIO: Va bene, mi alzo. _____[5] il maglione stamattina o no? Che tempo fa?

LA MAMMA: Sì, _____[6] il maglione e anche il giubbotto perché fa molto freddo.

GIULIO: Va bene. Oddio! Sono già le otto meno cinque. Allora non _____[7] colazione stamattina. Sono in ritardo!

> *Check your answers to the **Parte prima** in the Answer Key at the back of the workbook before doing the **Parte seconda**.*

Parte seconda. Rispondi alle domande con delle frasi complete.

1. Perché Giulio non vuole alzarsi?

   _____

2. Che giorno della settimana è?

   _____

3. Che cosa deve mettersi Giulio stamattina? Perché?

   _____

4. Giulio fa colazione stamattina? Perché?

   _____

F. Tocca a te! Descrivi la tua mattina tipica. Scrivi almeno sette frasi e usa almeno cinque verbi riflessivi.

Tutti i giorni io… _____

_____

_____

_____

_____

_____

7.4 *Parlo bene l'italiano!* Adverbs

A. Aggettivo o avverbio? Scegli la parola giusta per completare le frasi.

1. La zia di Marco ama riposarsi il weekend e va <u>raro / raramente</u> a trovare i parenti la domenica.
2. Silvana lavora in un negozio, ma non è <u>gentile / gentilmente</u> con i clienti.
3. Devo andare <u>immediato / immediatamente</u> in ufficio. Sono già in ritardo.
4. Questo treno è <u>veloce / velocemente</u> e va direttamente a Milano.
5. Il professore d'italiano parla molto <u>lento / lentamente</u> e capiamo sempre tutto a lezione!
6. Lisa ama il suo lavoro ed è sempre <u>puntuale / puntualmente</u>.

B. Una bella giornata.

Parte prima. Ascolta la conversazione e scrivi tutti gli avverbi che senti. La conversazione sarà ripetuta due volte.

MARIA: Allora, che facciamo _____[1]?

GAIA: Perché non andiamo in centro a fare shopping? Mi piace molto vedere le nuove collezioni per l'inverno.

MARIA: _____[2] non mi va oggi. Andiamo sempre a fare shopping. Poi ci sono

andata _____.[3] Facciamo qualcos'altro.

GAIA: OK. Come vuoi. Allora andiamo in centro a bere qualcosa. Spesso ci sono dei bei ragazzi in giro.

MARIA: Vado a prepararmi. Torno _____.[4]

GAIA: Va bene, ma non facciamo _____.[5]

⬤ *Check your answers to the* **Parte prima** *in the Answer Key at the back of the workbook before doing the* **Parte seconda.**

Parte seconda. Rileggi la conversazione della **Parte prima** e rispondi alle seguenti domande. Se la frase è falsa, riscrivila per renderla vera.

	vero	falso
1. Gaia vuole andare a fare shopping perché vuole vedere le nuove collezioni per la primavera.	☐	☐
2. Maria vuole andare a fare shopping oggi.	☐	☐
3. Maria è andata a fare shopping ieri.	☐	☐
4. Gaia vuole andare a bere qualcosa perché fa caldo.	☐	☐
5. Maria deve prepararsi prima di uscire.	☐	☐

C. Guarda bene!

Parte prima. Metti le seguenti parole nella categoria giusta.

(bene) (gentile) (immediato) (male) (onesto) (presto)

(puntuale) (raramente) (sinceramente) (veloce)

aggettivi	avverbi
1. _____	1. _____
2. _____	2. _____
3. _____	3. _____
4. _____	4. _____
5. _____	5. _____

◐ *Check your answers to the* **Parte prima** *in the Answer Key at the back of the workbook before doing the* **Parte seconda.**

Parte seconda. Adesso trasforma gli aggettivi della **Parte prima** in avverbi.

1. _____

2. _____

3. _____

4. _____

5. _____

D. Qual è l'avverbio?   Ascolta le frasi e scrivi l'avverbio che senti. Ogni frase sarà ripetuta due volte.

1. _____   4. _____

2. _____   5. _____

3. _____   6. _____

◐ *Check your answers to this activity in the Answer Key at the back of the workbook.*

E. Scrivi bene!   Adesso scrivi delle frasi originali con i seguenti aggettivi e avverbi.

1. bene _____

2. cattivo _____

3. tardi _____

4. lento _____

5. regolarmente _____

6. presto _____

7. gentile _____

Cultura

Ascoltiamo!

La moda italiana

A. La moda in Italia. Ascolta le frasi e scrivi il numero della frase accanto all'immagine corrispondente. Le frasi saranno ripetute due volte.

_____ a.

_____ c.

_____ b.

_____ d.

B. Vero o falso? Ascolta le frasi. Tre frasi sono vere. Segna le due frasi *false*. Le frasi saranno ripetute due volte. Se la frase è falsa, scegli la parola appropriata della lista per renderla vera.

(eleganti)   (Milano)   (molta)   (nuova)

ESEMPIO: *Senti:* Una sfilata presenta la vecchia moda.

Scegli: vero ☐   falso ☑

parola: <u>nuova</u>

	vero	falso	
1.	☐	☐	parola: _____
2.	☐	☐	parola: _____
3.	☐	☐	parola: _____
4.	☐	☐	parola: _____
5.	☐	☐	parola: _____

C. Fai il match! Scrivi la parola della moda che senti nella categoria giusta. Le parole saranno ripetute due volte. **Attenzione!** Alcune categorie si ripetono.

Stilisti	Accessori e gioielli	Abiti

● *Check your answers to this activity in the Answer Key at the back of the workbook.*

Leggiamo!

Strategie di lettura

Deriving word meaning from context. Even when you read in your first language, you often encounter words that you don't know. When this happens, you probably try a number of strategies to allow you to keep reading; for example, you may skip the word if you think it isn't important to understanding the text or you may keep reading to see if something else in the text gives you a clue to the meaning of the word you don't know. Finally, if you can't figure out the word from the context and it seems important to understanding the text, you probably look it up in a dictionary.

When you read in Italian, you will encounter many words that you don't know. If you try to look them all up in the dictionary it will slow down your reading so much that you may want to give up reading altogether. Instead, try to use the same strategies you use in English, before you open the dictionary.

Lettura

The following article appeared in the newspaper *La Repubblica*. Use the context and what you know about weddings to figure out the meaning of the unknown words.

Mi vuoi sposare? No, costa troppo

Dagli abiti al ristorante aumenti del 20%.

MATRIMONIO CON UNA MEDIA DI 100 INVITATI (dati in euro)

ADDIO al matrimonio tradi-zionale: abito bianco, fiori, bomboniere e pranzo per amici e parenti costano ormai[1] troppo. Per rispettare la tradizione, una giovane coppia della Capitale è cos-tretta[2] per dire sì a spendere tra i 18 e i 20 mila euro.

Noleggio automobile	da	350	a	1200
Partecipazioni e inviti	da	250	a	500
Biglietti di ringraziamento	da	100	a	300
Bomboniere	da	300	a	3000
Decoro floreale dell'automobile	da	70	a	200
Addobbo floreale della chiesa	da	200	a	1000
Pacchettini con confetti	da	200	a	600
Addobbo floreale del ricevimento	da	600	a	1700
Velo sposa	da	200	a	500
Abito sposa	da	1500	a	7500
Affitto sala per ricevimento	da	1000	a	4500
Decorazione dei tavoli	da	100	a	500
Menù e segnaposto	da	50	a	250
Scarpe sposa	da	100	a	700
Guanti sposa	da	40	a	300
Lingerie della sposa	da	80	a	300
Fedi nuziali	da	100	a	1000
Ristorante	da	4000	a	10000
Abito sposo	da	600	a	3000
Accessori dello sposo	da	100	a	300
Scarpe dello sposo	da	180	a	400
Torta nuziale	da	100	a	500
Acconciatura e trucco della sposa	da	150	a	500
Servizio foto	da	800	a	2500
Bouquet della sposa	da	50	a	300
Ripresa video	da	400	a	1500
Viaggio di nozze	da	1000	a	8000

[1]*by now* [2]*forced, compelled*

Come si dice... ?

1. Nel primo paragrafo (**Addio al matrimonio...**) trova l'equivalente in italiano per:

    a. good-bye forever _____

    b. to say "I do" _____

2. Nella scheda (*chart*) trova l'equivalente in italiano per:

    a. announcements and invitations _____

    b. thank-you notes _____

    c. floral decorations (for the church, for the reception) _____

    d. reception hall rental _____

    e. bridal veil _____

    f. bride's clothing _____

    g. wedding rings (*plural*) _____

   h. bride's hairstyling and makeup _____

   i. videotaping _____

   j. honeymoon trip _____

In Italia

Utilizzando le informazioni delle sezioni *In Italia* del libro, decidi se le frasi seguenti sono **vere** o **false**. Se la frase è falsa, cambia una parola per renderla vera.

		vero	falso
1.	È possibile indicare «no» in italiano usando solo un dito.	☐	☐
2.	Se vuoi comprare le scarpe in Italia è necessario sapere la taglia.	☐	☐
3.	In Italia, il primo centro commerciale chiuso fu costruito a Roma e si chiama *Galleria Vittorio Emanuele*.	☐	☐
4.	Se compri dei gioielli d'oro in Italia, probabilmente sono stati fabbricati (*made*) a Piacenza, la capitale dell'oro.	☐	☐
5.	Per gli italiani è sempre importante dare un'impressione positiva, cioè (*that is*) «fare bella figura».	☐	☐
6.	È vero che la divisa della Guardia Svizzera al Vaticano fu disegnata da Michelangelo.	☐	☐

Scriviamo!

Cosa devo portare?   La tua nuova amica italiana, Stefania, viene a trovarti negli Stati Uniti ma non sa quali vestiti deve portare. Scrivi un'e-mail (75 parole) in cui le descrivi come si vestono gli studenti della tua università. Utilizza l'esempio a pagina 144 ed il vocabolario del libro.

ESEMPIO:

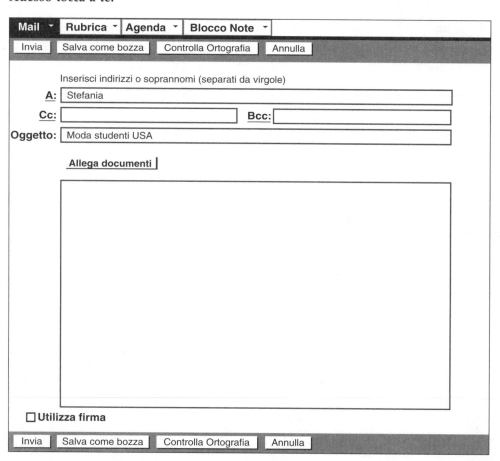

Mail ⁻	Rubrica ⁻	Agenda ⁻	Blocco Note ⁻	

| Invia | Salva come bozza | Controlla Ortografia | Annulla |

Inserisci indirizzi o soprannomi (separati da virgole)

A: Stefania

Cc: **Bcc:**

Oggetto: Moda studenti USA

Allega documenti |

Ciao Stefania,

non devi portare molti vestiti pesanti perché qui adesso fa caldo. In genere, le ragazze

dell'università portano i pantaloncini o una gonna leggera e una maglietta, anche quando

vanno a lezione. Ai piedi di solito portano i sandali...

☐ **Utilizza firma**

| Invia | Salva come bozza | Controlla Ortografia | Annulla |

Adesso tocca a te!

Mail ⁻	Rubrica ⁻	Agenda ⁻	Blocco Note ⁻	

| Invia | Salva come bozza | Controlla Ortografia | Annulla |

Inserisci indirizzi o soprannomi (separati da virgole)

A: Stefania

Cc: **Bcc:**

Oggetto: Moda studenti USA

Allega documenti |

☐ **Utilizza firma**

| Invia | Salva come bozza | Controlla Ortografia | Annulla |

Capitolo 8

Che bella festa!

Strategie di comunicazione

A. Rivediamo! Scegli la domanda più appropriata.

1. «A dir la verità preferisco andare al mare.»
   a. Ti piace nuotare?
   b. Ti piacerebbe andare a Parigi (*Paris*)?

2. «No, non porto mai un orologio.»
   a. Cos'è successo?
   b. Mi puoi dire l'ora?

3. «Grazie, ma ho un altro impegno alle 13.00.»
   a. Ti piacerebbe cenare a casa mia?
   b. Le piacerebbe pranzare a casa mia?

4. «Insomma. Perché non prendiamo dei fiori invece?»
   a. Ti va bene se portiamo una bottiglia di vino?
   b. Ti piacerebbe uscire?

B. Tanti auguri! Per ogni immagine scrivi l'augurio giusto. **Attenzione!** Ci sono sei auguri, devi usarne solo cinque.

Buon appetito!   Buon anniversario!   Buon anno!
Buon compleanno!   Buon Natale!   Buon viaggio!

1.

2.

_____

3.

_____

4.

_____

5.

_____

C. Festeggiamo! Ascolta gli auguri. Saranno ripetuti due volte. Abbina l'augurio con la situazione giusta. Scrivi la lettera corrispondente. **Attenzione!** Leggi le situazioni prima di ascoltare gli auguri.

1. _____   a.   prima dell'esame d'italiano

2. _____   b.   alla tua amica che va a lavorare

3. _____   c.   a mezzanotte il 31 dicembre

4. _____   d.   a tavola prima di mangiare

5. _____   e.   a tuo fratello che va in Italia

Pronuncia

La combinazione gli   Pronunciation of gli

La combinazione gli.

- The combination **gli** has a palatal sound like *ll* in the word *mil_l_ion.*

  Listen and repeat the following words:

gli	**famiglia**	**figli**
svegliarsi	**tovagliolo**	**voglia**

- Notice the difference with the pronunciation of **ll.**

collana	**tortellini**	**pollo**

Dettato.

Parte prima. Completa le parole che senti con **gli** o **ll**. Ogni parola sarà ripetuta due volte.

1. mo___e   4. vo___o   7. po___i

2. be___a   5. tagliate___e 8. ba___are

3. ma___etta   6. sce___ere

Parte seconda. Adesso scrivi le parole che senti. Ogni parola sarà ripetuta due volte.

1. _____   5. _____   9. _____

2. _____   6. _____   10. _____

3. _____   7. _____

4. _____   8. _____

Check your answers to this activity in the Answer Key at the back of the workbook.

Lessico

Buone feste!   Talking about Italian and American holiday celebrations

A. Buone feste!   Abbina le espressioni dell'insieme A con quelle corrispondenti dell'insieme B.

A	B
1. _____ il decimo (*tenth*) compleanno	a. l'anno nuovo
2. _____ Capodanno	b. la Pasqua
3. _____ il venticinque dicembre	c. Buon Anniversario!
4. _____ le nozze d'argento	d. la Befana
5. _____ il giorno in cui (*when*) si mangia il dolce a forma di colomba	e. rosso, bianco e blu
6. _____ le calze	f. la torta con dieci candeline
7. _____ il quattro luglio	g. il Natale

B. Che cos'è?   Scegli la parola giusta per completare le frasi.

1. Il 24 dicembre è la festa / la vigilia / il giorno di Natale.
2. Ai bambini che non sono buoni la Befana porta il carbone / i regali / le uova.
3. Negli Stati Uniti per Halloween i bambini ricevono la colomba / i dolci / il panettone.
4. Babbo Natale porta gli auguri / le nozze / i regali ai bambini.
5. L'anniversario di 50 anni / 25 anni / 15 anni di matrimonio sono le nozze d'oro.
6. L'Epifania è il cinque gennaio / il sei gennaio / il sei febbraio.
7. Il giorno del compleanno riceviamo / compriamo / compiamo gli anni.
8. A Natale le famiglie fanno l'albero / i fuochi d'artificio / le calze.

C. Quando è?   Scrivi il nome del mese in cui ci sono le seguenti feste.

1. la notte di San Silvestro _____

2. l'Epifania _____

3. Pasqua _____

4. San Valentino _____

5. il primo dell'anno _____

6. Natale _____

7. la festa dell'Indipendenza americana _____

8. la festa di San Patrizio _____

9. la Festa del Ringraziamento _____

D. I programmi per le feste.

Parte prima. Giacomo e Pino sono amici di vecchia data (*old friends*). Si incontrano per strada e discutono i loro programmi per Natale e Capodanno. Scegli le frasi che completano il loro dialogo in modo appropriato.

    a.   La mattina andiamo in chiesa.
    b.   Facciamo una cena a base di pesce.
    c.   Prepari tu il cenone quest'anno?
    d.   Che bello! Da casa tua si vedono molto bene i fuochi d'artificio del centro.
    e.   Penso alle undici, perché alle nove è troppo presto.
    f.   Tutti, eccetto mia sorella, perché torna da Padova il 30 dicembre.

       PINO: Ciao Giacomo. Buon Natale!

GIACOMO: Grazie, altrettanto. Che fate stasera per la Vigilia?

       PINO: _____.[1]

GIACOMO: Anche noi. E domani?

       PINO: _____.[2]

GIACOMO: A che ora?

       PINO: _____.[3]

GIACOMO: Allora ci vediamo lì. Viene tutta la tua famiglia?

       PINO: _____.[4]

GIACOMO: Bene, così potremo festeggiare l'anno nuovo tutti insieme, anche con tua sorella. Venite a casa mia?

       PINO: _____.[5]

GIACOMO: Sì, cucino io! Tutti da me per la mezzanotte!

       PINO: _____.[6]

GIACOMO: Lo sai che i cenoni di San Silvestro a casa mia sono sempre divertentissimi! Ciao, ci vediamo domani in chiesa.

Parte seconda. Adesso ascolta il dialogo e controlla se le tue risposte sono giuste.

E. La Pasqua di Monica.
Ascolta la descrizione della Pasqua di Monica e metti le scene in ordine cronologico. La descrizione sarà ripetuta due volte.

    a.

                                                b.

(continued)

c.

e.

d.

1. _____ 2. _____ 3. _____ 4. _____ 5. _____

F. Che fanno e che dicono?

Ascolta le domande e scegli la risposta giusta. Ogni domanda sarà ripetuta due volte.

ESEMPIO: *Senti:* Che dicono gli italiani a un amico che parte?
Vedi: a. Crepi! b. Buon viaggio! c. Buon compleanno!
Scegli: b. Buon viaggio!

1. _____	a.	corrono	b.	si baciano	c.	discutono
2. _____	a.	Buon Anno!	b.	Buone feste!	c.	Tanti auguri!
3. _____	a.	di giorno	b.	di pomeriggio	c.	di notte
4. _____	a.	Babbo Natale	b.	la Befana	c.	l'Epifania
5. _____	a.	il pesce	b.	la bistecca	c.	il pollo
6. _____	a.	le nozze d'oro	b.	il compleanno	c.	le nozze d'argento
7. _____	a.	la birra	b.	lo spumante	c.	il succo d'arancia

G. Che regalo vuole Patrizia?

Cosa desidera Patrizia per il suo compleanno? Scrivi le risposte giuste e, leggendo in ordine le lettere nelle caselle, saprai che cos'è.

1. A Pasqua ha una sorpresa dentro (*inside*).   l' ☐ ___ ___ ___

2. Il venticinque dicembre.   il ☐ ___ ___ ___ ___ ___

3. Il giorno prima del venticinque dicembre.   la ☐ ___ ___ ___ ___ ___ ___

4. Un dolce tipico di Natale.   il ___ ___ ___ ___ ___ ___ ___ ___ ☐

5. Mangiano questo cibo la sera della vigilia.   il ___ ___ ☐ ___ ___

6. Ci sono sopra le candeline di compleanno.   la ☐ ___ ___ ___ ___

7. Il colore della colomba.   ___ ☐ ___ ___ ___

8. Pasqua, Natale e Capodanno sono tre di queste.   le __ __ __ ☐ __

9. Il primo dell'anno.   __ __ __ __ __ ☐ __ __ __

10. La coca-cola è un tipo di queste.   la ☐ __ __ __ __ __ __ __

11. Riceviamo questi quando compiamo gli anni.   i __ __ __ __ ☐ __

12. A tavola si dice prima di «appetito».   __ __ ☐ __ __

Cosa desidera Patrizia per il suo compleanno?

__ __ __   __ __ __ __ __ __ __ __   __ __ __

H. Tocca a te! Quali feste sono importanti per la tua famiglia? Che tradizioni avete? Scrivi almeno cinque frasi.

_____

_____

_____

_____

Strutture

8.1 Ci vediamo domani! Reciprocal verbs

A. Cose che si fanno in due. Abbina i verbi con le descrizioni giuste. Scrivi la lettera corrispondente.

a. si baciano   b. si telefonano   c. si incontrano   d. si mettono insieme   e. si salutano
f. si separano   g. si sposano

1. _____ Lisa e Anna si dicono «buon giorno».

2. _____ Giuseppe e Sofia fanno il matrimonio in chiesa.

3. _____ Paola va a vivere a Milano e Francesco va a vivere a Napoli.

4. _____ Giorgio e Luisa vogliono stare insieme.

5. _____ Lorenzo e Emanuela si vedono per la strada.

6. _____ Sara e Marianna devono dirsi una cosa importante.

7. _____ Quando gli amici italiani si vedono, si salutano e…

B. Reciproco o no? Scegli la forma giusta del verbo per completare le frasi.

1. Davide e Valentina amano / si amano molto il teatro e vanno spesso a vedere le opere liriche.
2. Io e i miei genitori non scriviamo / ci scriviamo quando vado in vacanza.
3. Tu e Giorgio vedete / vi vedete molti film insieme o andate al cinema da soli?

(continued)

4. Enrico e Stefania non <u>capiscono / si capiscono</u> l'algebra e non vogliono più studiare.
5. Laura e Giovanna <u>telefonano / si telefonano</u> ogni sera e parlano per un'ora.
6. Paola e Beatrice non <u>salutano / si salutano</u> più Daniela perché non è molto simpatica.
7. Io e mio fratello non <u>facciamo / ci facciamo</u> regali a Natale perché abbiamo sempre pochi soldi. Preferiamo comprare i regali per i nostri genitori.

C. Azioni reciproche. Scrivi una frase unica usando un verbo reciproco.

ESEMPIO: Silvia saluta Franco. Franco saluta Silvia.
Scrivi: Silvia e Franco <u>si salutano</u>.

1. Paolo conosce Marina. Marina conosce Paolo. Paolo e Marina _____.

2. Tu scrivi a Sandra. Sandra scrive a te. Tu e Sandra _____.

3. Marta bacia Pietro. Pietro bacia Marta. Marta e Pietro _____.

4. Io abbraccio mia madre. Mia madre abbraccia me. Io e mia madre _____.

5. Tu incontri gli amici al bar. Gli amici incontrano te al bar. Tu e gli amici _____ al bar.

6. Chiara non ama Marco. Marco non ama Chiara. Chiara e Marco non _____.

7. Io faccio gli auguri di buon anno a Laura. Laura fa gli auguri di Buon Anno a me. Io e Laura _____ gli auguri di Buon Anno.

8. Fabio parla al telefono a Valeria tutte le sere. Valeria parla al telefono a Fabio tutte le sere. Fabio e Valeria _____ al telefono tutte le sere.

🎧 D. Due che si innamorano.

Parte prima. Ascolta le frasi che raccontano la storia di Alessandro e Mara e scrivi per ciascuna frase la lettera dell'immagine corrispondente. Ogni frase sara ripetuta due volte.

a.

c.

b.

d.

e.

1. _____   2. _____   3. _____   4. _____   5. _____

Parte seconda. Adesso guarda le immagini e descrivi la storia di Alessandro e Mara.

ESEMPIO: Si vedono tutti i giorni alla fermata dell'autobus (*bus stop*) e si salutano.

_____

_____

_____

_____

_____

E. Io e Matteo...

Parte prima. Silvia, una tua amica, ti telefona per parlare dei suoi problemi con il suo ragazzo Matteo. Ascolta Silvia e poi rispondi alle domande. Il testo sarà ripetuto due volte.

1.   Che cosa fanno di solito quando si vedono Silvia e Matteo?
     a.   si baciano   b.   si abbracciano   c.   si salutano

2.   Che cosa non fanno quasi mai?
     a.   non si guardano   b.   non si baciano   c.   non si scrivono

3.   Secondo Matteo, perché non può più uscire?
     a.   deve studiare   b.   deve lavorare   c.   deve fare ginnastica

4.   Con chi è andato al bar Matteo?
     a.   con Silvia   b.   con Cinzia   c.   con un'altra ragazza

5.   Chi ha visto Matteo al bar?
     a.   Silvia   b.   Cinzia   c.   la mamma di Silvia

Parte seconda. Silvia è molto confusa, ma ha il coraggio (*courage*) di parlare dei suoi problemi con Matteo. Adesso tu sei Matteo, il ragazzo di Silvia. Immagina la risposta di Matteo e scrivi quello che dici a Silvia. Scrivi almeno sette frasi.

_____

_____

_____

_____

_____

8.2 *Ci siamo visti ieri*

The present perfect of reflexive and reciprocal verbs

A. Di chi parla?   Scegli il soggetto di ogni frase. Scrivi la lettera corrispondente.

a. Mario   b. Susanna   c. Antonio e Filippo   d. Natalia e Valeria

1. _____ si è annoiata a teatro perché non le piace l'opera lirica.

2. _____ si sono incontrati stamattina alla stazione per andare a Verona.

3. _____ oggi si è alzato presto perché ha una riunione (*meeting*) molto importante in ufficio.

4. _____ quando si sono incontrate, si sono baciate.

5. _____ si è arrabbiato con Carla perché lei arriva a casa sua sempre in ritardo.

6. _____ si sono divertiti ieri sera al bar con gli amici.

7. _____ si è messa il giubbotto perché fuori fa molto freddo e nevica.

8. _____ si sono telefonate per parlare dell'esame di chimica.

B. Che cosa hanno fatto Maddalena e Anna?   Ascolta che cosa è successo a Maddalena e Anna e decidi che cosa hanno fatto di conseguenza (*as a result*). Le frasi saranno ripetute due volte.

1. _____ a. Si sono sentite male.
   b. Hanno mangiato di nuovo (*again*) un'ora dopo.

2. _____ a. Si sono messe delle vecchie magliette.
   b. Si sono truccate.

3. _____ a. Hanno dato un biscotto al cane.
   b. Si sono arrabbiate con il cane.

4. _____ a. Domenica si sono alzate alle 8.00.
   b. Domenica hanno dormito fino al pomeriggio.

5. _____ a. Si sono baciate e si sono fatte gli auguri.
   b. Hanno mangiato il panettone.

C. A che ora ti sei alzato?   Completa i verbi in modo appropriato. Segui l'esempio.

ESEMPIO: Marco si _____ mess_____ la giacca e la cravatta stamattina.
           Marco si <u>è</u> mess<u>o</u> la giacca e la cravatta stamattina.

1. Anna non si _____ truccat_____ perché nel pomeriggio va in piscina.

2. Stefano ed io non ci _____ divertit_____ alla festa sabato scorso.

3. Le bambine si _____ lavat_____ i denti prima di andare a letto.

4. FABIO: A che ora ti _____ svegliat_____ oggi?

   RITA: Mi _____ svegliat_____ alle 7.30.

5. Patrizia e Fabiana si _____ arrabbiat_____ perché Gianni non è andato con loro al mare.

6. Io e mio marito ci _____ conosciut_____ all'università vent'anni fa (*ago*).

7. Marco e Isabella si _____ separat_____ l'anno scorso a Natale. Che storia triste!

D. La giornata di Luciana e Giovanni.   Completa le frasi con uno dei seguenti verbi al passato prossimo.

(alzarsi)   (andare)   (arrabbiarsi)

(divertirsi)   (lavarsi)   (mettersi)   (uscire)

1. Luciana e Giovanni _____ alle 7.05 per prepararsi e andare a lavorare.

2. Sotto la doccia Giovanni _____ i capelli e la faccia.

3. Luciana _____ le calze, una gonna e una camicia.

4. Luciana e suo marito _____ di casa alle 8.15.

5. Il direttore (*boss*) _____ con Giovanni perché non ha ancora scritto una lettera urgente ad un cliente.

6. La sera Giovanni e Luciana _____ a casa degli amici e _____ da matti.

E. Quando io e Lorenzo ci siamo conosciuti...

Parte prima. Francesca racconta di quando lei e il suo fidanzato (*fiancé*) Lorenzo si sono conosciuti. Ascolta la storia e metti in ordine i verbi che senti. Sentirai la storia due volte.

__8__ baciarsi ____ incontrarsi ____ separarsi

__5__ bere __3__ innamorarsi __12__ sposarsi

____ chiedere __10__ mettersi insieme ____ vedersi

__1__ conoscersi __6__ parlare ____ finire

Parte seconda. Adesso ascolta la storia una seconda volta e scrivi i verbi nella forma che senti. La storia sarà ripetuta due volte.

1. ____ ci siamo conosciuti ____
2. _____
3. _____
4. _____
5. _____
6. _____
7. _____
8. _____
9. _____
10. _____
11. _____
12. _____

● *Check your answers to the **Parte prima** and the **Parte seconda** in the Answer Key at the back of the workbook.*

Parte terza. Ascolta le domande e scegli la risposta giusta. Ogni domanda sarà ripetuta due volte. Ripeti la risposta.

1. a. ad un matrimonio b. ad una festa
2. a. del vino b. della birra
3. a. due ore b. tre ore
4. a. in piazza b. al bar
5. a. ieri b. la settimana scorsa

F. Tocca a te! Adesso descrivi quello che hai fatto ieri, da quando ti sei alzato/a. Scrivi almeno otto frasi e usa i seguenti verbi riflessivi e reciproci.

(alzarsi)   (annoiarsi)   (divertirsi)   (lavarsi)   (incontrarsi)   (mettersi)

(salutarsi)   (svegliarsi)

Ieri... _____

_____

_____

_____

_____

_____

8.3 *L'amore è bello*   The use of definite and indefinite articles

A. Decisioni! Scegli l'articolo giusto per completare le frasi.

1. Ho comprato due magliette e <u>una / la</u> camicia in centro la settimana scorsa.
2. <u>Una / La</u> fisica è molto difficile, non pensi?
3. Mia sorella ha <u>un / l'</u>amico che lavora a Torino.
4. Io e la mia famiglia andiamo sempre in chiesa <u>una / la</u> domenica.
5. Non so perché <u>una / la</u> professoressa Bellini non è venuta a lezione stamattina.
6. I miei amici hanno visto <u>un / il</u> bel film al cinema ieri sera, ma non mi ricordo il titolo.
7. <u>Un / Il</u> tuo nuovo appartamento è grande o piccolo?
8. <u>Una / La</u> religione è un argomento (*topic*) difficile su cui discutere in classe.

B. L'articolo giusto.

Parte prima. Completa le frasi con l'articolo determinativo o indeterminativo giusto.

1. Il fratellino di Giacomo è nato _____ 23 luglio.

2. Silvana ha comprato _____ nuova gonna ieri.

3. Hai visto _____ mio gatto? È uscito quando ho aperto la porta e adesso non lo trovo.

4. Devo dire che _____ università è veramente impegnativo (*demanding*). Non è per tutti!

5. Marco e Gino hanno comprato _____ regalo per Gaia perché domani è il suo compleanno.

6. Io e Carla abbiamo lezione di violino ogni settimana, _____ martedì e _____ giovedì.

7. Sai che di solito _____ studenti non mangiano molto bene perché non hanno voglia di cucinare.

8. Ho sentito che _____ tue amiche stasera si incontrano in piazza alle 9.00. Esci con loro o no?

🔵 *Check your answers to the* **Parte prima** *in the Answer Key at the back of the workbook before doing the* **Parte seconda.**

Parte seconda. Adesso rileggi le frasi e scrivi la lettera della regola che corrisponde all'uso dell'articolo. **Attenzione!** Alcune regole si ripetono.

Definite article

a. dates
b. possessives
c. days of the week to indicate a routine activity
d. nouns that refer to universal concepts or general categories or groups

Indefinite article

e. to indicate quantity (the number 1)
f. to express *a* or *an*

1. _____   3. _____   5. _____   7. _____

2. _____   4. _____   6. _____   8. _____

C. Quale articolo? Completa le frasi con l'articolo determinativo o indeterminativo giusto.

1. Non mi piace _____ letteratura americana.

2. Beatrice ha conosciuto _____ bel ragazzo in discoteca ieri sera, ma era (*it was*) _____ ragazzo della sua amica Alessandra!

3. _____ nostro cane non vuole mai uscire di casa quando piove. Esce solo quando vede _____ altro cane fuori.

4. Conoscete _____ sorella di Massimo? Va a lezione di ballo con Maria _____ martedì sera.

5. _____ 7 dicembre è _____ compleanno del mio migliore amico.

6. Laura si lava _____ denti ogni sera prima di andare a letto.

7. Emiliano ha comprato _____ nuovo computer la settimana scorsa con _____ sua carta di credito.

8. Avete sentito _____ nuova canzone di Laura Pausini? _____ suo nuovo album è bellissimo!

D. Adesso scrivi tu! Scrivi una frase con l'articolo determinativo o indeterminativo indicato.

1. un' _____

2. le _____

3. il _____

4. una _____

5. i _____

6. gli _____

8.4 Non vado in macchina! Vado a piedi!

A. Dove andiamo?

Parte prima. Scegli la risposta giusta e scrivi per ogni domanda la lettera corrispondente. **Attenzione!** Usa ogni espressione *una sola volta*.

a. in bagno   c. in biblioteca   e. in palestra   g. in piazza
b. in banca   d. in centro   f. in cucina   h. in soggiorno

Dove andiamo...

1. a fare la doccia? _____

2. a preparare la cena? _____

3. a cambiare gli euro in dollari americani? _____

4. a cercare un libro? _____

5. a fare sport? _____

6. a fare shopping? _____

7. a guardare la TV? _____

8. a incontrare gli amici? _____

Parte seconda. Ascolta le domande e scegli la risposta giusta. Scrivi la lettera corrispondente. Ogni domanda sarà ripetuta due volte. Ripeti la risposta.

a. in bagno   c. in camera   e. in discoteca
b. in biblioteca   d. in cucina   f. in piscina

1. _____   2. _____   3. _____   4. _____   5. _____   6. _____

B. Che giornata! Scegli la preposizione giusta per completare il paragrafo.

Sabato mattina Daniele e Marco sono partiti in / nella[1] macchina per andare in / nel[2] centro per fare delle commissioni.[a] Prima sono andati in / nella[3] banca e poi hanno fatto colazione a / al[4] bar. Dopo sono andati a / al[5] supermercato per fare la spesa. A / Al[6] mezzogiorno sono tornati a / alla[7] casa e hanno preparato qualcosa da mangiare. Poi, Daniele è andato a / al[8] letto per un'ora e Marco ha guardato la TV in / al[9] soggiorno. Verso le tre del pomeriggio i due ragazzi hanno deciso di andare in / nella[10] piscina con altri due amici.

[a]errands

C. Come vai? Leggi le diverse situazioni e decidi come vai in questi posti.

ESEMPIO: *Leggi:* Vuoi andare da Boston a San Francisco e vuoi arrivare domani.
                 Scrivi: Vado in aereo.

1. Vuoi andare da Roma a Venezia, ma non ti piace volare e non ti piace guidare.

_____

2. Tu e il tuo migliore amico / la tua migliore amica volete andare da New York a Venezia.

_____

3. Devi andare a casa della nonna che abita nella tua stessa città. Sei molto sportivo e ti piace fare attività fisica, ma non ti va di andare a piedi.

_____

4. Vuoi andare in vacanza con la famiglia e vuoi avere la possibilità di partire e tornare quando decidi tu.

_____

5. Devi andare dal tuo vicino di casa (*neighbor*) perché hai bisogno di due uova per fare una torta.

_____

D. Un giorno in città? Guarda le immagini e rispondi alle domande. Ogni domanda sarà ripetuta due volte. Ripeti la risposta.

> ESEMPIO: *Senti:* Dove va il signor Marchi?
> *Dici:* Va in ufficio.

il signor Marchi **la signora Ferrara**

Ilaria

Teresa Giorgio

Martina

Fausto

1. ... 2. ... 3. ... 4. ... 5. ...

Cultura

Ascoltiamo!

Le feste italiane

A. Come finisce? Scegli le parole giuste per completare le frasi.

1. In Italia le principali feste sono di origine _____.
   a. religiosa   b. civile

2. Per gli italiani le due feste principali sono _____.
   a. Natale e Ferragosto   b. Natale e Pasqua

3. In Italia la Festa del lavoro si celebra _____.
   a. il primo lunedì di settembre   b. il primo maggio

4. La settimana di riti religiosi prima della Pasqua si chiama la _____.
   a. Settimana Santa   b. Settimana Bianca

5. L'8 marzo si regalano fiori di mimosa alle donne perché si celebra la _____.
   a. Festa della mamma   b. Festa della donna

B. La festa di chi? Ascolta la conversazione fra Zach, un ragazzo americano che studia a Firenze, e Roberto, il suo amico. Dopo decidi se le seguenti frasi sono **vere** o **false.** La conversazione sarà ripetuta due volte.

	vero	falso
1. La Festa di San Giovanni si celebra nel mese di luglio.	☐	☐
2. San Giovanni Battista è il santo patrono di Firenze.	☐	☐
3. Per la Festa di San Giovanni gli italiani fanno le partite di calcio.	☐	☐
4. La Festa di San Giovanni è una festa di origine religiosa.	☐	☐
5. Tutte e due le feste, la Festa dell'Indipendenza negli Stati Uniti e quella di San Giovanni, si celebrano con i fuochi d'artificio.	☐	☐

C. Qual è la festa? Ascolta le descrizioni di cinque feste. Abbina la descrizione con la festa giusta. Le descrizioni saranno ripetute due volte.

1. _____   a. Pasquetta

2. _____   b. Natale

3. _____   c. la Festa della donna

4. _____   d. Pasqua

5. _____   e. Carnevale

Leggiamo!

Strategie di lettura

Sintesi. Usa tutte le strategie che hai imparato finora (*until now*) per capire questo depliant della stazione dei treni di Milano. Poi rispondi alle domande.

Lettura

A. Relating graphics and text. Guarda il logo. Dove si può avere questo servizio di Blockbuster?

_____

B. Using (con)textual cues to tense. Leggi il primo paragrafo (**Benvenuto a bordo...**). Copia le due parole che indicano che questo servizio è un fenomeno recente.

1. _____

2. _____

C. Deriving word meaning from context. Rispondi alle domande.

1. Nell'espressione **Accedervi è davvero semplice e veloce** cosa significa **accedervi?**
   a. to pay   b. to watch   c. to access

2. Per prendere un film devi presentare **la tessera.** Come si chiama questa cosa in inglese?

   _____

3. Se sei **socio** puoi ricevere la tessera gratuita. Cosa significa **essere socio?**
   a. essere membro   b. essere socievole   c. essere sociologo

4. Segna i viaggi in cui si può usufruire (_take advantage_) del servizio Blockbuster.

   _____ Firenze   _____ Milano

   _____ Roma   _____ Venezia

In Italia

Utilizzando le informazioni delle sezioni _In Italia_ del libro, decidi se le frasi seguenti sono **vere** o **false**. Se la frase è falsa, cambia una parola per renderla vera.

		vero	falso
1.	I bambini italiani festeggiano San Giuseppe il giorno dell'Epifania.	☐	☐
2.	L'espressione **Natale con i tuoi, Pasqua con chi vuoi** significa che per gli italiani è più importante stare con la famiglia a Natale che a Pasqua.	☐	☐
3.	A una festa per la laurea (_college graduation_) di solito si distribuiscono bomboniere con confetti verdi.	☐	☐
4.	Oggi le coppie italiane che si sposano sono più giovani che in passato.	☐	☐
5.	Se vai a Vicenza è possibile visitare la famosa casa e balcone della Giulietta, di _Romeo e Giulietta_ di Shakespeare.	☐	☐
6.	Le mimose sono dei fiori gialli che in Italia si regalano il giorno della Festa della mamma.	☐	☐

Scriviamo!

La tua festa preferita. Scrivi un breve testo (75 parole) in cui descrivi agli amici italiani la tua festa preferita e come si festeggia a casa tua (cosa si mangia, cosa si fa,...). Utilizza l'esempio sotto ed il vocabolario del libro.

ESEMPIO: La mia festa preferita è Natale. La vigilia di Natale ogni membro della famiglia può aprire un solo regalo. Poi, la mattina di Natale, ci alziamo presto, ci facciamo gli auguri di Buon Natale e dopo apriamo gli altri regali...

Adesso tocca a te!

Capitolo 9

Cosa vuoi fare?

Strategie di comunicazione

A. Cosa fai? / Cosa vuoi fare? Scegli la domanda appropriata per ogni risposta.

1. «Faccio ingegneria.»
   a. Cosa fai?   b. Cosa vuoi fare?

2. «Vorrei fare il professore.»
   a. Cosa fai?   b. Cosa vuoi fare?

3. «Studio filosofia.»
   a. Cosa fai?   b. Cosa vuoi fare?

4. «Sono cameriere.»
   a. Cosa fai?   b. Cosa vuoi fare?

5. «Vorrei fare psicologia.»
   a. Cosa fai?   b. Cosa vuoi fare?

B. Cosa vuole fare? Per ogni descrizione scegli la professione che vuole fare ogni persona. Attenzione! Ci sono sette possibilità, devi usarne solo cinque.

antropologa   ingegnere   insegnante   medico   musicista

stilista   veterinaria

1. A Mario piace disegnare vestiti.

   Vuole fare lo _____.

2. Teresa ama gli animali.

   Vuole fare la _____.

3. Claudio studia il pianoforte.

   Vuole fare il _____.

(continued)

4. A Enrico piace studiare la scienza delle costruzioni.

    Vuole fare l'_____.

5. A Grazia piace studiare culture diverse.

    Vuole fare l'_____.

C. Quale professione fa? Ascolta le descrizioni di cinque professioni. Per ogni descrizione scrivi la lettera che corrisponde alla professione giusta. Le descrizioni saranno ripetute due volte.

1. _____   a. È notaio.

2. _____   b. È cameriere.

3. _____   c. È cuoco (*chef*).

4. _____   d. È professore.

5. _____   e. È medico.

Pronuncia

La combinazione gn   Pronunciation of *gn*

La combinazione *gn*.

- The combination **gn** is pronounced like *ny* in the word *canyon*.

  Listen and repeat the following words with the combination **gn**:

  gnocchi   guadagnare   ingegnere   insegnare

- Notice the difference with the pronunciation of **nn**.

  nonno   anni   Gianni   compleanno

Dettato.

Parte prima. Completa le parole che senti con **gn** o **nn**. Ogni parola sarà ripetuta due volte.

1. so____o   5. to____o   9. o____i

2. complea____o   6. Sarde____a   10. le____o

3. inse____ante   7. impe____ato

4. a____ello   8. a____iversario

Parte seconda. Adesso scrivi le parole che senti. Ogni parola sarà ripetuta due volte.

1. _____   5. _____   9. _____

2. _____   6. _____   10. _____

3. _____   7. _____

4. _____   8. _____

● *Check your answers to this activity in the Answer Key at the back of the workbook.*

Lessico

Siamo studenti! Talking about education and professions

A. Le professioni. Scegli la risposta giusta.

1. _____ Lavora in ospedale.   a. un avvocato   b. un infermiere
2. _____ Insegna in una scuola.   a. una maestra   b. un cameriere
3. _____ Serve in un ristorante.   a. un fotografo   b. una cameriera
4. _____ Lavora in tribunale.   a. un avvocato   b. un musicista
5. _____ Vende in un negozio.   a. una commessa   b. una cuoca
6. _____ Cura gli animali.   a. un veterinario   b. un'attrice
7. _____ Lavora in un ufficio.   a. un maestro   b. un'impiegata
8. _____ Scrive per una rivista.   a. un pilota   b. una giornalista

B. Con chi sta parlando? Ascolta le quattro conversazioni di Lorenzo. Devi dire con chi sta parlando Lorenzo. Scegli fra le seguenti persone e scrivi la lettera corrispondente. Ogni conversazione sarà ripetuta due volte.

a. una poliziotta   c. una dottoressa   e. una commessa
b. una dirigente   d. un avvocato   f. un'insegnante

1. _____   2. _____   3. _____   4. _____

C. Chi sono?

Parte prima. Ascolta le frasi e decidi a quale immagine si riferiscono. Ogni frase sarà ripetuta due volte.

a. _____

c. _____

e. _____

b. _____

d. _____

f. _____

Parte seconda. Adesso scrivi il nome di ogni professione accanto alla lettera giusta.

a. _____   d. _____

b. _____   e. _____

c. _____   f. _____

D. Le professioni. Trasforma le seguenti professioni dal maschile al femminile.

maschile	femminile
1. l'attore	_____
2. il professore	_____
3. lo scrittore	_____
4. il veterinario	_____
5. il giornalista	_____

6. l'ingegnere _____

7. lo psicologo _____

8. l'insegnante _____

9. il dirigente _____

E. Che fanno? Scrivi delle frasi usando una persona dell'insieme A e un verbo dell'insieme B. Usa ogni parola una sola volta. Scrivi delle frasi complete.

A

musicista ✓

attore   scienziato   psicologo

studente   cameriere   dirigente

artista   impiegato

B

dirigere

laurearsi   lavorare   suonare ✓

servire   recitare   fare ricerca

ascoltare   dipingere

ESEMPIO: Il musicista suona il pianoforte.

1. _____

2. _____

3. _____

4. _____

5. _____

6. _____

7. _____

8. _____

F. Chi chiami? Scrivi la professione della persona che può aiutarti (*help you*) nelle seguenti situazioni.

1. Hai bisogno di un consiglio sulla tua salute. _____

2. Vuoi costruire (*build*) una casa. _____

3. Il tuo cane è ammalato. _____

4. Hai problemi con la legge (*law*) e devi andare in tribunale. _____

5. Hai visto un furto (*crime*) vicino a casa tua. _____

6. Sei un paziente (*patient*) all'ospedale e hai bisogno di aiuto (*help*). _____

7. Vuoi vedere dei vestiti in un negozio. _____

8. Vuoi ordinare del cibo in una pizzeria. _____

G. Cruciverba. Scrivi le risposte alle definizioni nelle caselle appropriate del cruciverba.

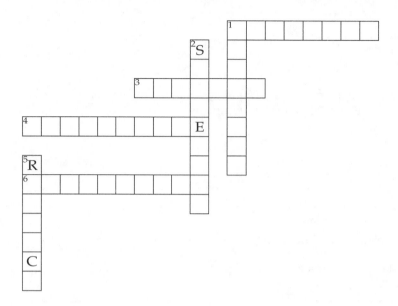

Orizzontali

1. Una persona che lavora in tribunale.

3. Il posto dove lavora un impiegato.

4. Un tipo di scuola per bambini dai 6 ai 10 anni.

6. Il maestro e il professore sono _____.

Verticali

1. Un giornalista scrive un _____ per un giornale o una rivista.

2. I soldi che prende un lavoratore dipendente alla fine del mese.

5. La scienziata fa una _____ in laboratorio.

H. Cosa vuole fare da grande? Tre ragazzi stanno pensando alla professione che vogliono fare da grandi e descrivono che cosa gli piace fare. Ascolta le loro descrizioni e aiutali a scegliere una professione. Ogni descrizione sarà ripetuta due volte.

1. Veronica: _____

2. Tommaso: _____

3. Milena: _____

I. Tocca a te! Secondo te, qual è la professione ideale? Perché? Scrivi almeno cinque frasi.

_____

_____

_____

_____

_____

𝒮trutture

9.1 𝒥nvitiamo tutti alla festa! Indefinite pronouns

A. Scegli il pronome giusto! Scegli il pronome indefinito giusto per completare le frasi.

1. Ieri sera a cena ho mangiato _____.
   a. tutto   b. tutti

2. _____ è venuto a lezione stamattina.
   a. Qualcosa   b. Qualcuno

3. C'è _____ di bello alla TV stasera?
   a. qualcosa   b. qualcuno

4. Oggi pomeriggio vengono _____ al mare con noi.
   a. tutto   b. tutti

5. Gianluca ha telefonato a _____ per organizzare la festa.
   a. tutto   b. tutti

6. Di solito io e Stefania prendiamo _____ al bar con gli amici.
   a. qualcosa   b. qualcuno

7. _____ è pronto per il viaggio ma non voglio partire!
   a. Tutto   b. Tutti

8. Tu e Marcella avete parlato con _____ in ufficio ieri?
   a. qualcosa   b. qualcuno

B. Soggetto o complemento?

Parte prima. Leggi le frasi e scrivi il pronome indefinito che trovi. Dopo decidi se è un soggetto o un complemento.

1. Mia madre parla con qualcuno al telefono, ma non so chi è.
2. Tutti sono presenti oggi perché…
3. Qualcosa di bello è successo a Marta ieri sera.
4. Laura ha studiato tutto per domani e adesso va a letto.
5. Gianna ha detto a tutti che aspetta un bambino.

pronome indefinito	soggetto	complemento
1. _____	☐	☐
2. _____	☐	☐
3. _____	☐	☐
4. _____	☐	☐
5. _____	☐	☐

Parte seconda. Adesso ascolta le frasi e scrivi il pronome indefinito che senti. Dopo decidi se è un soggetto o un complemento. Ogni frase sarà ripetuta due volte. Dopo una breve pausa sentirai la risposta giusta.

pronome indefinito	soggetto	complemento
1. _____	☐	☐
2. _____	☐	☐
3. _____	☐	☐
4. _____	☐	☐
5. _____	☐	☐

Check your answers to this activity in the Answer Key at the back of the workbook.

C. Il weekend di Maria. La mamma fa molte domande a Maria. Ascolta le domande e scegli la risposta giusta. Ogni domanda sarà ripetuta due volte. Ripeti la risposta.

1. a. Qualcosa da mangiare. b. Nessuno che (*that*) conosco.

2. a. Tutto è simpatico. b. Sono tutti simpatici.

3. a. L'ho finito tutto. b. Li ho finiti tutti.

4. a. Qualcosa da bere. b. Qualcuno che odio.

5. a. C'è tutto. b. Ci sono tutti.

6. a. Ho parlato con tutti. b. Ho parlato di tutto.

D. Tutti i giorni la stessa cosa... Scrivi la forma giusta di **tutto** per completare le frasi.

1. _____ le lezioni d'italiano sono divertenti con il nostro professore.

2. Mio fratello ha invitato _____ gli amici a casa nostra stasera. Che festa!

3. Quest'anno _____ la famiglia viene a casa nostra per Pasqua.

4. Stefania ha mangiato _____ il pollo a pranzo e ora non c'è niente da mangiare per cena!

5. Giancarlo ha messo _____ i libri nello zaino e adesso è troppo pesante.

6. Giulia ha passato _____ la sera con il suo ragazzo e non ha finito i compiti.

7. Ieri sera ho visto _____ il nuovo programma di RAI UNO e mi è piaciuto (*I liked it*) molto.

E. Tocca a te! Rispondi alle domande con delle frasi complete.

1. Esci con qualcuno stasera?

_____

2. Hai già fatto tutti i compiti per domani?

_____.

3. Tutti gli studenti studiano molto alla tua università?

_____.

4. Fai qualcosa questo weekend?

_____

5. È tutto in ordine in camera tua?

_____

9.2 *Che fai questo weekend?* Using the present to talk about the future

A. Cosa fai questo weekend? Ascolta la conversazione telefonica fra Giulia e Chiara e scegli la risposta giusta per ogni domanda. La conversazione sarà ripetuta due volte.

1. Cosa fanno Chiara e Marco venerdì sera?
   a. Vanno all'opera.
   b. Vanno in pizzeria.
   c. Vanno a un ristorante elegante.

2. Con chi vanno Chiara e Marco?
   a. con i genitori di Chiara
   b. con Roberto
   c. con gli amici di Marco

3. Con chi esce Giulia venerdì sera?
   a. con Roberto
   b. con la sua mamma
   c. con Marco

4. A che ora vanno a mangiare Chiara e Marco?
   a. alle 8.00
   b. alle 7.30
   c. alle 9.00

5. Fra quanto tempo Giulia dice che richiama Chiara?
   a. fra 5 minuti
   b. fra 10 minuti
   c. fra 45 minuti

B. Quando lo fai? Leggi le situazioni e completa ogni frase con l'espressione di tempo giusta.

(dopodomani)   (fra)   (prossimo)

ESEMPIO: Oggi è lunedì. L'esame di matematica è mercoledì. Ho l'esame di matematica…
Scegli: **dopodomani**

1. Sono le 7.30. Alle 8.30 ho un appuntamento.

   Ho l'appuntamento _____ un'ora.

2. È giugno del 2007. Vado in Italia nel giugno del 2008.

   Vado in Italia l'anno _____.

3. È agosto. Devo cominciare l'università in settembre.

   Comincio l'università il mese _____.

4. Oggi è sabato il 6 novembre. Parto per New York sabato il 13 novembre.

   Parto per New York _____ una settimana.

5. Sono le 5.00. Vado al cinema con gli amici alle 9.00.

   Vado al cinema _____ quattro ore.

6. Oggi è mercoledì. Esco con gli amici venerdì.

   Esco con gli amici _____.

C. Ma quante domande! Rispondi alle domande con delle frasi complete.

1. Adesso fai i compiti d'italiano. Che cosa fai fra un'ora?

   _____

2. Che cosa fai fra due giorni?

   _____

3. Che cosa fai domenica prossima?

   _____

4. Quando esci con gli amici la prossima volta?

   _____

5. Dove vai in vacanza l'anno prossimo?

   _____

9.3 *Andremo tutti in Italia!* The future

A. I verbi al futuro. Scrivi il significato dei seguenti verbi e completa le schede con le forme giuste.

	diventare *to become*	perdere _____	partire _____	lavarsi _____
io				mi laverò
tu				
lui, lei; Lei	diventerà			
noi		perderemo		
voi				
loro			partiranno	

	andare _____	avere _____	essere _____	mangiare _____	pagare *to pay*
io	andrò				
tu				mangerai	
lui, lei; Lei			sarà		
noi					
voi		avrete			
loro					pagheranno

B. Che verbo è?

Parte prima. Sentirai otto verbi. Scrivi l'infinito di ciascuno. Ogni verbo sarà ripetuto due volte. Dopo una breve pausa sentirai la risposta giusta.

> ESEMPIO: *Senti:*   studierò
> *Scrivi:* studiare

l'infinito

1. _____
2. _____
3. _____
4. _____
5. _____
6. _____
7. _____
8. _____

● *Check your answers to the **Parte prima** in the Answer Key at the back of the workbook before doing the **Parte seconda**.*

Parte seconda. Adesso ascolta i verbi di nuovo e scegli il soggetto di ciascuno. Ripeti la risposta.

> ESEMPIO: *Senti:*   studierò
> *Scegli:* io
> *Dici:*   io studierò

	io	tu	lui/lei	noi	voi	loro
1.	☐	☐	☐	☐	☐	☐
2.	☐	☐	☐	☐	☐	☐
3.	☐	☐	☐	☐	☐	☐
4.	☐	☐	☐	☐	☐	☐
5.	☐	☐	☐	☐	☐	☐
6.	☐	☐	☐	☐	☐	☐
7.	☐	☐	☐	☐	☐	☐
8.	☐	☐	☐	☐	☐	☐

C. Che farai l'estate prossima?

Parte prima. Gianni racconta quello che farà l'estate prossima. Ascolta la storia e scrivi i verbi che senti. La storia sarà ripetuta due volte.

Forse (*Maybe*) l'anno prossimo io e il mio amico Andrea _____[1] gli Stati Uniti.

_____[2] a New York e a Miami. A New York _____[3] la Statua della Libertà e

molti musei e poi _____[4] a teatro a vedere un musical. Sicuramente _____[5]

shopping a Manhattan perché ho sentito che i negozi sono veramente belli.

(continued)

Non _____^{6} trovare un albergo (*hotel*) a Miami perché lo zio di Andrea abita lì

(*there*) e noi _____^{7} a casa sua. Io e Andrea pensiamo anche di andare al mare perché

_____^{8} caldo. Sono sicuro che _____^{9} tutte le sere: _____^{10} in

discoteca o al bar con le cugine di Andrea. Quando sono venute in Italia l'anno scorso ci siamo

divertiti molto insieme. Spero (*I hope*) davvero che _____^{11} ad andare in America!

◐ *Check your answers to the* **Parte prima** *in the Answer Key at the back of the workbook before doing the* **Parte seconda.**

Parte seconda. Adesso rileggi la storia e rispondi alle domande con delle frasi complete.

1. Che cosa vedranno a New York Gianni e Andrea?

   _____

2. Chi conoscono Gianni e Andrea a Miami?

   _____

3. Dove dormiranno a Miami Gianni e Andrea?

   _____

4. Perché andranno al mare?

   _____

5. Con chi andranno in discoteca o al bar?

   _____

D. Che farai dopo l'università? Completa le frasi con la forma giusta del verbo al futuro. Scegli il verbo appropriato fra quelli della lista.

(andare)   (cercare)   (giocare)   (iniziare)   (visitare)

1. Mi piace molto l'arte italiana. _____ Firenze e Roma per vedere tutti i musei più famosi.

2. Susanna vuole lavorare in una grande città. _____ un lavoro a New York o a Los Angeles.

3. Io e Giorgio vogliamo imparare (*to learn*) l'inglese. Tra un mese _____ un nuovo corso all'università.

4. Giuseppe e Matteo non vogliono cominciare a lavorare subito. _____ in vacanza al mare per un mese per pensare al loro futuro.

5. Amo molto gli sport. _____ a calcio in una squadra (*team*) italiana.

E. Come sarà la mia vita?

Parte prima. Giulia, una studentessa universitaria, vuole conoscere il suo futuro e va da una chiromante (*fortune-teller*). Ascolta le previsioni della chiromante e scrivi la lettera che corrisponde all'immagine giusta. Ogni previsione sarà ripetuta due volte.

a.　　　　c.　　　　e.

b.　　　　d.

1. ____ 2. ____ 3. ____ 4. ____ 5. ____

Parte seconda. Adesso guarda le immagini e descrivi come sarà la vita di Giulia secondo la chiromante.

1. <u>Si laureerà e sarà molto contenta.</u> _____

2. _____

3. _____

4. _____

5. _____

F. Come sarà?

Parte prima. Gabriele parla di come sarà la sua vita fra dieci anni. Ascolta la sua descrizione e segna i sei verbi che senti. Uno è già stato inserito. La sua descrizione sarà ripetuta due volte.

Gabriele...

1. ✓ amare   5. ____ comprare   9. ____ guardare

2. ____ avere   6. ____ conoscere   10. ____ lavorare

3. ____ bere   7. ____ essere   11. ____ prendere

4. ____ cominciare 8. ____ giocare   12. ____ studiare

Parte seconda. Adesso descrivi come sarà la tua vita fra dieci anni usando alcuni verbi della lista a pagina 177. Scrivi otto frasi.

_____

_____

_____

_____

_____

_____

_____

_____

9.4 _Se farà bel tempo domani..._ Hypotheticals of probability

A. Se non finirai i compiti... Forma delle frasi ipotetiche completando le ipotesi dell'insieme A con le conseguenze dell'insieme B.

A

1. Se non studierai anatomia all'università, _____
2. Se a cena non mangerai troppo, _____
3. Se non finirai la scuola media, _____
4. Se prenderai il diploma (_high school diploma_), _____
5. Se non studierai in Germania, _____
6. Se guadagnerai molti soldi, _____

B

a. potrai andare all'università.
b. non parlerai bene il tedesco.
c. non potrai diventare medico.
d. potrai comprare una bella casa.
e. non potrai andare al liceo.
f. potrai prendere il gelato.

B. Cosa faremo? Marco e Alessio non sanno che cosa faranno per le vacanze quest'estate. Ascolta le loro ipotesi e scegli una conseguenza appropriata. Le ipotesi saranno ripetute due volte. **Attenzione!** Leggi _le conseguenze_ prima di ascoltare _le ipotesi._ Ripeti la risposta.

1. _____   a. ... potremo andare a trovare mia zia a Chicago.
2. _____   b. ... vedremo la Torre Eiffel.
3. _____   c. ... visiteremo il Vaticano.
4. _____   d. ... nuoteremo e prenderemo il sole.
5. _____   e. ... potremo sciare.
6. _____   f. ... guarderemo la TV e dormiremo fino a mezzogiorno.

C. Quante scelte!

Parte prima. Completa ogni frase con una conseguenza appropriata.

1. Se studierò molto, _____

2. Se io e gli amici usciremo martedì sera, _____

3. Se lavorerò sodo, _____

4. Se smetterò di lavorare, _____

5. Se i miei genitori mi daranno dei soldi, _____

Parte seconda. Scrivi un'ipotesi per ogni conseguenza.

1. Se _____, visiterò l'Italia l'anno prossimo.

2. Se io e i miei amici _____, risparmieremo (*we will save*) molti soldi.

3. Se _____, giocherò a tennis con mia madre.

4. Se Mario _____, comprerà una bella casa in Toscana.

5. Se Anna e Carla non _____, non troveranno mai un lavoro.

9.5 *Conosco una persona che parla tre lingue!* The relative pronoun **che**

A. Chi è? Completa le affermazioni dell'insieme A con le frasi relative dell'insieme B.

A	B
1. Marco è lo studente della nostra classe _____	a. che conosce bene tutte le medicine nuove.
2. Luigi è un giornalista _____	b. che tutti i bambini della scuola amano!
3. Benedetta è l'assistente sociale _____	c. che non fa mai i compiti.
4. Paolo è un farmacista _____	d. che ha uffici anche in America.
5. Luisa lavora per una grande ditta internazionale _____	e. che scrive molti articoli interessanti.
6. Anna è un'artista _____	f. che aiuta le famiglie che non hanno casa.
7. Fabiana è la maestra _____	g. che ha imparato scultura in Italia.

B. Quale professione fa? Ascolta le descrizioni e per ognuna scrivi la lettera che corrisponde alla professione giusta. Ogni descrizione sarà ripetuta due volte. Ripeti la risposta.

a. l'attrice   c. il commesso   e. il professore
b. l'avvocato   d. l'infermiere   f. il veterinario

1. _____   2. _____   3. _____   4. _____   5. _____   6. _____

C. La cosa che...
Parte prima. Leggi la descrizione e scrivi la lettera che corrisponde all'oggetto giusto.

a. la forchetta   c. gli occhiali   e. il cellulare   g. il biglietto

b. i pantaloncini   d. la canzone   f. il regalo

1. _____ la cosa che usi per telefonare agli amici quando non sei a casa

2. _____ la cosa che ti metti se non vedi bene

3. _____ una cosa che usi per mangiare

4. _____ la cosa che compri per andare a un concerto, a teatro o al cinema

5. _____ la cosa che canti o ascolti alla radio

6. _____ la cosa che ricevi per il tuo compleanno

7. _____ la cosa che ti metti quando fa molto caldo in estate

Parte seconda. Scrivi la descrizione dei seguenti oggetti o delle seguenti professioni.

ESEMPIO: la persona (la cosa) che...

1. l'assistente sociale _____

2. il giubbotto _____

3. la penna _____

4. l'ingegnere _____

5. il quaderno _____

D. Tu che ne dici? Completa le seguenti frasi.

1. Mi piacciono i professori che _____.

2. Preferisco guidare le macchine che _____.

3. Mi piacciono gli amici che _____.

4. Sono uno studente / una studentessa che _____.

5. Odio i ristoranti che _____.

Cultura

Ascoltiamo!

Il sistema d'istruzione in Italia

A. Come finisce?   Completa le seguenti frasi.

1. L'asilo nido è per bambini _____.
   a. da 0 a 3 anni   b. da 3 a 6 anni

2. La scuola media dura _____.
   a. tre anni   b. quattro anni

3. Uno studente che vuole diventare ingegnere studia al _____.
   a. liceo linguistico   b. liceo scientifico

4. La scuola superiore si conclude con _____.
   a. un esame di Stato   b. un esame di licenza superiore

5. Nella scuola superiore il minimo per avere la sufficienza in una materia è _____.
   a. 6 su 10   b. 4 su 10

B. In Italia o in America?   Ascolta la descrizione che fa Daniele del sistema universitario in Italia e in America. Poi indica se le seguenti frasi sono vere per l'Italia o per l'America. La descrizione sarà ripetuta due volte.

ESEMPIO: *Senti:*   Nelle superiori gli insegnanti si chiamano «professori».

	In Italia	In America
Scegli:	☑	☐

	In Italia	In America
1. La maggior parte degli esami sono orali.	☐	☐
2. Il voto più alto è una «A».	☐	☐
3. Per un esame puoi ricevere un ventisette ed è un bel risultato.	☐	☐
4. Una facoltà può essere in un edificio dell'anno 1546.	☐	☐
5. C'è un vero e proprio campus universitario.	☐	☐

C. Vero o falso?

Ascolta le frasi che descrivono il sistema d'istruzione in Italia e decidi se sono **vere** o **false**. Ogni frase sarà ripetuta due volte.

ESEMPIO: *Senti:* I bambini più piccoli frequentano l'asilo nido.

	vero	falso
Scegli:	☑	☐

	vero	falso
1.	☐	☐
2.	☐	☐
3.	☐	☐
4.	☐	☐
5.	☐	☐

Leggiamo!

Strategie di lettura

Identifying topic sentences. In the very first paragraph of an expository text you can often find one sentence that states what the entire text is about: the topic sentence. Each subsequent paragraph will contain its own topic sentence that conveys the main idea of the paragraph. Identifying the topic sentence can aid your understanding of the text.

Lettura

Leggi il brevissimo articolo «Fai fruttare la tua laurea» che è apparso sulla rivista *Donna moderna*. Poi rispondi alle domande.

budget soldi

FAI FRUTTARE[1] LA TUA LAUREA

Hai una laurea ma non ancora un lavoro? Diventa[2] tutor. In pratica aiuterai gli studenti a superare gli esami universitari dando ripetizioni.[3] Puoi lavorare anche quest'estate, perché agli esami ci si prepara tutto l'anno. In genere i cicli di insegnamento durano intorno[4] alle 36 ore per persona e vengono pagati circa 300 euro. Ecco a chi mandare il curriculum:
• Cepu e Grandi Scuole:* compila il modulo[5] on line su www.cepu.it
• Universitalia: manda una mail a info@ universitalia.it.
• Ad Maiora: manda una mail a info@ unesamedimeno.it

[1]Fai... *Take advantage of* [2]*Become* [3]dando... *by tutoring (them)* [4]*around, approximately* [5]compila... *fill out the form*

*Cepu, Grandi Scuole, Universitalia, and Ad Maiora are commercial providers of university exam prep courses.

Hai capito? Scegli la risposta giusta.

1. Quale di queste frasi è il «topic sentence» dell'articolo?
   a. Hai una laurea ma non ancora un lavoro?
   b. Diventa tutor.
   c. In pratica aiuterai gli studenti a superare gli esami universitari dando ripetizioni.

2. Leggi le prime tre frasi. Con quale livello d'istruzione è associata la laurea?
   a. la scuola superiore
   b. l'università
   c. l'istituto tecnico

3. Qual è il problema di molti laureati?
   a. non hanno lavoro
   b. hanno molti debiti

4. Qual è la soluzione a questo problema?
   a. essere uno studente
   b. essere un insegnante

5. Il lavoro suggerito (*suggested*) aiuta gli studenti a entrare all'università.
   a. È vero.
   b. È falso.

6. Il lavoro suggerito si fa solo durante l'anno scolastico.
   a. È vero.
   b. È falso.

7. Chi fa questo lavoro riceverà _____.
   a. 36 euro per 300 ore di lavoro
   b. 300 euro per 36 ore di lavoro

8. Quale documento è necessario mandare a organizzazioni come Universitalia e Ad Maiora?
   a. la laurea
   b. il curriculum

In Italia

Utilizzando le informazioni delle sezioni *In Italia* del libro, decidi se le frasi seguenti sono **vere** o **false.** Se la frase è falsa, cambia una parola per renderla vera.

	vero	falso
1. In Italia, chi ha intenzione di andare all'università frequenta in genere un istituto tecnico.	☐	☐
2. L'Università degli studi di Padova, fondata nel 1088, è l'università più antica del mondo.	☐	☐
3. Le persone che lavorano in un ristorante in Italia hanno spesso frequentato una scuola specializzata che si chiama Scuola superiore alberghiera e del turismo.	☐	☐

(*continued*)

4. A differenza delle università degli Stati Uniti, le università italiane non hanno un *campus* e i palazzi universitari si trovano generalmente in varie parti della città. ☐ ☐

_____

5. Quasi un terzo della popolazione italiana crede all'astrologia. ☐ ☐

_____

6. In genere, ci vogliono (*it takes*) quattro anni per completare un corso di laurea in Italia. ☐ ☐

_____

Scriviamo!

Come sarà la tua vita? Scrivi un breve testo (*100* parole) in cui descrivi come t'immagini la vita a 30 anni, 50 anni e 70 anni. Utilizza l'esempio sotto e il vocabolario del libro.

ESEMPIO: A 30 anni avrò un bel lavoro. Sarò ingegnere elettronico in una grande ditta automobilistica. Non sarò ancora sposato ma avrò una fidanzata bellissima e ci adoreremo. La mia vita sarà molto felice. A 50 anni sarò sposato con due figli...

Adesso tocca a te!

La buona salute

Strategie di comunicazione

A. Insomma/veramente/purtroppo! Abbina le domande con le risposte appropriate. Usa ogni risposta *una sola volta*.

1. _____ Vieni alla festa stasera?

2. _____ Andrai al mare quest'estate?

3. _____ Giochi a calcio con noi dopo la scuola?

4. _____ Hai tempo per un gelato adesso?

5. _____ Hai studiato per l'esame ieri sera?

a. Purtroppo non posso, devo lavorare.

b. Insomma… mi sono addormentato presto.

c. Purtroppo non ho soldi per il viaggio.

d. Insomma… preferisco il basket.

e. Veramente non mi diverto alle feste.

B. Cosa dici? Completa le frasi con l'espressione giusta. Usa ogni espressione *una sola volta*.

(Le dispiace)   (purtroppo)   (scusa)   (ti dispiace)   (veramente)

1. «Signora, _____ se mi siedo in questo posto libero?»

2. «Mi scusi, professore, ma _____ ho dimenticato il compito a casa oggi.»

3. «Sandro, _____ ma non posso venire a teatro stasera. Devo rimanere a casa per finire un progetto.»

4. «Sentite, ragazzi, _____ stasera io preferisco mangiare la pizza e non il cibo messicano. Cosa ne pensate?»

5. «Annalisa, _____ se prendo questo CD dalla tua collezione? Vorrei ascoltarlo stasera.»

C. Scusa/Scusi o Mi dispiace? Ascolta quello che ti dicono le persone seguenti e rispondi con l'espressione appropriata. Ogni frase sarà ripetuta due volte. Ripeti la risposta. **Attenzione!** Alcune espressioni si ripetono.

(Mi dispiace!)   (Scusa!)   (Scusi!)

1. (una signora a teatro) « _____.»

2. (un bambino a casa) « _____.»

3. (il professore a lezione) « _____.»

(continued)

4. (un'amica in classe) « _____.»

5. (tua madre al telefono) « _____.»

Pronuncia

L'accento   Stress

L'accento.

- Usually Italian words are stressed on the second-to-the-last syllable.

  si**gno**ra   a**mi**co   par**la**re

- Some words are stressed on the third-to-the-last syllable.

  isola   **gio**vane   **go**mito

- Every verb in the first and second person plural (**noi** and **voi**) is stressed on the second-to-the-last syllable.

  par**lia**mo   par**la**te
  sap**pia**mo   sa**pe**te
  dor**mia**mo   dor**mi**te

- Many words are stressed on the last syllable. These words always have a written accent on the last vowel.

  caf**fè**   cit**tà**   universi**tà**

- The written accent is also used with a few one-syllable words in order to distinguish them from others that have the same spelling but a different meaning.

  si (reflexive pronoun: *herself/himself/itself, oneself, themselves*)   **sì** (*yes*)
  da (*from/by*)   **dà** (*she/he/it gives*)
  se (*if*)   **sé** (*herself/himself*)
  la (direct object pronoun: *her/it*)   **là** (*there*)
  li (direct object pronoun: *them*)   **lì** (*there*)
  ne (*of it / about it*)   **né** (*neither*)
  e (*and*)   **è** (*she/he/it is*)

L'accento.

Parte prima. Scrivi le parole che senti. Ogni parola sarà ripetuta due volte.

1. _____   5. _____   9. _____

2. _____   6. _____   10. _____

3. _____   7. _____

4. _____   8. _____

Parte seconda. Adesso ascolta di nuovo le 10 parole della **Parte prima.** Sottolinea la sillaba accentata (*accented*).

Check your answers to this activity in the Answer Key in the back of the workbook.

Lessico

Le parti del corpo   Identifying parts of the body

A. Il rebus. Quale parte del corpo è? Trova le parti del corpo nascoste (*hidden*). Le lettere nelle caselle formeranno una parte del corpo.

LALPSA	LOCLO	HCCIOO	OVIS
1. ☐ __ __ __ __	2. ☐ __ __ __ __	3. __ __ __ ☐ __ __	4. __ ☐ __ __

IDEEP	NOAM	CAOCB
5. __ __ ☐ __ __	6. __ __ ☐ __	7. __ __ __ __ ☐

La risposta: __ __ __ __ __ __

B. Cosa vuol dire? Abbina le frasi dell'insieme A con il significato corrispondente dell'insieme B.

A	B
1. _____ Occhio per occhio, dente per dente.	a. È molto caro.
2. _____ Ho bisogno di una mano, per favore.	b. Auguri!
3. _____ Il vestito costa un occhio della testa!	c. È al primo posto.
4. _____ Puoi tenere d'occhio la mia macchina? Torno subito.	d. È bravo a capire quando si possono fare buoni guadagni (*profits*).

(continued)

5. ____ Il Milan è ancora in testa al campionato (*championship*).

6. ____ Marco ha un buon naso per gli affari (*business*).

7. ____ Sono tutto orecchi.

8. ____ In bocca al lupo!

e. Puoi aiutarmi?

f. Ti ascolto attentamente.

g. Guarda la mia automobile mentre non ci sono.

h. Farò a te quello che hai fatto a me.

C. Che parte del corpo è?

Osserva l'immagine e scrivi le parti del corpo che corrispondono ai numeri.

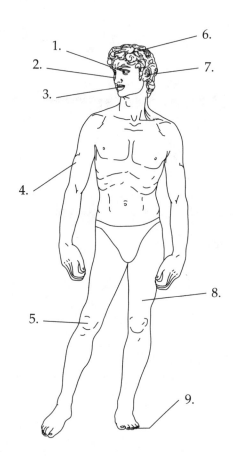

1. _____

2. _____

3. _____

4. _____

5. _____

6. _____

7. _____

8. _____

9. _____

🎧 D. *Guerre stellari.* (*Star Wars.*)

Parte prima. Ascolta la descrizione di tre alieni, personaggi di un nuovo film. Scrivi il numero della descrizione sotto l'immagine appropriata. Ogni descrizione sarà ripetuta due volte.

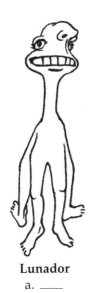

Onar

b. _____

Lunador

a. _____

Galassia

c. _____

Parte seconda. Adesso osserva l'immagine e scrivi che cosa ha di diverso questo extra-terrestre da un tipico essere umano.

Igor

ESEMPIO: Ha tre occhi.

1. _____

2. _____

3. _____

4. _____

5. _____

6. _____

E. Uno o due? Scrivi le parole che mancano. Fai attenzione ai plurali irregolari.

	singolare	plurale
1.	la mano	_____
2.	_____	le braccia
3.	il dito	_____
4.	l'orecchio	_____
5.	_____	le gambe
6.	il piede	_____
7.	_____	le ginocchia
8.	_____	gli occhi

F. Che cosa ti fa male? Sentirai la domanda «Che cosa ti fa male?». Rispondi con la parte del corpo che vedi nell'immagine. Ripeti la risposta.

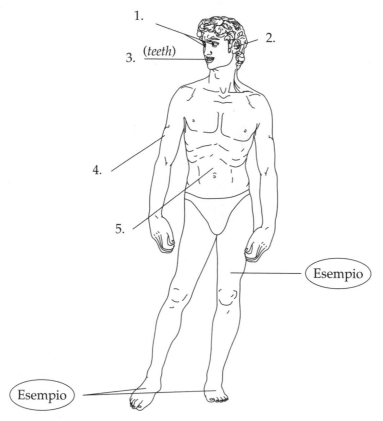

1.
2.
3. (*teeth*)
4.
5.
Esempio
Esempio

ESEMPIO: *Senti:* Che cosa ti fa male?
Dici: Mi fanno male i piedi.

Senti: Che cosa ti fa male?
Dici: Mi fa male la gamba.

1. ... 2. ... 3. ... 4. ... 5. ...

G. In ospedale. Completa i due dialoghi fra un dottore e due pazienti al pronto soccorso (*emergency room*) di un ospedale.

Dialogo 1

DOTTORE: Che è successo?

PAZIENTE: Dottore, mi fa molto male la gamba destra.

DOTTORE: Ha avuto un incidente?

PAZIENTE: _____.[1]

DOTTORE: Quando?

PAZIENTE: _____.[2]

DOTTORE: Come mai non è venuto qui ieri, quando si è fatto male?

PAZIENTE: _____.[3]

DOTTORE: Quindi la gamba ha cominciato a farLe male solo oggi.

PAZIENTE: _____.[4]

DOTTORE: Non so, non posso dirLe se la gamba è rotta senza farLe le lastre (*X-rays*). Aspetti qui, chiamo il tecnico e Le faremo subito una radiografia (*X-ray*). Così vedremo se la gamba è rotta o no.

Dialogo 2

DOTTORE: Mi dica signor Giordani, che problema ha?

PAZIENTE: Sono stato ricoverato in questo ospedale il mese scorso, ma ancora non sono guarito (*cured*).

DOTTORE: Perché è stato ricoverato?

PAZIENTE: _____.[5]

DOTTORE: Dove Le hanno fatto l'intervento chirurgico?

PAZIENTE: _____.[6]

DOTTORE: E adesso il suo braccio come va?

PAZIENTE: _____.[7]

DOTTORE: Se il braccio non Le fa male, che sintomi ha?

PAZIENTE: _____.[8]

DOTTORE: Beh… se ha febbre e mal di testa può essere una piccola infezione post-operatoria. Le faccio una ricetta per degli antibiotici. Li prenda per cinque giorni.

H. Che cosa hanno fatto ieri? Ascolta il testo e rispondi alle domande. Il testo sarà ripetuto due volte.

1. Che hanno fatto Paolo e Gianna ieri?

   _____.

2. Chi vince generalmente?

   _____.

(continued)

3. Chi ha vinto ieri?

   _____

4. Perché hanno dovuto bere molto?

   _____

5. Quale parte del corpo ha fatto male a Paolo dopo la partita?

   _____

6. Che cosa ha fatto male invece a Gianna?

   _____

Strutture

10.1 Gli italiani sono il popolo meno ansioso (anxious) d'Europa   The superlative

A. I fatti. Scegli il soggetto giusto per completare le frasi.

1. <u>L'Italia / La Francia</u> ha l'università più antica del mondo.
2. <u>I fagiolini / Le patate fritte</u> sono il contorno più sano (*healthy*).
3. <u>Londra / Parigi</u> è la città più popolosa della Comunità Europea.
4. <u>La Ferrari / La Fiat</u> è la macchina italiana più veloce.
5. <u>Il calcio / Il tennis</u> è lo sport più importante in Italia.
6. <u>Il cinese / L'inglese</u> è la lingua più parlata (*spoken*) del mondo.
7. <u>La Russia / L'Italia</u> è il paese più grande d'Europa.

B. È il migliore o il peggiore? Completa le frasi con la forma singolare o plurale di **migliore** o **peggiore**.

1. La professoressa Cordier è la miglior_____ professoressa di biologia d'Europa.

2. Quest'estate ho visto i peggior_____ film dell'anno.

3. L'anno scorso abbiamo mangiato nei miglior_____ ristoranti di Venezia.

4. Sabato scorso Giulio e Francesco sono andati nella miglior_____ discoteca di Milano.

5. Sofia ha la peggior_____ macchina di tutti i suoi amici.

6. Durante le vacanze, Renzo ha fatto le miglior_____ foto del gruppo.

7. Stasera c'è la peggior_____ cameriera del ristorante.

C. Chi è la persona più... Guarda l'immagine di un gruppo di amiche. Ascolta e scegli la persona che corrisponde ad ogni descrizione. Ogni descrizione sarà ripetuta due volte.

	Carla	Arianna	Paola	Sandra
	Carla	Arianna	Paola	Sandra
1.	☐	☐	☐	☐
2.	☐	☐	☐	☐
3.	☐	☐	☐	☐
4.	☐	☐	☐	☐
5.	☐	☐	☐	☐

D. Parole in disordine! Metti questi gruppi di parole in ordine per formare delle frasi.

1. la lingua / bella / è / l'italiano / più

   _____

2. lo scrittore / più / è / d'Italia / famoso / Dante

   _____

3. il popolo / stressato / meno / gli italiani / sono

   _____

4. il migliore / ha / l'Italia / del / gelato / mondo

   _____

5. più / la Svizzera / d'Europa / le montagne / belle / ha

   _____

♫ E. Gli amici di Gianni.

Ascolta le descrizioni degli amici di Gianni. Poi descrivi i suoi amici scrivendo delle frasi con il superlativo dei seguenti aggettivi. Ogni descrizione sarà ripetuta due volte.

ESEMPIO: *Senti:* Elisabetta è molto contenta perché fra poco finiscono le lezioni e parte per la Sardegna.
Scrivi: Elisabetta è la più allegra.

(allegro)   (ricco)   (socievole)   (sportivo)   (studioso)   (tranquillo)

1. Carla _____ .

2. Simone _____ .

3. Sara e Francesca _____ .

4. Marcello e Giovanni _____ .

5. Alberto e Angela _____ .

● *Check your answers to this activity in the Answer Key at the back of the workbook.*

F. Secondo te...

Rispondi alle domande con delle frasi complete.

1. Qual è il piatto italiano più famoso in America?

_____

2. Qual è la materia meno difficile all'università?

_____

3. Quali sono le professioni più importanti?

_____

4. Chi è il migliore attore / la migliore attrice del cinema americano?

_____

5. Chi sono i peggiori cantanti (*singers*) americani?

_____

10.2 *C'era una volta...* The imperfect

A. I verbi all'imperfetto.

Parte prima. Forma delle frasi abbinando gli elementi dell'insieme A con quelli dell'insieme B.

A	B
1. Da piccola Giovanna _____	a. giocavamo con le bambole (*dolls*), nostro fratello giocava con le sue macchinette (*little cars*).
2. Mario e Filippo _____	b. studiavate scienza insieme in biblioteca.
3. Io _____	c. andavi a casa della zia dopo la scuola.
4. Di solito tu e Lisa _____	d. era alta e magra.
5. Mentre io e mia sorella _____	e. frequentavano la stessa scuola a Verona.
6. Tutti i giorni tu _____	f. avevo sempre il raffreddore in inverno.

Parte seconda. Scrivi il significato dei seguenti verbi e completa le schede con le forme giuste dell'imperfetto.

	dormire to sleep	giocare _____	capire _____	volere _____
io				
tu				volevi
lei, lui; Lei		giocava		
noi	dormivamo			
voi			capivate	
loro				

	bere _____	essere _____	fare _____
io			facevo
tu			
lui, lei; Lei			
noi	bevevamo		
voi			
loro		erano	

B. Di chi parla? Ascolta le frasi e decidi qual è il soggetto di ogni frase. Le frasi saranno ripetute due volte. Dopo una breve pausa sentirai la risposta giusta.

ESEMPIO: *Senti:*   Di solito andavamo al bar a fare colazione.
            Scegli: noi

	io	tu	lui/lei	noi	voi	loro
1.	☐	☐	☐	☐	☐	☐
2.	☐	☐	☐	☐	☐	☐
3.	☐	☐	☐	☐	☐	☐
4.	☐	☐	☐	☐	☐	☐
5.	☐	☐	☐	☐	☐	☐
6.	☐	☐	☐	☐	☐	☐
7.	☐	☐	☐	☐	☐	☐
8.	☐	☐	☐	☐	☐	☐

C. Quando Laura era piccola...
Guarda le immagini di Laura quando era piccola, ascolta le frasi e decidi se sono **vere** o **false.** Ogni frase sarà ripetuta due volte.

	vero	falso			vero	falso
1.	☐	☐		5.	☐	☐
2.	☐	☐		6.	☐	☐
3.	☐	☐		7.	☐	☐
4.	☐	☐				

D. Da bambino...

Parte prima. Leggi i ricordi (*memories*) di Giacomo e scrivi la forma giusta dei seguenti verbi all'imperfetto. **Attenzione!** Devi usare alcuni verbi *due volte.*

(aiutare)　(andare (2))　(avere)　(cucinare)　(essere (2))

(fare)　(giocare)　(leggere)　(stare)　(vivere)

Quando io _____ ¹ piccolo, ogni estate io e mio fratello _____ ² a

casa dei nonni. I nonni _____ ³ in campagna in una fattoria (*farm*) e

_____ ⁴ molti animali. Tutti i giorni io e mio fratello _____ ⁵ il nonno

nel campo (*field*) dove lui lavorava dalle 8.00 di mattina fino a mezzogiorno. L'ora di pranzo _____ [6] la parte della giornata preferita per me perché la nonna

_____ [7] molto bene. Dopo pranzo noi _____ [8] in casa perché

_____ [9] caldo. La sera io e mio fratello _____ [10] un po' a calcio

fuori (*outside*) e _____ [11] a letto presto. Prima di andare a dormire, la nonna ci

_____ [12] qualcosa dal nostro libro preferito. Che bei ricordi!

● *Check your answers to the **Parte prima** in the Answer Key at the back of the workbook before doing the* **Parte seconda.**

Parte seconda. Rileggi il testo e rispondi alle domande con delle frasi complete.

1. Dove vivevano i nonni di Giacomo?

   _____

2. A Giacomo piaceva mangiare a casa dei nonni? Perché?

   _____

3. Perché Giacomo e suo fratello stavano in casa il pomeriggio?

   _____

4. Secondo te, perché Giacomo e suo fratello andavano a letto presto?

   _____

E. L'infanzia di nonno Pietro.

Parte prima. Ascolta mentre nonno Pietro parla della sua infanzia (*childhood*) e segna tutti i verbi all'imperfetto che senti. Sentirai dieci verbi all'imperfetto. Il testo sarà ripetuto due volte.

☐ andare   ☐ fare   ☐ potere

☐ ascoltare   ☐ guadagnare   ☐ sposarsi

☐ avere   ☐ guardare   ☐ viaggiare

☐ dovere   ☐ lavorare   ☐ visitare

☐ esserci   ☐ leggere   ☐ vivere

☐ essere

● *Check your answers to the **Parte prima** in the Answer Key at the back of the workbook before doing the* **Parte seconda.**

Parte seconda. Ascolta il testo di nuovo e scrivi le forme dei verbi all'imperfetto che hai segnato nella **Parte prima.**

1. _____   6. _____
2. _____   7. _____
3. _____   8. _____
4. _____   9. _____
5. _____   10. _____

Parte terza. Adesso leggi le frasi e decidi se sono **vere** o **false**. Se la frase è falsa, riscrivi la frase per renderla vera.

		vero	falso
1.	Molti anni fa la gente viaggiava spesso in treno.	☐	☐
2.	Molti anni fa la gente ascoltava la radio e leggeva.	☐	☐
3.	Molti anni fa tutti i ragazzi andavano all'università.	☐	☐
4.	Molti anni fa i giovani non si sposavano molto presto.	☐	☐
5.	Oggi la vita è molto più facile di una volta.	☐	☐

F. Che dovevi fare? Scrivi la forma giusta di **dovere** all'imperfetto. Dopo completa la frase.

ESEMPIO: Stasera io <u>dovevo</u> uscire con Sara, ma invece...
<u>sono uscito con Gessica!</u>

1. Ieri tu _____ andare al supermercato per la mamma, ma invece...

2. Giulio _____ studiare con Paola a casa sua, ma invece...

3. Tu e Marco _____ prendere le vitamine stamattina, ma invece...

4. Filippo e Carlotta _____ preparare la cena per tutti domani sera, ma invece...

5. Io _____ risparmiare (*save*) i soldi quest'anno, ma invece...

6. Io e Caterina _____ andare in centro oggi, ma invece...

G. Tocca a te! Che cosa facevi tu quando eri piccolo/a? Con chi giocavi? A che cosa giocavate?
Come si chiamavano i tuoi migliori amici? Scrivi almeno sette frasi all'imperfetto.

_____

_____

_____

_____

_____

_____

ultura

Ascoltiamo!

La salute e il sistema sanitario in Italia

A. Luisa o Pietro?   Ascolta le descrizioni che fanno Luisa e Pietro del sistema sanitario in Italia e negli Stati Uniti. Decidi se le frasi riguardano Luisa o Pietro. Il testo sarà ripetuto due volte.

		Luisa	Pietro
1.	Aveva dolori muscolari.	☐	☐
2.	Aveva la febbre alta.	☐	☐
3.	Ha visto un medico in una clinica.	☐	☐
4.	Ha consultato il medico di famiglia.	☐	☐
5.	Aveva l'indigestione.	☐	☐
6.	Aveva l'influenza.	☐	☐

B. Vero o falso?   Ascolta cinque frasi sulla salute e sulla dieta degli italiani. Decidi se le frasi sono **vere** o **false.** Ogni frase sarà ripetuta due volte.

	vero	falso
1.	☐	☐
2.	☐	☐
3.	☐	☐
4.	☐	☐
5.	☐	☐

C. Cosa ricordi?   Ascolterai cinque frasi incomplete. Scegli la parola giusta per completare ogni frase. Le frasi saranno ripetute due volte.

1. a. l'asma	b. l'obesità	c. l'influenza
2. a. grassi	b. sali	c. carboidrati
3. a. medi	b. bassi	c. alti
4. a. le consultazioni sulla dieta	b. le ricette di farmaci (*prescriptions*)	c. l'attività fisica
5. a. il ticket	b. il medico	c. i farmaci

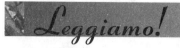

Strategie di lettura

Identifying types of texts. Recognizing the kind of text you are reading can activate your background knowledge on the topic and help you predict the type of information you expect to find. Read the following examples of four different texts that all deal with the topic "health." Then match them to the text type to which each belongs. How did you make your choices?

1. _____ C'era una volta un medico molto famoso, ma anche molto superbo (*conceited*)...

2. _____ Per uso orale. Leggere attentamente il foglio illustrativo.

3. _____ *Benessere* vuol dire *bellezza*. Il piacere di un corpo pulito... anche dentro. Più depurato, più sano, più idratato: in una parola, più bello.

4. _____ L'Istituto di virologia dell'Università statale di Milano ha però fatto sapere che l'epidemia, rispetto a quelle degli anni passati, non sarà particolarmente pesante.

a. una pubblicità per l'acqua minerale

b. un articolo di giornale

c. una favola

d. una scatola (*box*) di aspirine

Lettura

Quest'articolo è apparso sul giornale *La Sicilia* il 5 gennaio 2005, periodo della Befana e dell'influenza! Leggi *Tutto quello che c'è da sapere sull'influenza*. Poi rispondi alle domande.

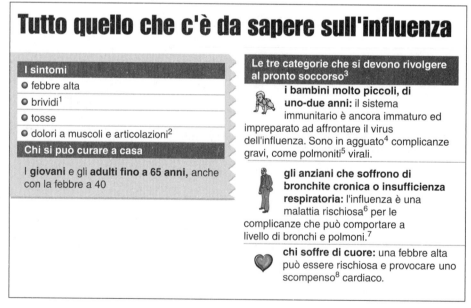

[1]*chills*   [2]*joints*   [3]*che... that require immediate medical attention*   [4]*Sono... Lying in wait are*   [5]*pneumonia*   [6]*risky*
[7]*comportare... involve the bronchial tubes and lungs*   [8]*insufficiency*

A. È l'influenza o no?
Rileggi la parte intitolata *I sintomi*. Segna quali delle seguenti persone hanno sintomi d'influenza.

	sì	no
1. Mi sono misurato la febbre. È a 40.	☐	☐
2. Continuo a tossire (*to cough*).	☐	☐
3. Soffro di nausea.	☐	☐
4. Ho dolore in tutto il corpo.	☐	☐
5. Prima ho caldo. Poi ho freddo.	☐	☐
6. Ho una fame da lupo.	☐	☐

B. Cosa dobbiamo fare?
Ora rileggi la parte intitolata *Chi si può curare a casa* e *Le tre categorie che si devono rivolgere al pronto soccorso*. Per ogni persona segna il consiglio giusto.

	deve andare all'ospedale	può curarsi a casa
1. una signora di 80 anni	☐	☐
2. un ragazzo con la febbre a 40	☐	☐
3. un bambino neonato	☐	☐
4. un signore che ha problemi cardiaci	☐	☐

In Italia

Utilizzando le informazioni delle sezioni *In Italia* del libro, decidi se le frasi seguenti sono **vere** o **false**. Se la frase è falsa, cambia una parola per renderla vera.

	vero	falso
1. Purtroppo la percentuale di fumatori in Italia è più alta fra i giovani.	☐	☐
2. Se devi andare al pronto soccorso in Italia, ricorda che è gratis, cioè che non costa niente.	☐	☐
3. La farmacia di turno è la farmacia che è aperta nei giorni festivi (*holidays*), in caso di emergenza.	☐	☐
4. Gli italiani utilizzano raramente le medicine alternative, come l'omeopatia e l'agopuntura.	☐	☐
5. Michelangelo disegnò un modello per le lenti a contatto che è molto simile alle lenti di oggi.	☐	☐
6. Il famoso disegno dell'uomo ideale, fatto da Leonardo da Vinci, è spesso chiamato *L'uomo vitruviano*.	☐	☐

Ai tempi suoi. Scrivi un breve testo (100 parole) in cui descrivi com'era l'infanzia (*childhood*) di un personaggio famoso o un membro della tua famiglia. Se vuoi, puoi ricercare prima delle informazioni esatte (*exact*) oppure puoi lavorare con la tua fantasia! Utilizza l'esempio sotto ed il vocabolario del libro.

ESEMPIO: Quando era piccola la mia sorella minore era molto carina. Aveva i capelli castani e gli occhi neri. Le piaceva giocare con me e i miei amici ma questo mi faceva arrabbiare! Non mangiava molto ed era sempre magra...

Adesso tocca a te!

Casa dolce casa

Capitolo 11

Strategie di comunicazione

A. Com'era? / Com'erano? Completa le domande con **Com'era** o **Com'erano**.

> ESEMPIO: —Abbiamo avuto una nuova insegnante di educazione fisica.
> —Sì? <u>Com'era</u> la lezione di ginnastica?

1. —Ho seguito un corso sulla storia del cinema.

   —Interessante! _____ i film muti (*silent*)?

2. —A causa del temporale (*storm*) ieri la luce (*light*) se n'è andata.

   —Che disastro! _____ la vita senza il computer?

3. —Ho sempre ricevuto bei voti a scuola.

   —Brava! _____ gli esami della scuola elementare?

4. —L'euro è stato introdotto nel 2002.

   —È vero. _____ prima i soldi?

5. —Il nonno ha comprato il primo televisore nel 1958.

   —Mamma mia! _____ la TV in bianco e nero?

B. Com'era Sandro? Abbina le parole dell'insieme A con quelle dell'insieme B. Saprai com'era Sandro da bambino. Il primo abbinamento è già fatto.

A	B
1. __f__ statura (*height*)	a. erano biondi
2. _____ i suoi capelli	b. era bravo
3. _____ il pomeriggio	c. non voleva mai mangiare la minestra
4. _____ a scuola	d. gli piaceva leggere prima di dormire
5. _____ a cena	e. guardava i cartoni animati
6. _____ la notte	f. era basso

C. Chi è? Ascolta l'intervista con Francesco e decidi se le frasi sono **vere** o **false.** L'intervista sarà ripetuta due volte.

ESEMPIO: *Vedi:* Si chiama Francesco Piccolini.

	vero	**falso**
Scegli:	☐	☑

		vero	falso
1.	Francesco è nato a Napoli.	☐	☐
2.	Francesco abita a Milano.	☐	☐
3.	Francesco ha lavorato alla Mobil per ventisette anni.	☐	☐
4.	Francesco abita nella stessa città da quarant'anni.	☐	☐
5.	La moglie di Francesco lavora.	☐	☐

Pronuncia

La lunghezza delle consonanti
Length contrast with consonants

La lunghezza delle consonanti.

- In Italian all consonants have a corresponding double consonant, except the letters **q** and **h.** The pronunciation of a double consonant is distinct from that of a single one, and it often changes the meaning of a word.

- Double consonants in Italian should take noticeably longer to say than the corresponding single consonants. To pronounce a double consonant, hold the position of your mouth for a bit when the consonant is formed, then release. In the case of the letter **t,** this would be with your tongue up against your teeth.

  Listen and repeat the following words:

abbinare	**anno**	**giacca**	**mamma**
opposto	**prosciutto**	**raffreddore**	**sessanta**

  Now repeat the following words. Notice the difference in pronunciation between a single and a double consonant.

fato	**fatto**	**papa**	**pappa**
sono	**sonno**	**pala**	**palla**

Dettato.

Parte prima. Completa le parole che senti con una consonante singola o doppia. Ogni parola sarà ripetuta due volte.

1. se____e
2. a____ocati
3. impiega____e
4. so____orso

5. archite____o   8. i____ediatamente

6. scu____a   9. o____i

7. pro____imo   10. bo____a

Parte seconda. Adesso scrivi le parole che senti. Ogni parola sarà ripetuta due volte.

1. _____   5. _____   9. _____

2. _____   6. _____   10. _____

3. _____   7. _____

4. _____   8. _____

● *Check your answers to this activity in the Answer Key at the back of the workbook.*

Lessico

Vieni a casa mia   Describing Italian houses and furniture

A. A che cosa serve? Scegli la risposta giusta.

1. Sul divano _____.
   a. ballo   b. mi siedo

2. Nell'armadio _____.
   a. metto i vestiti   b. parlo al citofono

3. In giardino _____.
   a. faccio la doccia   b. mi godo (*I enjoy*) l'aria e il sole

4. Nel bidone _____.
   a. metto l'immondizia   b. cucino

5. Sullo scaffale _____.
   a. ceno   b. metto i libri

6. Sul marciapiede _____.
   a. preparo il pranzo   b. faccio una passeggiata

7. In cucina _____.
   a. uso il forno   b. dormo

8. In soggiorno _____.
   a. gioco a pallone   b. guardo la TV

B. Le stanze. Scrivi la lettera che corrisponde alle stanze nelle immagini.

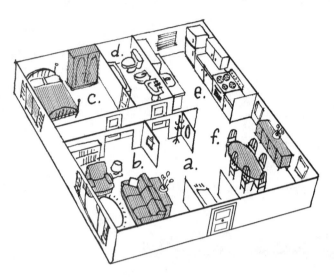

1. _____ il garage
2. _____ la camera da letto
3. _____ la sala da pranzo
4. _____ il bagno

5. _____ la cucina
6. _____ il soggiorno
7. _____ l'ingresso

C. L'intruso. Scegli la parola che non appartiene al gruppo.

1. il forno a microonde / il tavolo / il bidè
2. il letto / la doccia / il water
3. il marciapiede / la strada / il lavandino
4. la lavastoviglie / il balcone / il frigorifero
5. l'armadio / il letto / la vasca
6. il giardino / il tappeto / il divano
7. la scrivania / il palazzo / lo scaffale
8. la finestra / la porta / l'immondizia
9. il citofono / il televisore / la lampada
10. la poltrona / la doccia / il divano

D. Rebus. Ascolta le descrizioni e scrivi le lettere delle risposte giuste negli spazi. Se le lettere sono nell'ordine giusto formeranno il nome di un oggetto. Ogni definizione sarà ripetuta due volte.

D = citofono	**I** = finestra	**N** = water
B = immondizia	**E** = scaffale	**O** = portone

1. _____ 2. _____ 3. _____ 4. _____ 5. _____ 6. _____

🎧 **E. In quale stanza si trovano?** Ascolta la lista di oggetti e scrivi i nomi sotto la stanza in cui si trovano. Ogni oggetto sarà ripetuto due volte.

il soggiorno	la camera da letto
1. _____	5. _____
2. _____	6. _____
la cucina	**il bagno**
3. _____	7. _____
4. _____	8. _____

● *Check your answers to this activity in the Answer Key at the back of the workbook.*

F. Dove sono? In quale posizione si trovano gli oggetti nell'immagine? Scrivi una frase per ogni oggetto. Segui i numeri.

ESEMPIO: Il frigorifero è accanto alla lavastoviglie.

1. _____

2. _____

3. _____

4. _____

5. _____

🎧 **G. Qual è la camera di Francesco?**

Parte prima. Ascolta la descrizione della camera di Francesco e decidi quale delle tre camere è la sua. La descrizione sarà ripetuta due volte.

1.

2.

3.

Qual è la camera di Francesco? _____

Parte seconda. Ci sono quattro differenze fra la Camera n. 1 e la Camera n. 2. Quali sono?

1. _____ .
2. _____ .
3. _____ .
4. _____ .

H. Tocca a te! Com'è la tua casa ideale? Che cosa deve avere? Scrivi almeno cinque frasi.

_____

_____

_____

_____

Strutture

11.1 Cosa facevi? The imperfect vs. the present perfect

A. Il passato prossimo o l'imperfetto? Leggi le frasi e decidi se è necessario usare il passato prossimo o l'imperfetto per completarle.

1. Ieri <u>ho visto / vedevo</u> un film al cinema con i miei genitori.
2. Lo scorso fine settimana <u>siamo usciti / uscivamo</u> con gli amici.
3. La settimana scorsa Anna e Carlo <u>hanno comprato / compravano</u> un nuovo quadro per il soggiorno.
4. Filippo <u>ha messo / metteva</u> l'immondizia nel bidone tutti i giorni dopo cena.
5. Da piccola Francesca <u>ha avuto / aveva</u> lezione di violino il martedì pomeriggio.
6. Quando ero piccolo, una volta <u>sono andato / andavo</u> al mare con gli zii.
7. Roberto <u>si è trasferito / si trasferiva</u> a Milano l'anno scorso per studiare all'università.
8. Domenica <u>avete fatto / facevate</u> una passeggiata in campagna con i nonni?

B. Una sola volta o più volte? Ascolta le frasi e decidi se si tratta di azioni fatte **una sola volta** o **ripetute più volte** al passato. Ogni frase sarà ripetuta due volte. Dopo una breve pausa sentirai la risposta giusta.

	una sola volta	ripetute più volte		una sola volta	ripetute più volte
1.	☐	☐	4.	☐	☐
2.	☐	☐	5.	☐	☐
3.	☐	☐	6.	☐	☐

C. Mentre studiavo... Completa le frasi con la forma giusta del passato prossimo o dell'imperfetto dei verbi in parentesi.

1. Mentre Alberto _____ (guardare) la TV, ha telefonato la sua amica Simona.

2. Laura _____ (pulire) tutta la casa domenica scorsa.

3. Da piccola io _____ (fare) sempre i compiti subito dopo pranzo.

4. Sabato Susanna _____ (tornare) a casa alle due di notte.

5. Mentre Paola e Lisa _____ (leggere) in soggiorno, i loro genitori parlavano in cucina.

6. Quando ero piccolo la mamma _____ (preparare) la cena tutte le sere alle sette.

7. Io e Marina _____ (cambiare casa [to move]) l'anno scorso.

D. La mia vita in America.

Parte prima. Claudia è una studentessa italiana che sta studiando ad un'università americana. Ascolta Claudia che parla delle differenze tra la vita studentesca americana e la sua vita di studentessa universitaria in Italia. Scrivi i verbi all'imperfetto che senti. Il testo sarà ripetuto due volte.

imperfetto

1. _____   4. _____

2. _____   5. _____

3. _____   6. _____

Check your answers to this activity in the Answer Key at the back of the workbook.

Parte seconda. Adesso ascolta di nuovo quello che dice Claudia e decidi se le affermazioni sono **vere** o **false**.

	vero	falso
1. In Italia gli studenti fanno molti compiti.	☐	☐
2. In Italia bisogna frequentare tutte le lezioni.	☐	☐
3. In Italia gli studenti non parlano molto con i professori durante la lezione.	☐	☐
4. Claudia non mangia mai alla mensa in Italia.	☐	☐

E. Dove va?

Parte prima. Segna le espressioni che si usano spesso con l'imperfetto.

1. ☐ d'improvviso	4. ☐ di solito	7. ☐ ieri sera	10. ☐ il lunedì
2. ☐ la settimana scorsa	5. ☐ mentre	8. ☐ ogni estate	11. ☐ sempre
3. ☐ tutti i giorni	6. ☐ un giorno	9. ☐ una volta	12. ☐ venerdì

Parte seconda. Adesso scegli tre espressioni della **Parte prima** con le quali si usa l'imperfetto e tre espressioni con le quali si può usare il passato prossimo e scrivi delle frasi complete.

l'imperfetto

1. _____

2. _____

3. _____

il passato prossimo

4. _____

5. _____

6. _____

F. Un giorno al mare.

Parte prima. Completa il seguente testo con la forma giusta del passato prossimo o dell'imperfetto dei verbi in parentesi.

Quando io _____[1] (avere) dieci anni, io e i miei amici _____[2] (giocare) sempre

insieme. Un giorno i miei genitori _____[3] (decidere) di portarci al mare. Quando

_____[4] (arrivare), _____[5] (iniziare) a giocare nella sabbia (*sand*) e poi

_____[6] (nuotare) un po'.

Mentre noi _____[7] (giocare), la mia amica Silvana _____[8] (vedere) una

medusa (*poisonous jellyfish*) e dopo noi non _____[9] (volere) più entrare nell'acqua perché

_____[10] (avere) paura. Siamo corse via, lontano dalla riva (*shore*), e non _____[11]

(tornare) più in quella spiaggia (*beach*).

◐ *Check your answers to the Parte prima in the Answer Key at the back of the workbook before doing the Parte seconda.*

Parte seconda. Adesso rileggi la storia e decidi se le affermazioni sono **vere** o **false**.

	vero	falso
1. Io e i miei amici andavamo sempre al mare.	☐	☐
2. Di solito giocavamo insieme.	☐	☐
3. Silvana è stata sempre nell'acqua.	☐	☐
4. Avevamo tutti paura della medusa.	☐	☐
5. Silvana è tornata in quella spiaggia la settimana dopo.	☐	☐

Parte terza. Adesso racconta un episodio della tua infanzia. Ricordati di usare il passato prossimo e l'imperfetto. Scrivi almeno cinque frasi.

_____

_____

_____

_____

_____

_____

11.2 *Eccoci!*   Object pronouns

A. Diretto o indiretto?
Leggi le frasi e decidi se il pronome *in corsivo* è un pronome complemento diretto o indiretto.

		diretto	indiretto
1.	Massimo e Giuseppe *lo* mettono in cucina.	☐	☐
2.	*Le* posso telefonare domenica?	☐	☐
3.	Voglio veder*ti* in classe domani.	☐	☐
4.	*Li* comprano i ragazzi in centro.	☐	☐
5.	*Gli* scrivo sempre ma non risponde mai.	☐	☐
6.	Nessuno *ci* guarda in discoteca!	☐	☐
7.	Il professore *vi* risponderà subito.	☐	☐
8.	Vorrei parlar*gli* oggi, non domani.	☐	☐

B. In altre parole.
Scegli la frase corrispondente a quella con il pronome complemento diretto o indiretto. Dopo segna tutte le frasi che hanno un complemento *indiretto*.

1. ____ Le scrive.   a. Scrive a Maria.   b. Scrive a Tommaso.
2. ____ Lo studia.   a. Studia il francese.   b. Studia la biologia.
3. ____ Li mangia.   a. Mangia il risotto.   b. Mangia gli spaghetti.
4. ____ Gli parla.   a. Parla a voi.   b. Parla a loro.
5. ____ Le vede.   a. Vede Susanna.   b. Vede Susanna e Raffaella.
6. ____ Vi risponde.   a. Risponde a voi.   b. Risponde a loro.
7. ____ Le telefona.   a. Telefona a Lei.   b. Telefona a Maria e Gessica.
8. ____ Ci ascolta.   a. Ascolta voi.   b. Ascolta noi.

C. Formale o informale?
Ascolta le frasi e decidi se sono formali o informali. Le frasi saranno ripetute due volte. Dopo una breve pausa sentirai la risposta giusta.

ESEMPIO: *Senti:* D'accordo, signor Rossi, Le scrivo un'e-mail domani.
          Scegli: **formale**   **informale**
                      ☑   ☐

	formale	informale
1.	☐	☐
2.	☐	☐
3.	☐	☐
4.	☐	☐
5.	☐	☐
6.	☐	☐
7.	☐	☐

🎧 **D. Di chi parla?** Maurizio parla dei suoi genitori. Ascolta le frasi e decidi se sta parlando della madre o del padre. Ogni frase sarà ripetuta due volte. Dopo una breve pausa sentirai la risposta giusta.

ESEMPIO: *Senti:* Le scrivo tutti i giorni quando sono in vacanza.
Scegli: **della madre** ☑ **del padre** ☐

	della madre	del padre
1.	☐	☐
2.	☐	☐
3.	☐	☐
4.	☐	☐
5.	☐	☐
6.	☐	☐

E. Una frase più semplice.

Parte prima. Riscrivi le frasi sostituendo le parole *in corsivo* con un pronome complemento diretto o indiretto.

ESEMPIO: *Leggi:* Mario comprerà *la macchina* la settimana prossima.
Scrivi: Mario <u>la</u> comprerà la settimana prossima.

1. Io e Fabiana prepariamo *il pesce* per cena.

   _____

2. Valeria telefona *a Giulio* domani per parlare del weekend.

   _____

3. Enrico e Stefania guardano *la TV* a casa loro stasera.

   _____

4. La nonna scrive una lettera *ai nipoti* una volta al mese.

   _____

5. Stefano non farà *i compiti* questo weekend.

   _____

6. Lisa non risponde mai *alla mamma* quando la chiama.

   _____

7. Non compreremo *le sedie* questo mese, perché non abbiamo soldi.

   _____

🎧 **Parte seconda.** Ascolta le frasi e completale con il pronome complemento diretto o indiretto giusto. Ogni frase sarà ripetuta due volte. Ripeti la risposta.

ESEMPIO: *Senti:* Voglio scrivere un'e-mail a Carlo.
Scrivi: Voglio scriver<u>gli</u> un'e-mail.

1. _____ devo parlare domani!

2. Vogliamo veder_____ stasera.

3. _____ ascoltiamo a casa.

4. _____ vedo quando arrivo in città.

5. Potete telefonar_____ la settimana prossima.

6. _____ mangiamo oggi a pranzo.

7. _____ compreranno lunedì mattina alla libreria.

8. Puoi apparecchiar_____ tu? Io devo cucinare.

Cultura

Ascoltiamo!

Le case di Pompei

A. Una visita a Pompei. Ascolta le frasi e scrivi il numero della frase accanto all'immagine giusta. Ogni frase sarà ripetuta due volte.

a. _____

c. _____

b. _____

d. _____

B. La casa pompeiana.
Ascolta le frasi e decidi se sono **vere** o **false**. Ogni frase sarà ripetuta due volte.

	vero	falso
1.	☐	☐
2.	☐	☐
3.	☐	☐
4.	☐	☐
5.	☐	☐

C. Quale stanza?
Ascolta le descrizioni. Dopo scrivi il nome giusto della stanza, o della parte della città pompeiana, a cui corrispondono. Ogni descrizione sarà ripetuta due volte. **Attenzione!** Ci sono sei parole; devi usarne solo cinque.

(l'atrio)   (le camere)   (la cucina)   (il giardino)   (le strade)   (il triclinio)

1. _____

2. _____

3. _____

4. _____

5. _____

Leggiamo!

Strategie di lettura

Predicting information. Recognizing the kind of text that you are reading can help you predict the kind of information that the text will convey. You can then use your predictions to help guide your understanding as you read. Imagine that you are going to read about a natural disaster. Check which of the following pieces of information you would expect to find in the passage.

1. _____ a description of the disaster

2. _____ a description of people's emotions

3. _____ a description of what people were wearing

4. _____ a description of people's attempts to escape

5. _____ a description of rescue attempts

6. _____ a description of the final outcome

Lettura

Keeping in mind the information that you might expect to find, now read **Plinio il Giovane's** description of the eruption of Vesuvius in 79 A.D. that destroyed the ancient cities of Pompeii and Ercolano. His description is based on the eyewitness account that his uncle, **Plinio il Vecchio,** a famous Latin writer, prepared right before he died in the disaster. When you have finished reading, answer the questions that follow.

Dal Vesuvio, lontano una trentina di chilometri, si levava una nube straordinaria:[1] [...] di colore ora   1
bianco ora grigio sporco per la presenza di terra e cenere.[2] Lo zio, nella sua profonda passione per la
scienza, pensò che si trattasse di[3] un fenomeno molto importante e meritevole di essere studiato più da
vicino.
Mano a mano che si avvicinavano,[4] la cenere cadeva sulle navi[5] sempre più calda e densa. [...]   5
La gente era terrorizzata e si preparava alla fuga.[6] [...] Bisognava scegliere tra due pericoli:[7] rimanere
al coperto, con il rischio di perire sotto le macerie,[8] o uscire fuori, sfidando i detriti[9] caldi del vulcano.
[...] Il mare era sconvolto,[10] non si poteva navigare. Ovunque[11] fiamme, odore di zolfo,[12] una cenere
spessa[13] che guastava[14] l'aria e non faceva respirare. Il giorno dopo, quando riapparve[15] la luce del
sole, il corpo dello zio fu ritrovato[16] intatto, sulla spiaggia dove era morto soffocato.   10

[1]si... an extraordinary cloud was rising   [2]ashes   [3]pensò... thought that it involved   [4]Mano... Little by little as they came
closer   [5]ships   [6]escape   [7]dangers   [8]perire... perish beneath the rubble   [9]sfidando... braving the debris   [10]disturbed
[11]Everywhere   [12]sulfur   [13]thick   [14]spoiled   [15]reappeared   [16]fu... was discovered

Le hai trovate? Quali informazioni che ti aspettavi di trovare nel testo hai effettivamente trovato?
Scrivi i numeri delle righe (*line numbers*) dove si trovano le informazioni che pensavi di trovare.
Attenzione! Alcune informazioni si trovano in più di una riga (*line*); altre non ci sono.

1. _____ una descrizione della catastrofe

2. _____ una descrizione delle emozioni della gente

3. _____ una descrizione di quello che la gente indossava

4. _____ una descrizione della fuga

5. _____ una descrizione dei tentativi di soccorso

6. _____ una descrizione delle conseguenze

In Italia

Utilizzando le informazioni delle sezioni *In Italia* del libro, decidi se le frasi seguenti sono **vere** o **false**. Se la frase è falsa, cambia una parola per renderla vera.

	vero	falso
1. Molti palazzi in Italia hanno un citofono che si usa per comunicare da dentro (*from inside*) con le persone che aspettano fuori del portone.	☐	☐
2. Il secondo piano degli edifici americani corrisponde al secondo piano degli edifici italiani.	☐	☐
3. Quando si entra in una casa italiana è normale dire *scusi*.	☐	☐

(continued)

4. Anche se sono molto importanti per la sicurezza del paese, nella cultura italiana i medici sono oggetto di molte barzellette (*jokes*). ☐ ☐

_____

5. L'isola veneziana di Burano è famosa per i suoi bellissimi oggetti di vetro. ☐ ☐

_____

6. Come la moda italiana, anche i mobili italiani sono noti in tutto il mondo per il loro stile e la loro qualità. ☐ ☐

_____

Scriviamo!

Cos'è successo? Pensa a un evento molto buffo o molto spaventoso (*scary*) che è successo nella tua casa quando eri più giovane. Scrivi un breve testo (100 parole) in cui descrivi quale era la situazione e che cosa è successo. Utilizza l'esempio sotto ed il vocabolario del libro.

ESEMPIO: Un giorno, quando avevo 15 anni, sono tornato da scuola e ho trovato la porta d'ingresso della mia casa aperta. La casa era tutta silenziosa e le luci non erano accese (*on*). Sono entrato in cucina. Lì non c'era nessuno e neanche in soggiorno. Avevo una gran paura…

Adesso tocca a te!

$\mathcal{I}$n città

Capitolo **12**

Strategie di comunicazione

A. Secondo te... / Secondo Lei... Decidi se le seguenti frasi esprimono opinioni o fatti (*facts*). Se esprimono opinioni, scegli **Secondo te / Secondo Lei.** Se non espimono opinioni, scegli **niente.**

1. _____ l'Italia è il paese più bello del mondo.
   a. Secondo Lei, …
   b. (niente)

2. _____ quale città italiana è più divertente per i giovani?
   a. Secondo Lei, …
   b. (niente)

3. Siena è una città medievale _____.
   a. … , secondo Lei
   b. (niente)

4. Chi è l'autore del *Decameron* _____?
   a. … , secondo te
   b. (niente)

5. _____ i Greci fondarono (*founded*) le prime colonie in Sicilia.
   a. Secondo Lei, …
   b. (niente)

B. Quale secolo? Abbina i secoli. Scrivi la lettera corrispondente.

1. _____ il ventesimo secolo   a. il Quattrocento

2. _____ il sedicesimo secolo   b. l'Ottocento

3. _____ il tredicesimo secolo   c. il Duecento

4. _____ il quindicesimo secolo   d. il Novecento

5. _____ il diciannovesimo secolo   e. il Cinquecento

C. Quale espressione si usa? Ascolta le frasi e decidi se l'opinione corrisponde a quello che hai ascoltato. Le frasi saranno ripetute due volte.

ESEMPIO: *Senti:* In tutta l'Italia non ho mai visto una città più bella di Firenze.
Vedi: Secondo me, Firenze è la più bella città italiana.

                sì   no

Scegli: ☑   ☐

		sì	no
1.	Secondo te, il cinema americano è molto interessante.	☐	☐
2.	Secondo Lei, ci sono troppe automobili.	☐	☐
3.	Secondo me, il gelato al pistacchio è il migliore.	☐	☐
4.	Secondo Lei, la frutta e la verdura mi faranno bene alla salute.	☐	☐
5.	Secondo te, leggere il giornale ogni giorno è importante.	☐	☐

Pronuncia

Come si scrive? Spelling words using names of famous cities

Come si scrive?

When there could be confusion about the spelling of a word, Italians use the first letter of well-known city names to clarify how to write it. This often happens with last names, which could be spelled different ways, or to avoid misspellings when talking on the phone. The letters that are most commonly confused and need clarification are **b, d, f, p, s,** and **t.** For example: **Bari** is used to indicate the letter **B, Torino** is used to indicate the letter **T,** and so on. The letter **h** is pronounced **acca,** **z** is pronounced **zeta,** and words that begin with **qu-,** such as **quadro,** are used for the letter **q.**

Listen to the spelling of the following last names using names of cities:

Gianmarco	**Genova-Imola-Ancona-Napoli-Milano-Ancona-Roma-Cagliari-Otranto**
Pedrulli	**Palermo-Empoli-Domodossola-Roma-Udine-Lucca-Lucca-Imola**
Sabatino	**Savona-Ancona-Bari-Ancona-Torino-Imola-Napoli-Otranto**
Zecchini	**Zeta-Empoli-Cagliari-Cagliari-acca-Imola-Napoli-Imola**
Vicoli	**Verona-Imola-Cagliari-Otranto-Lucca-Imola**

Come si scrive?

Parte prima. Scrivi i cognomi che senti con le iniziali dei nomi di città. Ogni cognome sarà ripetuto due volte.

1. _____   4. _____   7. _____

2. _____   5. _____

3. _____   6. _____

Check your answers to this activity in the Answer Key at the back of the workbook.

Parte seconda. Adesso ripeti i seguenti cognomi e fai lo spelling usando i nomi di città.

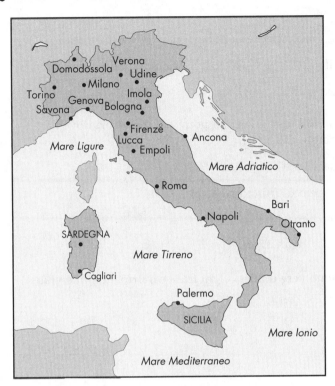

1. Pascoli
2. Pozzi
3. Rossi
4. Cavour
5. Fabbri

*L*essico

La città e il paese di provincia

Talking about Italian cities and towns

A. La casa di Enrico e Patrizia. Completa il testo con le parole della lista.

banche   caotico   costose   metropoli   paese

quartiere   rumore   verde

Enrico e Patrizia sono una giovane coppia milanese. Hanno appena cambiato casa e si

sono trasferiti da Milano, una grande _____,[1] a Sevignano, un piccolo

(continued)

_____2 in provincia di Trento. Hanno deciso di trasferirsi perché erano stanchi del

traffico _____3 e delle lunghe file (*lines*) nei negozi, nelle _____,4 per

prendere l'autobus e un po' dappertutto in città.

Adesso vivono in un _____5 nella periferia di Sevignano, dove c'è molto

_____6 e le case non sono molto _____.7 Di notte non c'è molto

_____8 e si può dormire con tranquillità.

B. Dove deve andare Donatella oggi? Ascolta il testo e segna i nomi dei *tre* negozi dove ha
bisogno di andare Donatella oggi. Il testo sarà ripetuto due volte.

1. _____ l'abbigliamento   5. _____ la macelleria

2. _____ l'edicola   6. _____ il negozio di frutta e verdure

3. _____ il forno   7. _____ la pescheria

4. _____ la gioielleria

C. Vero o falso? Ascolta le frasi e decidi se sono **vere** o **false**. Ogni frase sarà ripetuta due volte.

	vero	falso
1.	☐	☐
2.	☐	☐
3.	☐	☐
4.	☐	☐
5.	☐	☐
6.	☐	☐
7.	☐	☐
8.	☐	☐
9.	☐	☐
10.	☐	☐

D. I pro e i contro di città e paesi. Decidi quali frasi si riferiscono ad un centro urbano e quali
ad un paese di provincia.

a. Il traffico è caotico.
b. Si sentono pochi rumori.
c. Il costo della vita è basso.
d. Il livello di smog non è alto.

e. Offre molti servizi.
f. Ci sono molti mezzi di trasporto pubblici.
g. Ci sono molti abitanti.
h. L'affitto degli appartamenti è più basso.

Centro urbano

1. _____

2. _____

3. _____

4. _____

Paese di provincia

5. _____

6. _____

7. _____

8. _____

E. Quale quartiere scelgo?

Parte prima. Vincenzo ha visto tre appartamenti da affittare in tre quartieri diversi di Roma. Ascolta la conversazione fra Vincenzo e la sua amica Gaia. Dopo scrivi il nome del quartiere in cui si trovano ognuno dei tre appartamenti. La conversazione sarà ripetuta due volte.

(Monteverde)   (Prati)   (Prenestina)

1. _____

3. _____

2. _____

Parte seconda. Vincenzo preferisce un appartamento fra i tre che ha visto, ne parla con sua moglie Carla, ma lei non è d'accordo. Ascolta la loro conversazione e segna gli svantaggi (*disadvantages*) che ha l'appartamento, secondo Carla. La conversazione sarà ripetuta due volte.

1. C'è troppo caos. ☐

2. Non ci sono negozi. ☐

3. La vita è molto noiosa. ☐

4. Le scuole sono lontane. ☐

5. Ci sono file (*lines*) lunghe per ogni cosa. ☐

F. La frase nascosta.
Scrivi le parole che completano le seguenti frasi, poi cancellale dalla scheda. Alla fine le parole rimaste, da sinistra a destra, formeranno una frase.

trasporto	piace	posta	abitanti	librería
mi	panificio	vivere	religioso	città
ufficio postale	monumenti	moderno	urbano	tabaccaio
divertente	tranquillità	stressante	in	caotico

1. Il pane si compra in _____.

2. Le schede telefoniche (*phone cards*) e i tabacchi si vendono dal _____.

3. Il contrario di antico è _____.

4. I libri si vendono in _____.

5. L'autobus è un mezzo di _____.

6. Una grande città ha molti _____.

7. Le lettere si spediscono (*send*) alla _____.

8. La chiesa è un luogo _____.

9. «Posta» è sinonimo di _____.

10. Ci sono molti _____ nel centro storico di Roma.

11. Noioso è il contrario di _____.

12. In una metropoli il traffico è _____.

13. La vita moderna è frenetica e _____.

14. «Città» è sinonimo di centro _____.

15. I miei sono persone calme, gli piace la _____ della vita di paese.

G. Tocca a te!
Scrivi due vantaggi e due svantaggi della vita in città e della vita in un paese di provincia.

_____

_____

_____

_____

_____

_____

trutture

12.1 Chi fu?   The past absolute

A. Che forma è?

Parte prima. Scegli il soggetto giusto del verbo.

		io	tu	lui/lei	noi	voi	loro
1.	andammo	☐	☐	☐	☐	☐	☐
2.	parlasti	☐	☐	☐	☐	☐	☐
3.	lavarono	☐	☐	☐	☐	☐	☐
4.	vide	☐	☐	☐	☐	☐	☐
5.	frequentai	☐	☐	☐	☐	☐	☐
6.	apriste	☐	☐	☐	☐	☐	☐
7.	fosti	☐	☐	☐	☐	☐	☐
8.	ebbi	☐	☐	☐	☐	☐	☐
9.	partirono	☐	☐	☐	☐	☐	☐
10.	ballò	☐	☐	☐	☐	☐	☐

Parte seconda. Scrivi l'infinito dei verbi della **Parte prima.**

1. _____   6. _____

2. _____   7. _____

3. _____   8. _____

4. _____   9. _____

5. _____   10. _____

B. La forma giusta.
Scegli la forma giusta del passato prossimo che corrisponde al verbo al passato remoto.

1. _____ furono   a. sono stato   b. è stato   c. sono stati

2. _____ mangiasti   a. hai mangiato   b. abbiamo mangiato   c. avete mangiato

3. _____ avemmo   a. ho avuto   b. abbiamo avuto   c. hanno avuto

4. _____ scrisse   a. ha scritto   b. avete scritto   c. hanno scritto

5. _____ lavorai   a. ho lavorato   b. hai lavorato   c. avete lavorato

6. _____ finiste   a. ha finito   b. avete finito   c. hanno finito

7. _____ dormii   a. ho dormito   b. hai dormito   c. ha dormito

8. _____ vide   a. hai visto   b. ha visto   c. avete visto

C. Al passato prossimo... Scrivi il passato prossimo dei seguenti verbi.

ESEMPIO: iniziarono → hanno iniziato

1. prese _____
2. lavorò _____
3. ebbero _____
4. arrivò _____
5. cambiarono _____
6. vide _____
7. uscirono _____
8. accettarono _____
9. offrì _____
10. entrarono _____

D. Qual è il verbo?

Parte prima. Ascolta le frasi e scrivi la forma del verbo che senti. Ogni frase sarà ripetuta due volte.

ESEMPIO: *Senti:* Dante fu uno scrittore famosissimo.
Scrivi: fu

1. _____   5. _____
2. _____   6. _____
3. _____   7. _____
4. _____

Check your answers to the **Parte prima** *in the Answer Key at the back of the workbook before doing the* **Parte seconda.**

Parte seconda. Adesso scrivi il passato prossimo dei verbi che hai scritto nella **Parte prima.**

1. _____   5. _____
2. _____   6. _____
3. _____   7. _____
4. _____

E. Giuseppe dimenticò (*forgot*) tutto!

Parte prima. Leggi la storia e scrivi tutte le forme del passato remoto. Dopo scrivi l'equivalente al passato prossimo.

C'era una volta un ragazzo disubbidiente, di nome Giuseppe, che non ascoltava mai nessuno. Un giorno Giuseppe uscì di casa per andare in pescheria per suo padre. Quando arrivò alla pescheria, decise di andare all'edicola accanto (*next door*). All'edicola comprò dei fumetti (*comics*) e poi andò al parco a leggerli. Al parco Giuseppe vide i suoi amici e iniziarono a giocare a calcio. Dopo un'ora smise di (*he stopped*) giocare, andò al panificio e comprò del pane per suo padre. Quando tornò a casa con il pane e i fumetti, il padre gli disse «Dov'è il pesce?» e Giuseppe rispose «Quale pesce?». Il padre si arrabbiò molto e allora Giuseppe andò in pescheria.

	passato remoto		passato prossimo
1.	_____	→	_____
2.	_____	→	_____
3.	_____	→	_____
4.	_____	→	_____
5.	_____	→	_____
6.	_____	→	_____
7.	_____	→	_____
8.	_____	→	_____
9.	_____	→	_____
10.	_____	→	_____
11.	_____	→	_____
12.	_____	→	_____
13.	_____	→	_____
14.	_____	→	_____
15.	_____	→	_____

Parte seconda. Leggi le affermazioni e decidi se sono **vere** o **false.** Se la frase è falsa, riscrivila per renderla vera.

		vero	falso
1.	Il padre disse a Giuseppe di comprare il pane.	☐	☐
	_____		
2.	Giuseppe entrò in pescheria.	☐	☐
	_____		
3.	Giuseppe andò a leggere i fumetti al parco.	☐	☐
	_____		
4.	Giuseppe giocò a calcio con gli amici al parco.	☐	☐
	_____		
5.	Giuseppe tornò a comprare il pesce per suo padre.	☐	☐
	_____		

12.2 *Cosa stavi facendo?* The past progressive

A. Dal presente al passato.
Ascolta le frasi con il presente progressivo e scegli la forma corrispondente al passato progressivo. Le frasi saranno ripetute due volte.

ESEMPIO: *Senti:* Sto lavorando molto.
Vedi: a. Stavi lavorando.
b. Stavamo lavorando.
c. Stavo lavorando.
Scegli: c

1. ____ a. stavate facendo   b. stavamo facendo   c. stava facendo
2. ____ a. stava leggendo   b. stavi leggendo   c. stavo leggendo
3. ____ a. stavi ascoltando   b. stavano ascoltando   c. stavate ascoltando
4. ____ a. stavi studiando   b. stavate studiando   c. stavo studiando
5. ____ a. stavamo scrivendo   b. stavano scrivendo   c. stavo scrivendo
6. ____ a. stavano finendo   b. stava finendo   c. stavate finendo

B. Che cosa stavano facendo?

Parte prima. Completa le frasi con la forma giusta di **stare** all'imperfetto per fare il passato progressivo.

1. Ieri Mario _____ lavando i piatti quando la mamma è tornata a casa.

2. Tu e Giada _____ mangiando un panino al parco quando vi ho visto.

3. La settimana scorsa Alessia e Carla _____ studiando in biblioteca quando il cellulare di Carla ha squillato (*rang*).

4. Io e Filippo _____ prendendo l'autobus quando Stefania è arrivata alla stazione.

5. Giovedì sera Paola _____ guardando la TV a casa quando gli amici sono venuti a trovarla (*came to visit her*).

6. Io _____ facendo la doccia quando ha telefonato Maria.

7. Ho sentito che tu _____ ballando con Teresa quando è caduta (*fell*).

Parte seconda. Adesso completa le frasi con il passato progressivo dei seguenti verbi.

(ascoltare)   (bere)   (cercare)   (lavarsi)   (pranzare)   (preparare)

1. Piero e Luisa _____ al ristorante quando è andata via la luce.

2. Lorenzo _____ l'insalata quando il pollo arrosto si è bruciato (*burned*).

3. (Tu) _____ i denti in bagno quando tuo fratello è entrato.

4. Sabato tu e Anna _____ una birra e intanto parlavate del vostro lavoro.

5. Ieri mattina Elisabetta _____ la musica quando, all'improvviso, il suo computer si è bloccato (*froze*).

6. Io e Francesca _____ il nostro cane Argo quando è tornato a casa.

C. L'estate di Valentina. Guarda le immagini e descrivi quello che stava facendo Valentina quando il suo amico stava facendo la foto.

ESEMPIO: *Vedi:*

Scrivi: Stava dormendo a teatro.

1. _____

3. _____

2. _____

4. _____

(continued)

5. _____

_____

D. Dall'imperfetto al passato progressivo. Ascolta le frasi e scrivi il passato progressivo dei verbi che senti all'imperfetto. Ogni frase sarà ripetuta due volte.

ESEMPIO: *Senti:* Marco leggeva quando Rita è uscita.
Vedi: Marco _____ quando Rita è uscita.
Scrivi: stava leggendo

1. Valeria _____ in piscina quando Giovanni ha telefonato.

2. Diego e Sandra _____ al bar quando hanno visto entrare Susanna.

3. Io _____ la cucina quando Luigi è partito.

4. (*tu*) _____ con Silvia in piazza quando i nonni sono arrivati a casa.

5. Io e Marta _____ una passeggiata quando mia madre mi ha chiamato al telefonino.

6. Tu e Giorgio _____ una pizza venerdì sera quando ha telefonato il padre di Giorgio.

⬤ *Check your answers to this activity in the Answer Key at the back of the workbook.*

E. Tocca a te! E tu, cosa stavi facendo... ? Adesso descrivi quello che stavi facendo alle ore indicate.

Cosa stavi facendo...

1. ieri alle 6.00 di mattina?

_____

2. ieri sera alle 9.00?

_____

3. venerdì scorso alle 10.00 di mattina?

_____

4. sabato scorso alle 23.00?

_____

5. domenica scorsa alle 4.00 del pomeriggio?

_____

12.3 *Dove si vive meglio?* The irregular comparative

A. Sei d'accordo o no? Ascolta le frasi e decidi se sei d'accordo o no. Ogni frase sarà ripetuta due volte.

	sono d'accordo	non sono d'accordo
1.	☐	☐
2.	☐	☐
3.	☐	☐
4.	☐	☐
5.	☐	☐
6.	☐	☐

B. Aggettivo o avverbio? Decidi se bisogna usare un aggettivo (**migliore/peggiore**) o un avverbio (**meglio/peggio**) per completare le frasi.

1. Secondo me, una città è migliore / meglio di un paese.
2. Zia Marta si veste peggiore / peggio di zia Anna.
3. La nonna di Giulio cucina migliore / meglio di sua madre.
4. Le pescherie vicino al mare sono migliori / meglio delle pescherie lontane dal mare.
5. Ieri a cena le patate erano peggiori / peggio dei fagioli (*beans*).
6. La colomba è migliore / meglio del panettone.
7. I servizi nei centri storici sono peggiori / peggio dei servizi nelle periferie.
8. Carlo nuota peggiore / peggio di Salvatore.

C. Le opinioni di Silvia e Matteo.

Parte prima. Silvia e Matteo sono alla partita di calcio e parlano dei giocatori (*players*). Ascolta e completa la loro conversazione con la forma di **migliore, peggiore, meglio** o **peggio** che senti. La conversazione sarà ripetuta due volte.

SILVIA: Allora, chi vince la partita oggi?

MATTEO: Non lo so. Secondo me, il Milan gioca _____[1] della Juventus, ma le cose possono sempre cambiare.

SILVIA: Ma tu sai che quest'anno il Milan ha i _____[2] giocatori di tutta l'Italia. Perderà di sicuro!

MATTEO: Non è vero. Il Milan ha giocato _____[3] di altre squadre all'inizio (*beginning*) della stagione. Poi ha anche uno dei _____[4] giocatori di calcio d'Europa.

SILVIA: Sono sicura che la Juventus oggi vincerà. Giocano sempre _____[5] alla fine della partita. Vedrai che quest'anno saranno loro a vincere il campionato (*championship*).

MATTEO: Beh... vedremo.

● *Check your answers to this activity in the Answer Key at the back of the workbook.*

Parte seconda. Adesso rileggi la conversazione. Dopo ascolta le affermazioni e decidi se sono **vere** o **false**. Le affermazioni saranno ripetute due volte.

	vero	falso
1.	☐	☐
2.	☐	☐
3.	☐	☐
4.	☐	☐
5.	☐	☐

D. Singolare o plurale? Completa le frasi con la forma giusta del singolare o plurale di **migliore** o **peggiore.**

1. Una partita di calcio è miglior_____ di una partita di tennis.

2. Il cavolo (*cabbage*) è peggior_____ dell'insalata.

3. In Italia, le macchine piccole sono miglior_____ delle macchine grandi.

4. Quando fa caldo in estate, i pantaloncini sono miglior_____ dei jeans.

5. Il cibo alla mensa è peggior_____ del cibo al ristorante.

6. Oggi per comunicare, il telefonino è miglior_____ del telefono fisso (*land line*).

7. I ravioli sono peggior_____ degli spaghetti al pomodoro.

E. Che ne pensi? Scrivi le tue opinioni con delle frasi complete usando **migliore** o **peggiore.**

ESEMPIO: *Vedi:* il caffè / il tè
Scrivi: Il caffè è migliore del tè.

1. l'acqua minerale gassata / l'acqua minerale naturale

_____

2. gli occhiali / le lenti a contatto

_____

3. il lavoro / le vacanze

_____

4. il cinema / il teatro

_____

5. gli gnocchi / la pasta

_____

6. la psicologia / la sociologia

_____

7. la cucina cinese / la cucina messicana

_____

12.4 *A Silvia piacciono le scarpe* More about the verb **piacere**

A. Qual è il soggetto? Ascolta le frasi e decidi qual è il soggetto del verbo **piacere**.

1. _____ a. Franco b. la storia italiana
2. _____ a. cucinare b. la nonna
3. _____ a. il teatro b. Filippo e Giacomo
4. _____ a. voi b. i computer
5. _____ a. i bambini b. guardare la TV
6. _____ a. vivere in città b. noi
7. _____ a. andare al mare b. tutti
8. _____ a. io b. studiare la filosofia

B. A chi piace? Scegli la conclusione giusta per ogni frase.

1. Valeria e Lorenzo vanno in discoteca o al bar quasi tutte le sere.
   a. Gli piace uscire. b. Le piace uscire.

2. Tu e Francesco mangiate spesso gli spaghetti, i tortellini e le lasagne.
   a. Ci piace la pasta. b. Vi piace la pasta.

3. Paola guarda un film ogni weekend in centro.
   a. Le piace andare al cinema. b. Gli piace andare al cinema.

4. Io e Rita compriamo sempre i jeans, le maglie e le gonne.
   a. Mi piacciono i vestiti. b. Ci piacciono i vestiti.

5. Giorgio ama studiare gli animali, le piante e l'ambiente (*environment*).
   a. Gli piacciono le scienze naturali. b. Le piacciono le scienze naturali.

6. Hai una chitarra, un violino, un pianoforte e un sassofono.
   a. Vi piace suonare la musica. b. Ti piace suonare la musica.

7. Lucio e Arianna hanno un cane, tre gatti e due pesciolini.
   a. Le piacciono gli animali. b. Gli piacciono gli animali.

C. A chi piacciono? Leggi le frasi e decidi se le persone a cui piacciono le diverse cose possono essere sostituite da **le** o **gli**.

ESEMPIO: *Vedi:* A Elena piacciono le lasagne.
Scegli: le

	gli	le
1. A Mario piace la pasta.	☐	☐
2. A Paola piace studiare.	☐	☐
3. Ai bambini piacciono i tortellini.	☐	☐
4. Ad Arianna piace la campagna.	☐	☐
5. Allo zio piace ascoltare la musica.	☐	☐
6. A Gianna ed Anna piacciono le feste.	☐	☐

D. Mi piace...
Leggi le frasi e scrivi una frase di risposta, con la preposizione **a** e l'articolo determinativo, se è necessario. Utilizza le parole della lista e segui l'esempio.

ESEMPIO: *Vedi:* La mamma ascolta il jazz, il blues e il rock.
Scrivi: Alla mamma piace la musica.

(l'arte) (i dolci) (i film) (la letteratura) (le macchine) (la musica)✓ (la pasta)

1. I bambini mangiano spesso i biscotti, la torta e il gelato.

   _____

2. Mio fratello ha letto tutte le opere di Dante, Pirandello e Calvino.

   _____

3. Sandra e Michela vanno al cinema due volte alla settimana.

   _____

4. Claudia mangia sempre gli spaghetti al ragù.

   _____

5. Gianni e Marcella hanno una Ferrari.

   _____

6. La mia amica sta studiando pittura.

   _____

E. Gli piace...
Ascolta le frasi e riscrivile con un complemento indiretto. Ogni frase sarà ripetuta due volte. Ripeti la risposta.

ESEMPIO: *Senti:* A Giacomo piace sciare.
Scrivi: Gli piace sciare.

1. _____ piace il caffè italiano.

2. _____ piacciono i fuochi d'artificio.

3. _____ piace la storia europea.

4. _____ piacciono le scarpe italiane.

5. _____ piace viaggiare in estate.

6. _____ piace ascoltare la musica in macchina.

F. Cosa gli piace?
Guarda le immagini e scrivi cosa piace alle persone usando la preposizione **a**.

ESEMPIO: *Vedi:*

Massimo

Scrivi: A Massimo piacciono i cani.

1.

Alessia

4.

Alessia e Marina

2.

Marco

5.

la nonna

3.

lo zio

1. _____

2. _____

3. _____

4. _____

5. _____

Cultura

Le città italiane attraverso il tempo

A. Come finisce? Scegli la parola giusta per completare le frasi.

1. Per assicurare una quantità sufficiente di cibo molte città sono state fondate in zone sterili / fertili.
2. La buona salute della popolazione dipende anche dal fatto che una città sia stata fondata dove il clima è mite / umido.
3. Molte città sono state fondate vicino ai fiumi e ai mari per creare condizioni favorevoli alle vacanze / al trasporto delle merci (*goods*).
4. La cima di una collina è un posto favorevole per l'attacco / la difesa della città.
5. In conclusione, queste sono le regole di base per la fondazione / la distruzione di una città.

B. Che tipo di città? Ascolta le frasi e decidi se sono **vere** o **false.** Ogni frase sarà ripetuta due volte.

	vero	falso
1.	☐	☐
2.	☐	☐
3.	☐	☐
4.	☐	☐
5.	☐	☐

C. Quale città? Ascolta le descrizioni di cinque città italiane e abbina ogni descrizione con il nome della città a cui corrisponde. Scrivi la lettera corrispondente. Ogni frase sarà ripetuta due volte.

1. _____   a. Napoli
2. _____   b. Modena
3. _____   c. Siena
4. _____   d. Roma
5. _____   e. Milano

Leggiamo!

Strategie di lettura

✪ **Sintesi.** Usa tutte le strategie che hai imparato finora per capire questo articolo di Alessandra Podestà nella rivista *Vera* che tratta della città di Cagliari in Sardegna. Poi rispondi alle domande.

Lettura

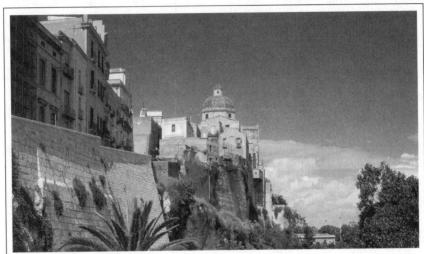

Cagliari, mix d'atmosfere

DALLA GALLERIA MODERNA A SANT'ANNA (itinerario 1)
Una palazzina neoclassica, all'interno dei giardini pubblici, ospita[1] la **Galleria Comunale d'Arte Moderna,** dove sono conservate sculture e pitture delle Neoavanguardie italiane degli anni '60 e '70 e opere di artisti sardi[2] del '900. Da qui, si prosegue[3] per l'**anfiteatro romano** del II secolo d.C. [...] Superato[4] l'**orto[5] botanico,** si arriva alla **villa romana di Tigellio.**[6] [...] Il viale Fra' Ignazio da Iacono porta alla **chiesa di San Michele,** del XVII secolo, importante esempio di Barocco spagnolo. [...] In stile tardo-barocco è la **chiesa di Sant'Anna.**

[1]*houses*   [2]*Sardinian*   [3]*continues*   [4]*Having passed*   [5]*garden*   [6]*Latin poet from the first century* B.C.

A. Identifying the topic sentence. In questo testo, il titolo «Cagliari, mix d'atmosfere» ha la funzione di frase chiave (*topic sentence*). Leggi velocemente e scrivi una lista dei periodi storici che sono menzionati in questo *mix*.

B. Identifying text type.
Il testo descrive la città di Cagliari e indica fra parentesi «(*itinerario 1*)». Questa informazione identifica chiaramente il testo.

Cagliari, mix di atmosfere è un testo _____.

    a. storico
    b. filosofico
    c. turistico
    d. letterario

C. Predicting meaning from text type.

Parte prima. Che tipo di informazioni pensi di leggere in questo tipo di testo? Segna le frasi appropriate.

1. _____ i luoghi e i monumenti da vedere

2. _____ l'orario delle visite

3. _____ le date storiche dei monumenti

4. _____ i ristoranti in cui mangiare

Parte seconda. Ora leggi attentamente tutto il testo su Cagliari. Hai trovato tutte le informazioni che ti aspettavi? Ritorna alla lista e scrivi accanto a ogni tipo di informazione *che hai trovato* un esempio specifico.

                                      Esempio

1. i luoghi da visitare   _____

2. l'orario delle visite   _____

3. le date storiche dei monumenti   _____

4. i ristoranti in cui mangiare   _____

In Italia

Utilizzando le informazioni delle sezioni *In Italia* del libro, decidi se le frasi seguenti sono **vere** o **false**. Se la frase è falsa, cambia una parola per renderla vera.

		vero	falso
1.	Quando sono in vacanza in Italia, i turisti italiani preferiscono andare in un posto di mare piuttosto che visitare una città di interesse storico.	☐	☐
2.	Molte città italiane hanno un buon sistema di mezzi pubblici che comprende gli autobus e i tram.	☐	☐
3.	In genere ci sono tre posti dov'è possibile comprare i biglietti dell'autobus: nelle biglietterie, nelle tabaccherie e nelle biblioteche.	☐	☐

4. Per evitare una multa quando sali in autobus è obbligatorio convalidare
    subito il biglietto.   ☐   ☐

    _____

5. Roma è la città dove si trovano il famoso Palazzo Pitti e il Ponte Vecchio. ☐   ☐

    _____

6. La città di Napoli fu costruita su 117 piccole isole da abitanti del Veneto che   ☐   ☐
    fuggivano dai barbari. Questa città si chiama anche *La Serenissima*.

    _____

Scriviamo!

I benifici delle grandi città. Scrivi un breve testo (100 parole) in cui spieghi quali sono gli aspetti positivi delle grandi città. Utilizza l'esempio sotto ed il vocabolario del libro.

ESEMPIO: Secondo me, le grandi città sono interessantissime. Di solito, ci sono diverse
           opportunità culturali: mostre, esibizioni, musei, teatri che rendono la vita tanto
           piacevole. Ci sono anche molti servizi…

Adesso tocca a te!

Andiamo in ferie!

Capitolo 13

Strategie di comunicazione

A. Suggerimento o desiderio? Decidi se le seguenti frasi esprimono un suggerimento (*suggestion*) o un desiderio (*wish*).

1. Vorrei viaggiare per il mondo.
   a. suggerimento
   b. desiderio

2. Sarebbe una buon'idea consultare un medico.
   a. suggerimento
   b. desiderio

3. Mi piacerebbe vedere il film *8 1/2* di Federico Fellini.
   a. suggerimento
   b. desiderio

4. Non sarebbe meglio uscire alle 23.00 invece delle 21.00?
   a. suggerimento
   b. desiderio

5. Vorrei un gelato al gusto di fragola.
   a. suggerimento
   b. desiderio

B. Come finisce la frase? Abbina alle frasi il completamento appropriato secondo il desiderio espresso.

1. Mi piacerebbe leggere _____.

2. Cosa Le piacerebbe fare _____?

3. Vorrei laurearmi _____.

4. Sarebbe meglio _____.

5. Invece di aspettare,

   non sarebbe meglio _____?

a. essere allegri che ricchi

b. prima di sposarmi

c. il giornale *La Repubblica*

d. fare un giro del mondo quando siamo giovani

e. quando va in pensione

C. Che desiderio! Ascolta le domande e scrivi il numero della domanda accanto alla risposta giusta. **Attenzione!** Leggi le risposte prima di ascoltare le domande. Ogni domanda sarà ripetuta due volte.

_____ a. Sarebbe meglio fare un giro nella fabbrica (*factory*) della Ferrari.

_____ b. Ho sempre voluto abitare in un altro paese.

_____ c. Mi piacerebbe andare in Sardegna per le vacanze estive.

_____ d. È vero. È importante finire l'università per poter trovare poi un lavoro.

_____ e. Sì, veramente, prima di morire, vorrei vedere Pompei.

Pronuncia

Le lettere qu   Pronunciation of the sound /kw/

Le lettere *qu.*

- The sound [kw] is usually spelled **qu** as in the word **quando.** Listen and repeat the following words:

  quando   qualcosa   quattro

- When the combination **qu** is preceded by a **c,** as in the word **acqua,** the sound is slightly lengthened, as with a double consonant.

  Listen and repeat the following words:

  acquatico   acquamarina   acquistare

- However, some words are spelled with a **c** despite the /kw/ sound, such as **cuore** (*heart*) and **scuola.**

Dettato. Scrivi le parole che senti. Ogni parola sarà ripetuta due volte.

1. _____   5. _____   9. _____

2. _____   6. _____   10. _____

3. _____   7. _____

4. _____   8. _____

● *Check your answers to this activity in the Answer Key at the back of the workbook.*

Lessico

Dove vai in vacanza? Talking about vacations

A. Dove andranno in vacanza? Ascolta le preferenze delle seguenti persone quando sono in vacanza. Decidi quali dei quattro posti descritti nelle pubblicità sceglieranno per la loro prossima vacanza. Scrivi la lettera corrispondente. **Attenzione!** Leggi le pubblicità prima di ascoltare le preferenze.

Hotel Il delfino	Hotel Paradiso	Residence Lo sciatore	Albergo I tre castelli
*****	****	***	****
Nella meravigliosa isola d'Elba.	Fine-settimana per soli "single" nella bella Emilia-Romagna.	Sulle bellissime montagne delle Alpi.	Nel centro di Firenze.
Sole, mare e sport acquatici. Divertimenti per grandi e piccoli.	Discoteche aperte fino alle 5 di mattina. Feste organizzate e cene romantiche.	Per chi ama lo sci, i parchi naturali, e i percorsi nel tranquillo verde delle foreste alpine.	A pochi metri dal museo degli Uffizi, nel centro storico e artistico della città.
a.	b.	c.	d.

1. _____   2. _____   3. _____

B. Che fai quest'anno? Abbina le frasi dell'insieme A con le frasi che le completano dell'insieme B.

A	B
1. L'albergo costa di più _____	a. c'è sempre bisogno della prenotazione.
2. Vorrei noleggiare _____	b. un appartamento sul mare.
3. Mi piacerebbe affittare _____	c. partiamo per le Bahamas.
4. Ho già organizzato _____	d. riposarci e rilassarci.
5. Per l'Albergo Excelsior _____	e. ha fatto un errore.
6. L'agenzia di viaggi _____	f. il paracadutismo e il bungee jumping.
7. Fra un mese _____	g. in alta stagione.
8. Andiamo in vacanza perché vogliamo _____	h. il mio prossimo viaggio.
9. Farò molti sport estremi come il trekking, il free-climbing, _____	i. una bicicletta o una mountain bike.

C. Il lago nascosto. Cancella (*Cross out*) i verbi nel quadrato che corrispondono alle definizioni in basso. Dopo scrivi le lettere sottolineate nelle parole rimaste, dall'alto in basso, e ti daranno il nome del lago dove molte famiglie italiane passano l'estate.

PR**E**NOTARE

COSTARE

LAMEN**T**ARSI

ORGANIZZARE

ALL**O**GGIARE

DI**M**ENTICARE

GODERS**I**

NOLE**GG**IARE

PARTIRE

CALC**O**LARE

R**I**POSARSI

1. Divertirsi, essere contento, sentirsi soddisfatto/a di qualcosa.
2. Dire che qualcosa non va bene o non ci piace.
3. Prendere una macchina per qualche giorno o qualche settimana.
4. Andare a fare un viaggio, lasciare la propria casa o città.
5. Chiamare un albergo per riservare una camera.
6. Preparare tutto per un viaggio, mettere tutto in ordine.
7. Non lavorare, stare sdraiato/a, calmarsi dallo stress.

Il lago di ___ ___ ___ ___

D. Gli alberghi sull'Adriatico. Guarda le pubblicità dei due alberghi e rispondi alle domande.

PRESTIGE HOTEL ★★★
PRESTIGE Hotel **CATTOLICA Tel. 0541/963312 Fax 968098** Direttamente sul mare, piscina, completamente climatiz. Camere serv., balcone, tel., tv, cassaforte. Professionalita'. Colaz./insalate a buffet, menu a scelta, specialita' pesce. Parcheggio priv. gratuito, prezzi interessanti, Piano famiglia. Convenzioni spiaggia. www. prestigehotel. it

1. L'Hotel Prestige è vicino o lontano dalla spiaggia?

   _____

2. Si deve pagare qualcosa in più per lasciare la macchina?

   _____

3. Qual è la specialità del ristorante?

   _____

4. Chi non ama il mare, dove può fare il bagno?

   _____

5. Le camere hanno l'aria condizionata?

   _____

ENTRERAI COME CLIENTE
USCIRAI COME AMICO
1965 **HOTEL LINA** ★★★
MISANO ADRIATICO - vicino Riccione
20 mt. mare. Parcheggio custodito. Sale climatizzate. Camere TV-Sat., Tel., cassaforte,[1] balconi. Menu scelta con pesce tutti i giorni, buffet: verdure e colazione. P.C. da € 33,50. SPECIALE LUGLIO FINO 6/8: € 41,50. Sconti famiglie. **Tel. 0541/613263 Fax 0541/ 610437.** www.hotellina.com

[1]*safe*

6. Quando ci sono offerte speciali all'Hotel Lina?

   _____

7. Ogni quanto si può mangiare il pesce in albergo?

   _____

8. Dove si possono lasciare soldi, documenti e gioielli?

   _____

E. Il viaggio di Filippo.
Enzo e Filippo parlano della prossima vacanza di Filippo. Completa il loro dialogo con le frasi appropriate.

ENZO: Ciao Filippo. Ti vedo stanco. Mi sembri pronto per andare in vacanza! Hai deciso dove andrai?

FILIPPO: _____

ENZO: Ah, ma che bella scelta (*choice*)! Anch'io sono stato a Capri l'anno scorso.

FILIPPO: _____

ENZO: Capri è bellissima. È stata una vacanza indimenticabile.

FILIPPO: _____

ENZO: Purtroppo tutto costava moltissimo.

FILIPPO: _____

ENZO: Si poteva fare di tutto: naturalmente nuotare e prendere il sole, e poi andare in barca a vela, fare il kite surf e il rafting e anche fare equitazione nel verde.

FILIPPO: _____

ENZO: Ah, sì, il mare era pulitissimo e l'acqua era sempre azzurra. Vedrai che ti piacerà! Buone vacanze!

F. Quale località è?

Parte prima. Ascolta i due testi e decidi quali immagini corrispondono alle località dove sono andate in vacanza le due famiglie. Ogni testo sarà ripetuto due volte.

a. _____   b. _____   c. _____

Parte seconda. Adesso descrivi l'immagine che resta.

_____

_____

_____

_____

G. Come hanno passato le vacanze?
Descrivi che cosa hanno fatto in vacanza le persone delle immagini.

1. Vera e la figlia Renata

_____
_____
_____
_____

2. Riccardo e Mauro

_____
_____
_____
_____

3. Rosa e Alfredo

_____
_____
_____
_____

(continued)

_____

_____

_____

_____

4. I signori Colantonio

Strutture

13.1 *Vorrei andare in Italia*   The present conditional

A. I verbi al condizionale.   Scrivi il significato dei seguenti verbi e completa le schede con le forme giuste del condizionale presente.

	organizzare _____	decidere _____	finire *to finish*	rilassarsi _____
io	organizzerei			
tu			finiresti	
lui, lei; Lei				si rilasserebbe
noi				
voi		decidereste		
loro				

	essere	fare	dovere	noleggiare	dimenticare
	_____	_____	_____	*to rent*	_____
io					dimenticherei
tu			dovresti		
lui, lei; Lei					
noi	saremmo				
voi				noleggereste	
loro		farebbero			

B. Quale verbo è?

Parte prima. Scrivi l'infinito del verbo che senti. Ogni verbo sarà ripetuto due volte. Dopo una breve pausa sentirai la risposta giusta.

ESEMPIO: *Senti:* mangeremmo
Scrivi: mangiare

1. _____   5. _____
2. _____   6. _____
3. _____   7. _____
4. _____   8. _____

● *Check your answers to this activity in the Answer Key at the back of the workbook.*

Parte seconda. Adesso scegli il soggetto di ogni verbo. Ogni verbo sarà ripetuto due volte. Ripeti la risposta.

ESEMPIO: *Senti:* mangeremmo
Scegli: noi
Dici: noi mangeremmo

	io	tu	lui/lei	noi	voi	loro
1.	☐	☐	☐	☐	☐	☐
2.	☐	☐	☐	☐	☐	☐
3.	☐	☐	☐	☐	☐	☐
4.	☐	☐	☐	☐	☐	☐
5.	☐	☐	☐	☐	☐	☐
6.	☐	☐	☐	☐	☐	☐
7.	☐	☐	☐	☐	☐	☐
8.	☐	☐	☐	☐	☐	☐

C. Cosa farebbero?   Decidi quello che farebbero le seguenti persone nelle seguenti situazioni.

1. A Maria piace molto fare shopping, ma non ha sempre molti soldi. Cosa farebbe con un regalo di €50?
   a. Comprerebbe un paio di scarpe.
   b. Li darebbe in beneficenza (*to charity*).
   c. Pagherebbe la pizza ai suoi amici.

2. Mario è un ragazzo serio e molto studioso. Cosa farebbe durante una vacanza al mare?
   a. Prenderebbe il sole e dormirebbe molto.
   b. Leggerebbe molti libri.
   c. Noleggerebbe una barca a vela.

3. Normalmente Sandra è una persona tranquilla ed allegra. Però adesso ha un nuovo lavoro dove ha più responsabilità e lavora 60 ore alla settimana. È molto stressata e nervosa perché lavora molto e dorme poco, ma vuole tornare ad essere tranquilla ed allegra. Cosa farebbe con una vacanza di un mese?
   a. Farebbe sport di giorno e andrebbe spesso a ballare da mezzanotte fino alle sei di mattina.
   b. Prenderebbe un aereo per una destinazione molto lontana e non direbbe a nessuno dove va.
   c. Affitterebbe una casetta in montagna con degli amici e porterebbe con sè il computer, il telefonino e il fax.

4. Michele e Antonio non hanno mai visto gli Stati Uniti. Hanno voglia di viaggiare e vedere tanti posti diversi. Vengono a trovare i loro parenti che abitano in un piccolo paese del Wisconsin. Cosa farebbero con una macchina per una settimana?
   a. Farebbero un giro del paese dove abitano i parenti.
   b. Farebbero le commissioni (*errands*) per la loro zia.
   c. Andrebbero a New York e poi a Washington D.C.

D. Cosa vorresti fare?

Parte prima. Giulia e Michele parlano dei loro programmi (*plans*) per l'estate. Ascolta il loro dialogo e scrivi le forme dei verbi che senti al condizionale. Il dialogo sarà ripetuto due volte.

GIULIA: Allora Michele, cosa _____[1] fare quest'estate?

MICHELE: Non lo so ancora. Mi _____[2] andare al mare con la mia ragazza per

qualche settimana. Lei _____[3] affittare una casa in Sardegna. Ma

sinceramente non _____[4] andare in vacanza quest'anno perché devo

risparmiare (*save*) soldi e poi ho un paio di esami da preparare. E tu che fai?

GIULIA: _____[5] fare un'escursione in montagna, in Svizzera, con alcuni amici, ma

non sono sicura. _____[6] anche andare dagli zii in Calabria e non mi

_____[7] niente. Nemmeno io so bene che cosa fare.

MICHELE: Organizzare le vacanze è davvero stressante!

GIULIA: Lo dici a me!

● *Check your answers to this activity in the Answer Key at the back of the workbook.*

Parte seconda. Adesso rispondi alle domande con delle frasi complete.

1. Cosa vorrebbe fare la ragazza di Michele per le vacanze?

   _____

2. Perché Michele non dovrebbe andare in vacanza quest'anno?

   _____

3. Dove potrebbe andare Giulia per le vacanze quest'anno?

   _____

4. Alla fine della conversazione, Michele e Giulia hanno deciso che cosa faranno per le vacanze?

   _____

E. Il verbo giusto. Completa le frasi con la forma giusta dei seguenti verbi al condizionale presente.

(andare)   (cambiare)   (dovere)   (essere)

(potere)   (prenotare)   (smettere)   (studiare)

1. Non _____ meglio visitare il duomo domenica mattina?

2. I genitori di Giulia _____ andare in vacanza da soli (*alone*) quest'anno, ma preferiscono portare i figli.

3. Lorenzo _____ a New York con gli amici per Capodanno, ma non ha i soldi per pagare il biglietto d'aereo.

4. (*io*) _____ ingegneria all'università, ma non sono brava in matematica.

5. Tu e Filippo _____ subito di lavorare, ma vi servono (*you need*) dei soldi per pagare i libri di questo semestre.

6. Paola e Franco _____ casa, ma devono ancora vendere (*sell*) la casa che hanno.

7. Io e Luca _____ subito l'albergo, ma non sappiamo ancora se Sandro viene con noi.

8. (*tu*) _____ fare tutti i compiti venerdì sera, così non dovrai studiare tutto il weekend.

F. In modo più gentile. Leggi le frasi e riscrivile in modo più gentile al condizionale.

ESEMPIO: *Leggi:* Mamma, mi puoi dare la macchina?
   Scrivi: Mamma, mi <u>potresti</u> dare la macchina?

1. Diego, mi dai €5? _____

2. Ragazzi, potete parlare piano (*quietly*), per favore? _____

3. Voglio un bicchiere di vino rosso. _____

4. Riccardo, mi fai un favore? _____

5. Puoi cucinare tu stasera? _____

6. Vuoi venire a cena con me? _____

G. Cosa dovrebbe fare Cinzia? Ascolta le seguenti situazioni. Dopo scrivi quello che *dovrebbe* fare Cinzia secondo te. Ogni situazione sarà ripetuta due volte.

ESEMPIO: *Senti:* Cinzia non ha soldi e vuole una macchina nuova.
Scrivi: Cinzia dovrebbe cercare un lavoro.

1. _____
2. _____
3. _____
4. _____
5. _____
6. _____

H. Tocca a te! Hai vinto la lotteria! Cosa faresti con i soldi? Scrivi almeno sei frasi e usa il condizionale quando possibile.

_____
_____
_____
_____
_____
_____
_____

13.2 *Dimmi tutto!* The informal imperative

A. Che cosa dicono? Leggi le situazioni e decidi che cosa direbbero le seguenti persone.

1. _____ Filippo dorme in classe. L'insegnante gli dice…

2. _____ La mamma parla a Gino, ma lui non risponde. La mamma gli dice…

3. _____ Arianna vorrebbe dire qualcosa, ma poi non dice niente. La sua amica le dice…

4. _____ Filippo è a letto e non vuole alzarsi. Suo padre gli dice…

5. _____ Tutti gli studenti hanno preso un brutto voto all'esame. L'insegnante gli dice…

6. _____ Massimo e Paolo hanno appena mangiato i dolci e adesso vanno a letto. La zia gli dice…

7. _____ La cena è pronta, ma tutti parlano e nessuno mangia. Laura dice a tutti…

a. Alzati!
b. Studiate di più!
c. Non dormire!
d. Mangiamo!
e. Rispondimi!
f. Dillo!
g. Lavatevi i denti!

🎧 **B. Decidi!** Ascolta le frasi e decidi se il soggetto dell'imperativo è **tu, noi** o **voi.** Ogni frase sarà ripetuta due volte. Dopo una breve pausa sentirai la risposta giusta.

	tu	noi	voi
1.	☐	☐	☐
2.	☐	☐	☐
3.	☐	☐	☐
4.	☐	☐	☐
5.	☐	☐	☐
6.	☐	☐	☐
7.	☐	☐	☐
8.	☐	☐	☐

C. In cucina! Completa le istruzioni con i verbi giusti all'imperativo. Dopo mettile in ordine cronologico secondo la ricetta.

Parole utili: aggiungere (*to add*), l'albume (*egg white*), bagnare (*to soak*), farcire (*to fill*), i grumi (*lumps*), l'impasto (*mixture*), mescolare (*to mix*), montare (*to whip*), pallido (*pale*), la pirofila (*glass pan*), i savoiardi (*ladyfingers*), sbattere (*to whisk*), spolverare (*to sprinkle*), il tuorlo (*yolk*), una zuppiera (*bowl*)

Il tiramisù

Gli ingredienti
6 tuorli d'uova
225 gr. di zucchero
900 gr. di mascarpone
3 albumi d'uova montati al massimo
600 ml di caffè espresso freddo
42 savoiardi
cacao

Sbattete i tuorli insieme allo zucchero finché l'impasto sia denso e di color giallo pallido. Aggiungete il mascarpone a cucchiaiate e mescolate per eliminare i grumi. Aggiungete infine gli albumi montati e mescolate bene.
Mettete l'espresso raffreddato in una zuppiera di media grandezza. Bagnate i savoiardi una alla volta e distribuiteli in una pirofila. Farcite con metà dell'impasto e spolverate con cacao. Ripetete un'altra volta.

_____ a. _____ gli albumi.

_____ b. _____ con cacao.

_____ c. _____ l'espresso.

_____ d. _____ il mascarpone.

_____ e. _____ i savoiardi.

_1_ f. _____Sbattete_____ i tuorli.

D. Ti dispiacerebbe... ?
Ascolta le seguenti frasi all'imperativo e crea domande più gentili usando l'espressione **ti dispiacerebbe** + infinito. Ogni frase sarà ripetuta due volte.

ESEMPIO: *Senti:* Parla piano!
Scrivi: Ti dispiacerebbe parlare piano?

1. Ti dispiacerebbe _____?

2. Ti dispiacerebbe _____?

3. Ti dispiacerebbe _____?

4. Ti dispiacerebbe _____?

5. Ti dispiacerebbe _____?

6. Ti dispiacerebbe _____?

● *Check your answers to this activity in the Answer Key at the back of the workbook.*

E. Dai, vieni!
Completa le frasi con l'imperativo del verbo giusto.

aprire   darmi   fare   girare   mangiare   parlare   stare   venire

1. Dai ragazze, _____ con noi in discoteca stasera.

2. Non (*tu*) _____ mentre l'insegnante parla!

3. Giorgio, _____ la porta per la signora!

4. (*voi*) _____ a destra, poi a sinistra.

5. Anna, _____ i compiti prima di guardare la TV.

6. _____ in camera tua e non uscire per tutta la sera!

7. Pierino, _____ i soldi.

8. Non _____ troppo cioccolato, ti fa male.

F. Cosa gli dice?
Leggi le seguenti situazioni e scrivi un imperativo appropriato alla situazione.

ESEMPIO: *Leggi:* Fausto è in piazza all'ora di cena e suo padre gli telefona. Cosa dirà il padre a Fausto?
Scrivi: <u>Vieni a casa!</u>

1. Laura è a tavola e non vuole mangiare gli spinaci. Che cosa le dirà suo padre?

   _____

2. Alberto e Francesco vogliono chiedere a Giorgia e Gessica di uscire con loro. Cosa gli diranno?

   _____

3. Mauro ha il libro d'italiano di Lucia e Lucia lo vuole. Che cosa dirà Lucia a Mauro?

   _____

4. La nonna vuole dare dei soldi a Fabiana, ma Fabiana non li vuole prendere. Cosa dirà la nonna a Fabiana?

   _____

5. La macchina di Patrizia è sporca e suo padre non è molto contento. Cosa dirà il padre a Patrizia?

_____

6. L'insegnante sta parlando in classe e gli studenti non lo ascoltano. Cosa dirà l'insegnante agli studenti?

_____

13.3 *Mi dica!* The formal imperative

A. Dove vanno gli imperativi? Inserisci gli imperativi nella categoria giusta.

Si accomodi! Apri la porta! Bevi l'acqua!

Chiuda la finestra! Dammi la valigia! Finisca subito!

Mi dica! Mangia! Parli, per favore! Vai a casa!

formale	**informale**
1. _____	1. _____
2. _____	2. _____
3. _____	3. _____
4. _____	4. _____
5. _____	5. _____

B. Situazioni diverse. Leggi le situazioni e scegli l'imperativo giusto, formale o informale.

1. Il signor Mauri arriva all'albergo e la ragazza alla reception vuole vedere un documento. Cosa dice la ragazza al signor Mauri?
   a. Dammi un documento.
   b. Mi dia un documento.

2. Giacomo ha il telefonino di Rita e lei lo rivuole. Cosa dice Rita a Giacomo?
   a. Ridammi il telefonino.
   b. Mi ridia il telefonino.

3. Il pranzo è quasi pronto e il padre di Filippo lo chiama a tavola. Cosa dice il padre a Filippo?
   a. Venga a mangiare!
   b. Vieni a mangiare!

4. Chiara è in centro e un turista le chiede dov'è il museo di arte antica. Cosa dice Chiara al turista?
   a. Vada diritto, poi a sinistra.
   b. Vai diritto, poi a sinistra.

5. Giulio non ha finito i compiti per oggi. Cosa gli dice l'insegnante?
   a. Li finisca subito.
   b. Finiscili subito.

6. Roberto è al bar con un cliente e gli dice di prendere qualcosa da bere. Cosa dice Roberto al cliente?
   a. Prendi qualcosa.
   b. Prenda qualcosa.

7. Enzo fa una domanda a un signore, ma il signore non risponde. Cosa dice Enzo al signore?
   a. Dica qualcosa.
   b. Di' qualcosa.

C. Formale o informale? Guarda le immagini e scegli le battute (*quips*) appropriate.

1.

    a.   Apra la bocca, per favore.
    b.   Apri la bocca, per favore.

2.

    a.   Mi dia la bambola (*doll*)!
    b.   Dammi la bambola!

3.

    a.   Parli più forte, non La sento.
    b.   Parla più forte, non ti sento.

4.

  a. Mi dia la sua carta d'imbarco, per favore.
  b. Dammi la tua carta d'imbarco, per favore.

5.

  a. Faccia i compiti per domani.
  b. Fai i compiti per domani.

D. Ascolta bene! Ascolta i seguenti imperativi e decidi se sono formali o informali. Ogni imperativo sarà ripetuto due volte. Dopo una breve pausa sentirai la risposta giusta.

ESEMPIO: *Senti:* Mi ascolti.
          Scegli: **formale**   **informale**
                       ☑   ☐

	formale	**informale**
1.	☐	☐
2.	☐	☐
3.	☐	☐
4.	☐	☐
5.	☐	☐
6.	☐	☐
7.	☐	☐

E. Dall'informale al formale. Trasforma i seguenti imperativi dalla forma informale alla forma formale.

ESEMPIO: Aspetta un momento. → Aspetti un momento.

1. Vieni qui un attimo. _____

2. Ripeti il tuo nome. _____

3. Leggi questo. _____

4. Ascoltami, per favore. _____

5. Scrivi il tuo indirizzo. _____

6. Parla piano (*slowly*). _____

7. Vai diritto, poi a destra. _____

F. All'imperativo. Trasforma le seguenti frasi all'imperativo formale.

ESEMPIO: Mi può telefonare domani mattina? → Mi telefoni domani mattina.

1. Mi può dare il suo numero di telefono? →

   _____

2. Le dispiace venire a Roma il prossimo weekend? →

   _____

3. Mi può dire qual è il problema? →

   _____

4. Le dispiacerebbe mettere la sua firma? →

   _____

5. Mi potrebbe ascoltare senza interrompere? →

   _____

6. Le dispiacerebbe aspettare qui una quindicina di (*about fifteen*) minuti? →

   _____

7. Mi può organizzare un viaggio in Inghilterra per quest'estate? →

   _____

Le vacanze degli italiani

A. Come finisce? Scegli la parola giusta per completare le frasi.

1. Di solito, le persone che lavorano hanno <u>un mese / due mesi</u> di vacanza all'anno.
2. Gli studenti, però, sono più fortunati e hanno <u>tre / quattro</u> mesi di vacanza all'anno.
3. Il mese in cui più gente va in vacanza è <u>luglio / agosto</u>.
4. Nel periodo delle ferie gli alberghi sono <u>affollatissimi / deserti</u>.
5. Per le vacanze d'estate la maggior parte degli italiani va <u>al mare / in montagna</u>.

B. Il Ferragosto. Ascolta le frasi e decidi se sono **vere** o **false**. Se la frase è falsa, scegli l'espressione appropriata della lista per renderla vera. Ogni frase sarà ripetuta due volte.

sulla costa adriatica   **il 15 agosto**   **solo i servizi essenziali**

	vero	falso	
1.	☐	☐	espressione: _____
2.	☐	☐	espressione: _____
3.	☐	☐	espressione: _____
4.	☐	☐	espressione: _____
5.	☐	☐	espressione: _____

C. Che tipo di vacanza? Ascolta le frasi e abbina ciascuna frase con la vacanza giusta. Ogni frase sarà ripetuta due volte. **Attenzione!** Alcune vacanze si ripetono.

1. _____   a. il Ferragosto
2. _____   b. la Settimana bianca
3. _____   c. la Pasquetta
4. _____
5. _____

Strategie di lettura

Identifying the audience of a text.
Whether they are novels, newspaper articles, shopping lists, or e-mails, texts are written for a public. An author that wishes to communicate with the reader will keep her or him in mind while writing. Being able to identify the intended audience of a text can help you put the message in context and aid your understanding.

Lettura

Le pubblicità sono scritte per un pubblico specifico. Leggi le due pubblicità e rispondi alle domande per capire a chi sono rivolte (*directed*).

Hotel TERME ANTONIANO
Montegrotto Terme (PD)
(tel. 049-794177; fax 794257)

Il segreto della salute che viene dall'antichità.
Vacanze & Cure dei Fanghi[1]
3 Hotel in Montegrotto Terme (PD)

Nuoto e ginnastica riabilitativa nelle nostre grandi piscine coperte e scoperte e a diverse temperature, 200.000 mq di parchi, campi da tennis, minigolf, bocce, parcheggi a vostra disposizione nei 3 Hotel.

---

[1]*mud*

L'Agriturismo LA VALLE

Sorge[1] a 4 km dal mare, alle spalle delle migliori discoteche della riviera romagnola, è l'ideale per mettere d'accordo tutta la famiglia, dal più piccolo all'adulto.
Offre i prodotti dell'azienda agricola, cucina romagnola; le camere sono dotate di[2] bagno, parcheggio auto, box[3] per cavalli, parco attrezzato per pic-nic e soprattutto molta tranquillità.

Venite a trovarci!!

Per prenotazione:
Agriturismo LA VALLE
S. Andrea In Besanigo
Corlano (RN)
Via Ca' Tommasini, 20
(tel. 0541-657639)

[1]*Located*   [2]dotate... *equipped with*   [3]*stalls*

A. Quale luogo? Secondo te, in quale luogo potrebbe fare una vacanza chi ha le seguenti preferenze?

	Hotel Terme Antoniano	La Valle
1. chi ama i trattamenti spa per la salute	☐	☐
2. chi ama la natura	☐	☐
3. chi ama la discoteca	☐	☐
4. chi ama lo sport	☐	☐
5. chi ama il relax	☐	☐

B. Puoi identificare il pubblico?

Parte prima. Secondo te, a quali persone sono indirizzate (*addressed*) le pubblicità?

	Hotel Terme Antoniano	La Valle
1. alle famiglie	☐	☐
2. alle persone sportive	☐	☐
3. alle persone che amano la natura	☐	☐
4. alle persone con l'artrite (*arthritis*)	☐	☐
5. alle persone che amano la cucina regionale	☐	☐

Parte seconda. Ritorna alla lista precedente e scrivi accanto ad ogni gruppo di persone le parole della pubblicità che sostengono la tua opinione.

1. _____
2. _____
3. _____
4. _____
5. _____

In Italia

Utilizzando le informazioni delle sezioni *In Italia* del libro, decidi se le frasi seguenti sono **vere** o **false**. Se la frase è falsa, cambia una parola per renderla vera.

	vero	falso
1. Quando sono in vacanza, gli italiani praticano sempre di più gli sport estremi, come il bungee jumping e il paracadutismo.	☐	☐
2. Se si va su una spiaggia «normale» in Italia, non è necessario noleggiare ombrelloni e lettini.	☐	☐
3. Le isole Tremiti sono composte da un arcipelago di sette isole vulcaniche a nord della Sicilia; l'isola più grande si chiama Lipari.	☐	☐

_____

_____

_____

(continued)

4. Gli italiani passano la Settimana verde in montagna. ☐ ☐

_____

5. L'agriturismo, dove è possibile stare in una fattoria (*farm*) e mangiare del cibo della tradizione contadina, è un'alternativa popolare per le vacanze in Italia. ☐ ☐

_____

6. La gita «fantastica» è il viaggio che gli studenti delle scuole italiane fanno ogni anno in luoghi di particolare importanza culturale, in Italia o all'estero. ☐ ☐

_____

Scriviamo!

In vacanza negli USA? Scrivi un'e-mail (100 parole) alla tua amica Stefania in cui le dai qualche consiglio (*advice*) su dove andare in vacanza negli Stati Uniti o nel tuo paese d'origine. Utilizza l'esempio sotto ed il vocabolario del libro.

ESEMPIO:

Cara Stefania,
quando verrai qui negli USA, ti consiglio di andare a New York per una vacanza meravigliosa. Lì è possibile visitare la Statua della Libertà e salire sul famoso Empire State Building. Devi mangiare a...

Adesso tocca a te!

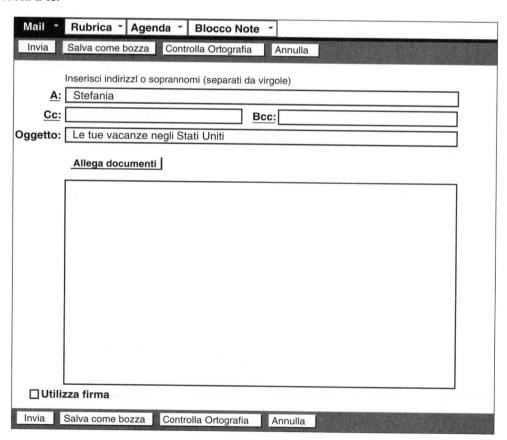

Chi sono gli italiani?

Strategie di comunicazione

A. Cosa si fa? / Come si fa? Abbina ogni domanda con la risposta giusta. **Attenzione!** Usa ogni risposta *una sola volta*. C'è una risposta in più.

1. _____ Come si fa per prendere un voto alto in matematica?
2. _____ Cosa si fa al mare?
3. _____ Cosa si fa per festeggiare il compleanno in Italia?
4. _____ Cosa si fa per tenersi in forma (*stay in shape*)?
5. _____ Come si fa per imparare un'altra lingua molto bene?

a. Si va al supermercato.
b. Si va all'estero.
c. Si studia molto.
d. Si prende il sole.
e. Si invitano gli amici a cena.
f. Si fa molta ginnastica e un po' di body-building.

B. Qual è l'ordine giusto? Metti le seguenti azioni nell'ordine in cui bisogna farle da 1 (la prima azione) a 5 (l'ultima).

1. Come si fa per prepararsi per un esame?
   a. _____ Si dà l'esame.
   b. _____ Si prendono gli appunti.
   c. _____ Si frequentano le lezioni.
   d. _____ Si fanno i compiti.
   e. _____ Si va a letto presto la sera prima.

2. Come si fa per cambiare casa?
   a. _____ Si cerca un appartamento.
   b. _____ Si fa il trasloco (*move*).
   c. _____ Si va a vedere l'appartamento.
   d. _____ Si firma il contratto.
   e. _____ Si chiede agli amici di venire ad aiutare.

C. Quale domanda si fa?
Ascolta le domande e scegli la risposta giusta. Ogni domanda sarà ripetuta due volte.

1. _____   a. Si dorme a lungo.   b. Il weekend fa sempre bel tempo.

2. _____   a. Le case costano moltissimo.   b. Un annuncio sul giornale può aiutare.

3. _____   a. Si dice «Auguri! Buon compleanno!»   b. Sì, ho ventidue anni.

4. _____   a. Il Natale è sempre il 25 dicembre.   b. Si fa un cenone con tutta la famiglia.

5. _____   a. C'è un treno diretto.   b. Bologna è lontana da Roma.

Pronuncia

Le lettere r e rr
Pronunciation of the sounds /r/ and /rr/

Le lettere r e rr.

- The sound /r/ is spelled **r** and is pronounced with a single flutter of the tip of the tongue against the ridge above the upper front teeth.

  Listen and repeat the following words:

  droga   **freddo**   **regione**   **Roma**

- The sound /rr/ is spelled **rr** and is produced with a multiple flutter of the tip of the tongue.

  Listen and repeat the following words:

  arrosto   **birre**   **corriamo**   **guerra**

Dettato.
Scrivi le parole che senti. Ogni parola sarà ripetuta due volte.

1. _____   6. _____

2. _____   7. _____

3. _____   8. _____

4. _____   9. _____

5. _____   10. _____

Lessico

La società italiana oggi

Talking about Italian society today

A. I problemi sociali. Segna le parole che indicano un problema sociale.

1. _____ la noia
2. _____ la fame
3. _____ la disoccupazione
4. _____ la tecnologia
5. _____ la chiave

6. _____ la droga
7. _____ la lavatrice
8. _____ il governo
9. _____ la violenza
10. _____ la delinquenza

B. Le coppie di contrari. Abbina le parole contrarie e scrivi le lettere corrispondenti di ogni coppia.

a. giovane
b. povertà
c. aumentare
d. nascita

e. sposarsi
f. anziano
g. divorziare
h. ricchezza

i. godere
j. lavoro
k. soffrire
l. diminuire

m. tempo libero
n. guerra
o. morte
p. pace

1. __ __   3. __ __   5. __ __   7. __ __

2. __ __   4. __ __   6. __ __   8. __ __

C. Le testate (*headlines*) di giornale.

Parte prima. Ecco alcune testate tratte dal *Gazzettino di Livorno*. Abbina le immagini con le testate corrispondenti. Scrivi la lettera giusta.

1. _____ Aumento dell'1,5% del tasso di disoccupazione per lo scorso settembre.

a.

2. _____ L'uso della droga cresce nei quartieri di periferia.

b.

(*continued*)

3. _____ I cittadini di Centocelle uniti contro la delinquenza.

c.

4. _____ Le pensioni avranno un calo a novembre.

d.

5. _____ Il livello di volontariato in aumento fra i giovani sotto i 20 anni.

e.

6. _____ L'invecchiamento si vince con la ginnastica.

f.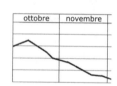

🎧 **Parte seconda.** Ascolta la prima frase dei sei articoli della **Parte prima.** Abbina le frasi alle immagini corrispondenti. Scrivi la lettera giusta. Ogni frase sarà ripetuta due volte.

a.

c.

e.

b.

d.

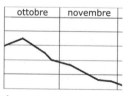

f.

1. _____ 2. _____ 3. _____ 4. _____ 5. _____ 6. _____

D. Radio aperta. La stazione radio *Radio Sole 101.1* lascia spazio ogni giovedì ai cittadini che vogliono lamentarsi di ciò che non va bene nella società. Ascolta le tre chiamate (*phone calls*) e decidi a quale persona corrisponde ogni chiamata. Scrivi il numero della chiamata che senti accanto alla lettera giusta. Ogni chiamata sarà ripetuta due volte. **Attenzione!** C'è una foto in più.

a. _____ b. _____ c. _____ d. _____

E. La società moderna. Completa le frasi con una delle parole della lista. Ci sono 10 parole; devi usarne solo otto.

(disoccupati) (emigra) (età) (noia) (pensionato)

(problema) (sciopero) (solitudine) (tasse) (tasso)

1. Il _____ di disoccupazione è la percentuale di disoccupati.

2. Un anziano può andare all'università della terza _____.

3. I _____ sono le persone che non hanno un lavoro.

4. La _____ è la mancanza (*lack*) di divertimento.

5. I cittadini pagano le _____ al governo.

6. Una delle ragioni per cui si _____ dal proprio paese è la povertà.

7. Chi si sente solo soffre di _____.

8. La delinquenza è un grande _____ sociale.

F. Cruciverba. Scrivi le risposte alle definizioni nelle caselle appropriate del cruciverba.

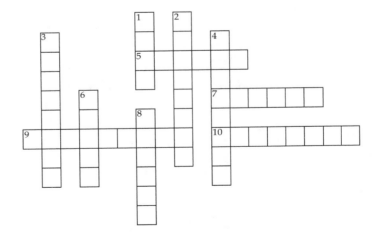

Orizzontali

5. Un disoccupato non lo ha.
7. I soldati devono essere pronti a fare questa.
9. Completare l'università.
10. Il fenomeno di odio contro una razza diversa.

Verticali

1. Significa «abbassamento» o «diminuizione».
2. Si fa quando si vuole terminare un matrimonio.
3. Lasciano il loro paese per cercare lavoro.
4. Prendere la droga.
6. È la fine della vita fisica.
8. Se c'è l'inflazione, questi aumentano.

G. Criptogramma.

Parte prima. Scrivi le parole corrispondenti alle definizioni. Alla fine scrivi in basso le lettere corrispondenti ai numeri e queste formeranno la parola corrispondente alla definizione in neretto.

1. Lo stato delle persone che non hanno soldi.

       __ __ V __ __ __ __
       1   2   3   4   5   6   7

2. Le persone che vivono in un paese diverso dal loro.

       I __ __ __ __ __ __ __ __
       8   9   10   11   12   13   14   15   16

3. Sinonimo di unirsi (*uniting*) in matrimonio.

       __ __ __ __ __ __ __ __
       17   18   19   20   21   22   23   24

4. La parte della vita dopo i sessant'anni.

       V __ __ __ __ __ __ __ A
       25   26   27   28   29   30   31   32   33

5. L'evento in cui un bambino viene al mondo.

       __ __ __ __ __ __ __
       34   35   36   37   38   39   40

6. Sono alti quando c'è l'inflazione.

       __ __ __ __ __ __
       41   42   43   44   45   46

7. Gli abitanti di una città.

       C __ __ __ __ __ __ __ I
       47   48   49   50   51   52   53   54   55

8. Un periodo senza guerre.

       __ __ __ __
       56   57   58   59

       Quella vera (*A true one*) **è difficile da trovare:** __ __ __ __ __ __ __ __
                                          7   9   24   27   38   44   48   57

Parte seconda. Scrivi tre frasi usando almeno tre parole della **Parte prima.**

1. _____

2. _____

3. _____

Strutture

14.1 *Si può?*   Si + verb

A. Singolare o plurale?   Leggi le frasi e scegli la forma giusta.

1. In Italia si <u>studia / studiano</u> le lingue alla scuola media.
2. A Roma si <u>trova / trovano</u> molte chiese antiche.
3. In Italia si <u>cena / cenano</u> verso le otto di sera.
4. In Italia, se possibile, si <u>va / vanno</u> a casa per il pranzo.
5. Negli Stati Uniti non si <u>fa / fanno</u> gli esami orali all'università.
6. Si <u>gioca / giocano</u> molto a calcio in tutto il mondo.
7. Non si <u>mangia / mangiano</u> spesso gli hamburger in Italia.

B. La scelta giusta.   Ascolta le frasi e scegli il complemento giusto. Ogni frase sarà ripetuta due volte.

ESEMPIO: *Senti:* A casa si fanno _____.
 Vedi: a. i compiti   b. lo yoga
 Scegli: a. i compiti

1. _____   a. il caffè   b. i cappuccini
2. _____   a. il tema   b. le e-mail
3. _____   a. la filosofia politica   b. le scienze politiche
4. _____   a. la pasta   b. gli spaghetti
5. _____   a. il giubbotto   b. i pantaloni
6. _____   a. la carta di credito   b. i soldi
7. _____   a. la macchina   b. le biciclette

C. Dove si fanno queste cose?   Ascolta le descrizioni e decidi dove si fanno le attività. Ogni descrizione sarà ripetuta due volte.

1. _____   a. in biblioteca   b. in banca   c. alla lezione d'italiano
2. _____   a. all'università   b. al museo   c. al ristorante
3. _____   a. in farmacia   b. a scuola   c. all'ospedale
4. _____   a. alla macelleria   b. al panificio   c. al negozio di frutta e verdura
5. _____   a. alla pescheria   b. in edicola   c. dal tabaccaio
6. _____   a. al cinema   b. al duomo   c. a teatro

D. Quale verbo si usa?   Completa le frasi con **si** + la forma giusta di uno dei verbi.

(andare)   (cambiare)   (comprare ✓)   (conoscere)
(fare)   (leggere)   (mettersi)   (uscire)   (votare)

ESEMPIO: In edicola <u>si comprano</u> i giornali e le riviste.

(continued)

1. In un corso di letteratura _____ romanzi interessanti.

2. Il primo anno dell'università _____ molte persone nuove.

3. Durante il weekend _____ con gli amici.

4. In America _____ a 21 anni.

5. In Italia _____ a scuola dal lunedì al sabato.

6. Quando fa bel tempo la sera _____ una passeggiata.

7. Negli Stati Uniti _____ casa spesso.

8. Quando fa caldo _____ i pantaloncini e i sandali.

E. Si vede che... Cambia le seguenti frasi secondo l'esempio. Usa la fantasia.

ESEMPIO: *Vedi:* Marco prepara spesso il pranzo e la cena per la sua famiglia.
Scrivi: Si vede che gli piace cucinare.

1. Laura vuole fare la veterinaria.

   Si vede che _____

2. Filippo e Roberto sono andati in biblioteca quattro volte questa settimana.

   Si vede che _____

3. Veronica e Giuseppina hanno lezione tutti i giorni di mattina e devono lavorare tutte le sere.

   Si vede che _____

4. Gianna parla bene l'inglese e il francese.

   Si vede che _____

5. Enrico non va volentieri (*willingly*) a scuola.

   Si vede che _____

F. Tante cose! Cosa si fa con le seguenti cose? Scrivi delle frasi complete.

1. il latte, la farina (*flour*), il burro, lo zucchero, le uova

   _____

2. lo zaino, la penna, il quaderno, il libro

   _____

3. il costume da bagno, gli occhiali da sole, l'abbronzante, l'ombrellone

   _____

4. i pomodori, la cipolla, l'aglio, l'olio d'oliva

   _____

5. gli scarponi (*hiking boots*), il maglione, il giubbotto, la sciarpa, i guanti, il cappello

   _____

6. il computer, il dizionario, la scrivania, la sedia

   _____

G. Cosa si fa? Rispondi alle seguenti domande usando **si** + verbo.

1. Dove si va in vacanza d'inverno?

   _____

2. Cosa si fa per il compleanno di un amico?

   _____

3. A che ora si pranza in Italia?

   _____

4. Dove si va quando fa molto caldo in estate?

   _____

5. Cosa si fa per prendere un bel voto in chimica?

   _____

6. Cosa si fa per guadagnare dei soldi?

   _____

14.2 *Penso che sia giusto così* The present subjunctive

A. Le forme giuste. Scrivi il significato dei seguenti verbi e completa le schede con le forme giuste del congiuntivo presente.

	studiare _____	leggere *to read*	aprire _____	pulire _____
io				
tu	studi			pulisca
lui, lei; Lei				
noi			apriamo	
voi				
loro		leggano		

(continued)

	avere	essere	fare	noleggiare	uscire
io				noleggi	
tu					esca
lui, lei; Lei		sia			
noi					
voi	abbiate				
loro			facciano		

B. Che ne pensi? Scegli la risposta appropriata al congiuntivo per completare le frasi.

1. Io e i compagni pensiamo che l'università ____.
   a. è difficile
   b. sia facile

2. I miei amici credono che io ____.
   a. studi molto
   b. studio poco

3. L'insegnante d'italiano crede che io ____.
   a. faccia i compiti questo weekend
   b. non studio l'italiano questo weekend

4. Penso che i miei amici ____.
   a. escono con me questo weekend
   b. studino con me in biblioteca questo weekend

5. Crediamo che i professori ____.
   a. capiscano le difficoltà degli studenti
   b. ascoltano gli studenti quando hanno difficoltà

6. Io e i compagni pensiamo che ____.
   a. ci siano troppi esami questa settimana
   b. ci sono pochi giorni per prepararsi agli esami

C. Congiuntivo o indicativo?
Ascolta le frasi e decidi se ciascuna frase è al congiuntivo o all'indicativo. Ogni frase sarà ripetuta due volte. Dopo una breve pausa sentirai la risposta giusta.

	congiuntivo	indicativo
1.	☐	☐
2.	☐	☐
3.	☐	☐
4.	☐	☐
5.	☐	☐
6.	☐	☐
7.	☐	☐

D. I verbi al congiuntivo.

Parte prima. Segna i verbi al congiuntivo.

1. _____ vada
2. _____ aumentano
3. _____ dimentichiate
4. _____ fanno
5. _____ siete
6. _____ decida

7. _____ abbiano
8. _____ cresce
9. _____ accettate
10. _____ si lamentino
11. _____ parta
12. _____ cala

● *Check your answers to the* **Parte prima** *in the Answer Key at the back of the workbook before doing the* **Parte seconda.**

Parte seconda. Adesso scrivi le forme equivalenti al congiuntivo dei verbi della **Parte prima** che non sono al congiuntivo.

1. _____
2. _____
3. _____

4. _____
5. _____
6. _____

E. I verbi giusti.
Completa le frasi con la forma giusta del congiuntivo di uno dei seguenti verbi.

ammalarsi   credere   crescere   essere

fare   lamentarsi   organizzare

1. La mamma pensa che Alberto _____ se gioca in giardino quando fa freddo.

2. Il professore crede che gli studenti _____ troppo a lezione per il fatto che non vogliono studiare durante il weekend.

3. Laura pensa che la delinquenza _____ un grande problema nella sua città.

4. Carlo vuole che per il viaggio di nozze a Venezia Lisa _____ la prenotazione per un albergo di lusso (*luxury*).

(continued)

5. Enrico vuole che i professori _____ una gita a Roma.

6. Tutti credono che il consumo di droga _____ molto nelle grandi città europee.

7. La mamma di Leonardo non pensa che suo figlio _____ a Babbo Natale.

F. Penso che...

Parte prima. Gianni e Alessia non sanno cosa fare stasera. Ascolta e completa il loro dialogo con i verbi che senti al congiuntivo o all'indicativo. Il dialogo sarà ripetuto due volte.

GIANNI: Pensi che Giacomo e Lucia _____[1] con noi stasera?

ALESSIA: Non lo _____.[2] Ma credo che _____[3] al cinema.

GIANNI: A che ora ci vanno?

ALESSIA: Penso che il film _____[4] alle 8.30.

GIANNI: Vuoi andare al cinema con loro?

ALESSIA: Meglio di no! _____[5] voglia di andare da soli.

GIANNI: Ho capito... pazienza. _____[6] uscire con loro un'altra volta.

▶ *Check your answers to the **Parte prima** in the Answer Key at the back of the workbook before doing the **Parte seconda**.*

Parte seconda. Scrivi i verbi del dialogo che hai scritto nella **Parte prima** nella categoria giusta.

congiuntivo	indicativo
_____	_____
_____	_____
_____	_____

G. Credo che... Completa le frasi con le tue opinioni. Usa il congiuntivo presente.

1. Credo che l'italiano _____.

2. Non penso che i cittadini _____.

3. Credo che i miei amici _____.

4. Penso che la mia università _____.

5. Non credo che la mia città _____.

6. Penso che le vacanze _____.

7. Credo che la delinquenza _____.

H. Che cosa pensi di Marina? Guarda l'immagine di Marina e scrivi quello che pensi di lei. Scrivi almeno cinque frasi e usa il congiuntivo quando è necessario.

Penso che Marina _____

_____

_____

_____

_____

14.3 *È bello che tu impari l'italiano*
Verbs and expressions followed by the subjunctive

A. Ma che fa Sandro?

Parte prima. Leggi le frasi e scegli la ragione per cui si usa il congiuntivo.

    a. opinione   b. desiderio   c. sentimento personale

    d. giudizio con un'espressione impersonale   e. necessità   f. dubbio

1. ____ La moglie vuole che Sandro si alzi per andare a lavorare. Dovrebbe uscire di casa fra 15 minuti.

2. ____ Pare che Sandro non vada in ufficio da due giorni.

3. ____ È probabile che Sandro e il suo migliore amico facciano colazione al bar stamattina.

4. ____ Ogni mattina alle 7.00 Carla esce di casa, ma teme che suo marito Sandro non si svegli.

5. ____ È strano che tu e Sandro giochiate a tennis per due ore tutti i pomeriggi perché Sandro ha sempre molti appuntamenti con i clienti.

6. ____ Immagino che i colleghi di Sandro siano un po' arrabbiati, perché Sandro lavora poco.

7. ____ Bisogna che Sandro non stia sempre a casa il sabato perché ha molto lavoro arretrato (*piled up*).

(continued)

Parte seconda. Adesso rileggi le affermazioni della **Parte prima** e decidi cosa succederà a Sandro.

1. ☐ Tra un mese Sandro sarà disoccupato.

2. ☐ Tra un mese Sandro sarà promosso (*promoted*).

B. I desideri della mamma di Giuseppe.
La madre parla di suo figlio Giuseppe. Ascolta e scegli la ragione per cui si usa il congiuntivo. Ogni frase sarà ripetuta due volte. Dopo una breve pausa sentirai la risposta giusta.

	opinione	dubbio	desiderio	sentimento personale	necessità	giudizio con un'espressione impersonale
1.	☐	☐	☐	☐	☐	☐
2.	☐	☐	☐	☐	☐	☐
3.	☐	☐	☐	☐	☐	☐
4.	☐	☐	☐	☐	☐	☐
5.	☐	☐	☐	☐	☐	☐
6.	☐	☐	☐	☐	☐	☐
7.	☐	☐	☐	☐	☐	☐
8.	☐	☐	☐	☐	☐	☐

C. Ascolta bene!

Parte prima. Ascolta le conversazioni e scrivi le espressioni che senti che richiedono il congiuntivo. Ogni conversazione sarà ripeuta due volte.

> ESEMPIO: *Senti:* Penso che vada a New York.
> *Scrivi:* Penso che

1. _____

2. _____

3. _____

4. _____

5. _____

● *Check your answers to this activity in the Answer Key at the back of the workbook.*

Parte seconda. Adesso ascolta di nuovo le conversazioni e scrivi i verbi che senti al congiuntivo. Ogni conversazione sarà ripetuta due volte.

> ESEMPIO: *Senti:* Penso che vada a New York.
> *Scrivi:* vada

1. _____

2. _____

3. _____

4. _____

5. _____

● *Check your answers to this activity in the Answer Key at the back of the workbook.*

D. Che ne dici tu? Completa le tue reazioni personali alle seguenti affermazioni, usando un'espressione che richiede il congiuntivo. **Attenzione!** Usa un'espressione diversa per ogni affermazione.

1. Alberto ha comprato la macchina nuova.

   _____ la macchina sia veloce.

2. Gianluca non ha studiato per l'esame di chimica.

   _____ lui prenda un brutto voto all'esame.

3. Rita e Mario non sono andati in chiesa domenica.

   _____ non siano ammalati.

4. Piove oggi e fa freddissimo!

   _____ non faccia bel tempo neanche domani.

5. Sono andata a casa della nonna a prendere il caffè, ma la nonna non c'era.

   _____ che la nonna dimentichi sempre quando devi andare a trovarla.

6. Federica oggi non è andata al lavoro e non risponde al telefono.

   _____ dorma ancora.

7. Sofia non vuole andare in Canada con la sua classe quest'anno.

   _____ abbia paura di volare.

E. Che cosa pensano? Completa i dialoghi con il congiuntivo di uno dei seguenti verbi.

(avere)   (cambiare)   (essere)   (parlare)   (rompersi)   (trovare)

1. —Perché lavora così tanto Marco?

   —È possibile che _____ bisogno di soldi per comprare una macchina nuova.

2. —Dove abita Rita?

   —Abita in via Roma adesso, ma credo che _____ casa tra un mese.

3. —A Giulio piace il suo nuovo lavoro?

   —No, non gli piace per niente. Spero che _____ qualcos'altro.

4. —Dov'è Diego? Non viene a fare colazione con noi?

   —No. Ho telefonato a casa sua e non risponde. Immagino che _____ ancora a letto.

5. —Mamma, posso andare a giocare a calcio con gli amici?

   —No, no. Non voglio che tu _____ l'altra gamba.

6. —Come sta Silvana?

   —Non lo so. È strano che lei non _____ mai dei suoi problemi con me. Siamo ottime amiche.

F. Non lo voglio fare! Le preferenze dei genitori sono diverse dalle preferenze dei loro figli. Completa le preferenze dei genitori. **Attenzione!** Usa il congiuntivo.

    ESEMPIO: *Vedi:*   Gianna vuole andare all'Università di Palermo.
             Scrivi: Il padre vuole che Gianna <u>vada all'Università di Venezia</u>.

1. Carla preferisce studiare la storia dell'arte.

   La madre preferisce che Carla _____.

2. Paolo vuole comprare una nuova moto.

   Il padre vuole che Paolo _____.

3. Enrico vuole andare al bar stasera.

   I genitori vogliono che Enrico _____.

4. Valerio preferisce andare al mare con la sua ragazza domenica.

   La mamma preferisce che Valerio _____.

5. Lorenzo e Tommaso non vogliono stare alla residenza universitaria l'anno prossimo.

   I genitori vogliono che Lorenzo e Tommaso _____.

6. Simona vuole passare un anno dell'università negli Stati Uniti.

   Il padre vuole che Simona _____.

G. Tocca a te!

Parte prima. Abbina le frasi dell'insieme A con le frasi dell'insieme B per formare delle domande logiche.

A	B
1. Con chi pensi di ___	a. i tuoi genitori andranno in pensione?
2. Dove pensi di ___	b. tu spenda troppi soldi?
3. I tuoi genitori credono che ___	c. uscire questo weekend?
4. Cosa pensi di ___	d. fare l'estate prossima?
5. Quando pensi che ___	e. vivere tra 10 anni?

Parte seconda. Adesso rispondi alle domande che hai formato nella **Parte prima.**

1. _____
2. _____
3. _____
4. _____
5. _____

La nuova demografia d'Italia

A. Come finisce?   Scegli la parola giusta per completare le frasi.

1. Nel prossimo futuro in Italia aumenterà il numero di <u>bambini / anziani</u>.
2. Oggi l'Italia è un paese di <u>immigrazione / emigrazione</u>.
3. Nel futuro l'età del pensionamento sarà probabilmente <u>a sessanta / a sessantacinque</u> anni per tutti.
4. Un altro modo per indicare gli anziani è «<u>la seconda / la terza</u> età.»
5. Tutto indica che nel futuro la popolazione italiana è destinata a(d) <u>aumentare / calare</u>.

B. Vero o falso?   Ascolta le frasi e decidi se sono **vere** o **false**. Ogni frase sarà ripetuta due volte.

	vero	falso
1.	☐	☐
2.	☐	☐
3.	☐	☐
4.	☐	☐
5.	☐	☐

C. Quale industria?   Ascolta le descrizioni di alcuni prodotti e abbina ciascuna descrizione con il tipo di industria giusta. Ogni descrizione sarà ripetuta due volte. **Attenzione!** Alcuni tipi di industria si ripetono.

1. _____   a. l'industria alimentare
2. _____   b. l'industria farmaceutica
3. _____   c. l'industria del tempo libero
4. _____
5. _____

Strategie di lettura

Identifying the author's purpose. You've already seen that there are different types of texts and that texts are written for a particular audience. Authors also have a purpose when they write, which may be to inform, to entertain, to persuade, to shock, to warn, or to instigate. Depending on the author's purpose, his/her point of view may be more or less obvious. A critical reader should ask him/herself: Why did the author write this text? Do I, the reader, agree with his/her point of view?

Lettura

Leggi il seguente articolo di Pierpaolo Poggianti, tratto dal sito Internet il Passaporto.it, *il giornale dell'Italia multietnica*. Puoi determinare quali sono lo scopo e il punto di vista dell'autore?

---

il Passaporto.it
il giornale dell'Italia multietnica

| Home | Politica | Cronaca | Dal Mondo | Società | Cultura e Spettacoli | Agenda | Sport | Fotogallerie | Documenti |

A Prato la scuola che verrà: 19 alunni,[1] nessun italiano

PRATO – Una prima classe elementare composta interamente da bambini stranieri. Prima o poi doveva accadere.[2] E forse era proprio destino che succedesse[3] a Prato, la città conosciuta come la più multiculturale d'Italia. «Ma è stato solo un caso – tengono a precisare[4] insegnanti e responsabili scolastici – nessuna volontà[5] di ghettizzare,[6] ma quando il 12% degli studenti, quasi tremila bambini quindi, ha origini non-italiane le probabilità aumentano». Problema o ricchezza? In molti si chiedono quali saranno le conseguenze immediate per gli inconsapevoli[7] piccoli protagonisti della vicenda.[8] Da una parte la possibilità di confrontare le rispettive vie di integrazione, dall'altra il rischio di essere tagliati fuori[9] dal circolo delle amicizie[10] con italiani. Quel che è certo è che la 1° A della scuola Fabio Filzi[11] di Prato sarà una classe, inevitabilmente, speciale.

---

[1]*pupils* [2]*happen* [3]*it were to happen* [4]*tengono... they specify* [5]*will, willingness* [6]*isolate* [7]*unaware* [8]*event* [9]*tagliati... excluded* [10]*circolo... circle of friends* [11]*la... Class 1A at Fabio Filzi School*

Hai capito? Scegli la risposta giusta.

1. Di che cosa tratta l'articolo?
   a. Di bambini italiani a scuola.
   b. Di bambini immigrati a scuola.
   c. a e b

2. Qual è lo scopo dell'autore?
   a. Convincere.
   b. Divertire.
   c. Informare.

3. Secondo te, qual è il punto di vista dell'autore?
    a. A favore della scuola multiculturale.
    b. Contro la scuola multiculturale.
    c. È neutro, non è né (*neither*) a favore né (*nor*) contro.

4. Scrivi una frase a sostegno (*support*) della tua risposta.

_____

In Italia

Utilizzando le informazioni delle sezioni *In Italia* del libro, decidi se le frasi seguenti sono **vere** o **false**. Se la frase è falsa, cambia una parola per renderla vera.

		vero	falso
1.	La maggior parte della popolazione italiana è adolescente, e la percentuale più alta abita nel Nord-Ovest del paese.	☐	☐
2.	In Italia c'è una grande differenza fra il Nord (che è più ricco e industrializzato) e il Sud (che è più povero e agricolo).	☐	☐
3.	In Italia, la percentuale di divorziati è molto alta.	☐	☐
4.	Dedicata completamente allo sport e famosa per il suo colore verde, la *Gazzetta dello Sport* è uno dei giornali più popolari in Italia.	☐	☐
5.	Gli scioperi sono abbastanza rari in Italia.	☐	☐
6.	Il Palazzo Pitti è la sede del governo italiano dove il Primo Ministro si occupa degli affari del paese.	☐	☐

Scriviamo!

I problemi sociali. Un giornale italiano ti ha chiesto di scrivere un breve articolo (100 parole) in cui esponi le tue opinioni sui maggiori problemi sociali negli Stati Uniti (o nel tuo paese d'origine) e suggerisci qualche soluzione a questi problemi. Utilizza l'esempio a pagina 280 ed il vocabolario del libro.

ESEMPIO: Secondo me, il problema sociale più grave degli Stati Uniti è quello dei senzatetto (*homeless*). Quando si va nel centro di una città si vede molta gente che dorme per la strada. Penso che questo sia un problema che riguarda tutti noi perché…

Adesso tocca a te!

Quali lingue parli?

Capitolo 15

Strategie di comunicazione

A. Sai/Sa?
Abbina ogni domanda con la risposta appropriata. **Attenzione!** Ci sono sei risposte. Devi usarne solo cinque.

1. _____ Sa sciare?
2. _____ Sai parlare un'altra lingua?
3. _____ Sa ballare il tango?
4. _____ Sai andare a cavallo?
5. _____ Sai cucinare bene?

a. Oddio! Gli animali grossi mi fanno paura!
b. So preparare solo la pizza.
c. No, non mi piace il freddo.
d. Sì, da giovane ho preso alcune lezioni di ballo.
e. So dire solo qualche parola in spagnolo.
f. Sì, faccio la spesa ogni sabato.

B. Quale dialetto si parla?
Abbina ogni dialetto con il gruppo regionale a cui appartiene. **Attenzione!** Alcuni gruppi si ripetono.

1. _____ milanese
2. _____ fiorentino
3. _____ romano
4. _____ veneziano
5. _____ calabrese

a. settentrionale
b. toscano
c. centro-meridionale

C. Cosa puoi / Cosa può fare?
Leggi le seguenti risposte. Poi ascolta le domande e scrivi il numero della domanda che senti accanto alla risposta giusta. Ogni domanda sarà ripetuta due volte.

_____ a. Sì, parlo il francese e il tedesco.
_____ b. Purtroppo, no.
_____ c. Perché è una lingua di grande importanza culturale.
_____ d. Molto. È un segno di cultura e di apertura mentale.
_____ e. Sì, soprattutto nel campo dell'informatica si usano parole inglesi.

Pronuncia

Dittonghi e trittonghi — Diphthongs and Triphthongs

Dittonghi e trittonghi.

- A *diphthong* is a combination of two vowels that is pronounced as a single syllable. **Attenzione!** In Italian, one of the vowels of a diphthong is always an **i** or **u**.

  Listen and repeat the following words:

  auguri   **fuori**   **piano**   **piedi**

- A *triphthong* is a combination of three vowels that is pronounced as a single syllable. Triphthongs are relatively uncommon in Italian.

  Listen and repeat the following words:

  buoi (*oxen*)   **guai** (*woes*)   **miei**   **suoi**

Dettato.   Scrivi le parole che senti. Ogni parola sarà ripetuta due volte.

1. _____
2. _____
3. _____
4. _____

5. _____
6. _____
7. _____
8. _____

9. _____
10. _____

Check your answers to this activity in the Answer Key at the back of the workbook.

Lessico

Le lingue d'Italia — The languages of Italy

A. Vero o falso?   Decidi se le seguenti frasi sono **vere** o **false**.

	vero	falso
1. La lingua nazionale è una lingua germanica.	☐	☐
2. La lingua parlata è diversa dalla lingua scritta.	☐	☐
3. L'italiano è una lingua che non cambia mai.	☐	☐
4. Il fiorentino è un dialetto meridionale.	☐	☐

	vero	falso

5. L'Italia Settentrionale è l'Italia del Nord. ☐ ☐

6. Il napoletano è un dialetto dell'Italia Centrale. ☐ ☐

7. La lingua italiana ha una lunga tradizione letteraria. ☐ ☐

B. Lingue e origini.
Ascolta le frasi e scegli la conclusione giusta. Ogni frase sarà ripetuta due volte. Dopo una breve pausa sentirai la risposta giusta.

1. _____ a. solo in Italia. b. in molti paesi.
2. _____ a. uguale in tutta l'Italia. b. diversa a seconda della zona geografica.
3. _____ a. molte parole inglesi. b. molte parole tedesche.
4. _____ a. il francese, il portoghese, lo spagnolo e il rumeno. b. il tedesco, l'inglese e il russo.
5. _____ a. dal latino. b. dal greco.
6. _____ a. vive in un paese che non è il suo. b. parla bene due lingue.

C. Le categorie.
Scrivi accanto alle parole seguenti la lettera della categoria corrispondente. Alla fine rimarranno tre parole senza categoria. Le parole rimaste formeranno la domanda che stamattina Marino ha fatto al suo amico.

Categorie: a. lingue romanze d. regioni italiane
b. isole del Mediterraneo e. verbi al passato prossimo
c. verbi al condizionale f. dialetti italiani

1. ___ hai scherzato
2. ___ il portoghese
3. ___ hanno diffuso
4. ___ facciamo
5. ___ chiacchiererei
6. ___ le Marche
7. ___ il napoletano
8. ___ chiacchiere
9. ___ avete litigato
10. ___ la Sicilia
11. ___ scomparirebbe
12. ___ si è evoluto
13. ___ la Puglia
14. ___ il rumeno
15. ___ due
16. ___ il toscano
17. ___ sono risaliti
18. ___ l'Umbria
19. ___ sono scomparsi
20. ___ hanno raccontato
21. ___ la Valle d'Aosta
22. ___ la Basilicata
23. ___ il fiorentino
24. ___ lo spagnolo
25. ___ la Sardegna
26. ___ deriveresti
27. ___ si sono diffusi

MARINO: ___ ___ ___ ___ ___ ___ ___

___ ___ ___ ___ ___ ___ ___ ___ ___ ___ ___ ?

PIERO: Sì, certo, con piacere! Andiamo al bar dell'angolo a prenderci un caffè.

D. Un po' di geografia.
Ascolta i nomi delle seguenti città italiane e scrivili sotto la zona geografica in cui si trovano. Se non ricordi dove si trovano le città, guarda la cartina d'Italia nel libro. I nomi delle città saranno ripetuti due volte.

Italia Settentrionale	Italia Centrale	Italia Meridionale
_____	_____	_____
_____	_____	_____
_____	_____	_____

Check your answers to this activity in the Answer Key at the back of the workbook.

E. Le barzellette.

Parte prima. Leggi le quattro barzellette e abbina ognuna con la conclusione giusta.

---

1. A scuola un bambino chiede a Pierino: «Perché fai schioccare (*snap*) continuamente le dita?»

Pierino risponde: «Per tenere lontane le tigri!» _____

---

2. Pierino sta aspettando di giocare in un'importante partita di calcio e un suo amico gli dice: «Ma non vedi che hai una scarpa della Nike e una dell'Adidas?!? Dai, va' a casa a cambiarti!» _____

---

3. Pierino è in macchina con suo padre: «Papà, secondo te, chi è l'inventore più importante della storia?»

«Mah... io penso che sia chi ha inventato la prima ruota (*wheel*).» _____

---

4. Pierino è a scuola. Il maestro lo chiama e gli dice: «Pierino, dimmi *L'Infinito* di Leopardi». _____

---

a. «Beh, no, papà, non sono d'accordo! Il vero genio non è chi ha inventato la prima ruota... è chi ha inventato le altre tre!»
b. Pierino corre a casa, poi torna dal suo amico e gli dice: «Ah Bruno!... m'hai fatto andare a casa per niente! Anche lì ho una scarpa della Nike e una dell'Adidas!»
c. Pierino ci pensa un po', poi si alza tutto contento e risponde «Leopardare!»
d. Il bambino ridendo: «Ma non ci sono tigri in Italia!» E Pierino, tutto felice: «Hai visto che funziona!?!»

Parte seconda. Adesso ascolta le barzellette e controlla se le tue risposte sono giuste.

F. L'anello di fidanzamento. (*Engagement ring.*) Lorena è arrabbiata e racconta alla sua amica

Rosa il motivo. Completa la loro conversazione con le forme appropriate dei verbi della lista. Usa ogni verbo *una sola volta*.

(discutere) (fare) (litigare) (rispondere) (sentire)

ROSA: Che cos'hai?

LORENA: _____ [1] con il mio ragazzo.

ROSA: Perché? Che cosa ti _____ [2]?

LORENA: Mi ha chiesto di prestargli i soldi per comprarmi un anello di fidanzamento! Immagina! Ti sembra una cosa da fare?

ROSA: Beh, non è una cosa molto carina (*cute*). E tu che cosa gli _____ [3]?

LORENA: Che era una cosa ridicola!

ROSA: Ti ha chiesto scusa?

LORENA: No, ma io non volevo _____⁴ con lui tutta la sera, quindi mi sono alzata e me ne sono andata. Non potevo _____⁵ una parola di più.

ROSA: Mi dispiace. Vedrai che capirà l'errore che ha fatto e tornerà a chiederti scusa, con un mazzo (*bouquet*) di rose rosse.

G. Cruciverba. Scrivi le risposte alle definizioni nelle caselle appropriate del cruciverba.

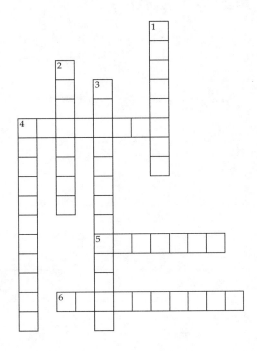

Orizzontali
4. Chi parla bene due lingue.
5. In Italia ce ne sono 20.
6. Non dormire più.

Verticali
1. Una nazione al nord dell'Italia.
2. Il napoletano è uno di questi.
3. Fa parte della stessa era, dello stesso periodo.
4. Una storiella divertente, che fa ridere.

H. Tocca a te! Nel tuo paese ci sono delle zone in cui si parla una lingua diversa dalla lingua nazionale? Dove? Scrivi almeno cinque frasi.

_____

_____

_____

Strutture

15.1 *Penso che sia andata in vacanza* Past subjunctive

A. Le forme giuste. Scrivi il significato dei seguenti verbi e completa le schede con le forme giuste del **congiuntivo passato**.

	avere *to have*	essere _____
io		
tu		sia stato/a
lui, lei; Lei		
noi		
voi	abbiate avuto	
loro		

	andare _____	leggere *to read*	raccontare _____	nascere _____	alzarsi _____
io				sia nato/a	
tu			abbia raccontato		
lui, lei; Lei	sia andato/a				
noi					
voi		abbiate letto			
loro					si siano alzati/e

B. *Avere o essere?*

Parte prima. Scegli la forma giusta di **avere** o **essere** per completare le frasi.

1. Lorenzo crede che gli amici <u>abbiano / siano</u> usciti alle 9.00.
2. Dubito che il cane <u>abbia / sia</u> già mangiato. Dobbiamo dargli qualcosa.
3. Fausto spera che i suoi genitori gli <u>abbiano / siano</u> comprato uno stereo per il suo compleanno.
4. È importante che tu ti <u>abbia / sia</u> lavata i denti prima di andare dal dentista.
5. Sembra che tu e Filippo <u>abbiate / siate</u> risolto i vostri problemi perché adesso andate d'accordo.
6. È strano che Gianna non <u>abbia / sia</u> visto questo film. Va al cinema ogni settimana.

Parte seconda. Completa le frasi con la forma giusta di **avere** o **essere**.

1. Siamo contenti che Giulio _____ finito presto di lavorare. Stasera abbiamo molte cose da fare.

2. Credi che la nonna _____ già stata a Londra? Vogliamo portarla lì per Capodanno.

3. È impossibile che gli studenti _____ capito tutto. La lezione era davvero difficile oggi!

4. Alessio teme che la sua ragazza _____ preso un brutto voto all'esame di filosofia.

5. Sembra che Paola e Renata si _____ licenziate dal negozio perché non le vedo più quando ci vado.

6. È strano che tuo padre non _____ telefonato. Di solito arriva a casa alle otto e sono già le otto e mezzo.

C. *Il verbo giusto.* Completa le seguenti frasi con la forma giusta di uno dei seguenti verbi al congiuntivo passato. Usa ogni verbo *una sola volta.*

(andare)   (arrivare)   (cucinare)   (fare)

(nascere)   (prenotare)   (risparmiare)   (sposarsi)

1. È possibile che Vincenzo _____ una camera in un albergo quattro stelle a Milano.

2. Immagino che quella signora non _____ negli Stati Uniti perché non sa bene l'inglese.

3. Credo che mio nonno _____ in pensione l'anno scorso perché era stanco di lavorare.

4. Dubito che _____ Pietro stasera, perché la cena non era insipida (*tasteless/bland*).

5. Spero che Tommaso _____ molte foto a Berlino. Voglio vedere come sono tutti i suoi amici tedeschi.

6. Penso che Laura _____ in maggio. Ma non so perché non ci ha invitato al matrimonio.

7. Il treno doveva arrivare alle 16.10 ma temo che _____ in anticipo (*early*).

8. Immagino che Gigi _____ molti soldi prima di andare a vivere a Roma perché la vita in città è cara.

D. Laura, non esagerare! Quando parla agli amici Laura esagera (*exagerates*) su quello che ha fatto durante il suo soggiorno (*stay*) negli Stati Uniti. Rispondi alle sue affermazioni con le espressioni **Dubito che...** , **Non penso che...** , o **Non credo che...** e usa il congiuntivo passato.

> ESEMPIO: *Leggi:* Ho visto Madonna al cinema!
> *Scrivi:* Dubito che tu abbia visto Madonna.

1. Ho conosciuto un attore famoso a Hollywood!

   _____

2. Ho cenato con Donald Trump a New York!

   _____

3. Sono andata al bar con dei fotomodelli bellissimi!

   _____

4. Ho comprato dieci paia di scarpe a Fifth Avenue.

   _____

5. Sono andata a cavallo (*horseback riding*) con un vero cowboy!

   _____

6. Ho visto uno squalo (*shark*) nell'Oceano Pacifico!

   _____

7. Ho imparato a parlare molto bene l'americano!

   _____

E. Che cosa ha fatto Marco veramente? Quando Marco telefona dall'università non dice sempre la verità ai suoi genitori. Ascolta le frasi di Marco e riscrivile con l'opinione della mamma al congiuntivo passato. Ogni frase sarà ripetuta due volte.

> ESEMPIO: *Senti:* Ieri sera sono uscito con Enrico e Gianni.
> *Scrivi:* Credo che Marco <u>sia uscito</u> con Anna, la sua ragazza.

1. È probabile che Marco _____ poco per l'esame di economia.

2. Immagino che stamattina Marco _____ alle 10.00.

3. Credo che Marco _____ il bucato con l'aiuto della sua ragazza.

4. Temo che Marco _____ molti dolci questa settimana.

5. Immagino che Marco _____ a ballare con Anna sabato sera.

6. Non credo che Marco _____ la sua camera.

Check your answers to this activity in the Answer Key at the back of the workbook.

F. No, credo che... Tu e Paola non siete d'accordo su quello che fanno i vostri amici. Paola pensa che facciano alcune cose la settimana prossima e tu pensi che le abbiano già fatte la settimana scorsa. Rispondi alle domande con il congiuntivo passato e l'espressione **credo che.** Ogni frase sarà ripetuta due volte.

ESEMPIO: *Senti:* Penso che Maria vada a teatro la settimana prossima.
Dici: No, credo che Maria sia andata a teatro la settimana scorsa.

1. ...   2. ...   3. ...   4. ...   5. ...   6. ...

G. Tocca a te! Che cosa ha fatto Francesca durante le vacanze? Guarda l'immagine e scrivi almeno cinque frasi al congiuntivo passato con la tua opinione.

_____

_____

_____

_____

_____

_____

15.2 *Sono sicura che è partita per le vacanze* The subjunctive vs. the indicative

A. Congiuntivo o indicativo? Leggi le affermazioni e decidi se sono al congiuntivo o all'indicativo.

		congiuntivo	indicativo
1.	È importante che Carlo vada al lavoro oggi.	☐	☐
2.	Sono certo che Silvia ha mangiato tutta la torta.	☐	☐
3.	Vedo che i giovani non ascoltano più la musica classica.	☐	☐
4.	La mamma non vuole che Luciano guardi molto la TV.	☐	☐
5.	Si sa che gli italiani mangiano bene.	☐	☐
6.	Sembra che Stefania non abbia molti problemi a scuola.	☐	☐
7.	È impossibile che Alberto conosca quattro lingue!	☐	☐
8.	È vero che le lingue romanze sono simili.	☐	☐

B. Qual è il verbo giusto? Scegli la forma giusta del verbo per completare le frasi.

1. È un fatto che l'italiano di oggi <u>è / sia</u> basato (*based*) sul fiorentino.
2. Credo che gli italiani <u>comprano / comprino</u> più quotidiani degli americani.
3. È strano che la disoccupazione <u>continua / continui</u> a crescere nei paesi industrializzati.
4. È chiaro che la musica techno non <u>piace / piaccia</u> agli anziani.
5. Vogliamo che nostro figlio <u>passa / passi</u> un anno a Roma per imparare bene l'italiano.
6. Penso che Giulia <u>ha / abbia</u> difficoltà con la matematica quest'anno.
7. So che Lucia non <u>studia / studi</u> più filosofia. Ha cambiato facoltà.
8. Non c'è dubbio che Michele <u>guadagna / guadagni</u> di più con il suo nuovo lavoro.

C. Congiuntivo o no? Decidi se le frasi che senti sono al congiuntivo o all'indicativo. Ogni frase sarà ripetuta due volte.

	congiuntivo	indicativo
1.	☐	☐
2.	☐	☐
3.	☐	☐
4.	☐	☐
5.	☐	☐
6.	☐	☐
7.	☐	☐

D. L'espressione giusta.

Parte prima. Scegli l'espressione giusta per completare le frasi.

1. <u>È strano che / È chiaro che</u> l'italiano deriva dal latino.
2. <u>Temiamo che / Non c'è dubbio che</u> il problema della droga si diffonda (*is spreading*) in tutto il paese.
3. <u>Pare che / È ovvio che</u> mia sorella sogna troppo e lavora poco.
4. <u>Bisogna che / Sono sicura che</u> tuo nonno racconti delle barzellette domani sera a cena.
5. <u>È essenziale che / È un fatto che</u> i giovani aiutino gli anziani che vivono da soli.
6. <u>Voglio che / Si sa che</u> la mia famiglia parla napoletano a casa.
7. <u>Credo che / Sono certo che</u> la lingua nazionale sia ormai diffusa in tutta la penisola italiana.

Parte seconda. Adesso riscrivi le frasi con l'espressione che non hai scelto. **Attenzione!** Ricordati di cambiare la forma del verbo.

1. _____
2. _____
3. _____
4. _____
5. _____
6. _____
7. _____

E. Problemi in città. Leggi le seguenti frasi e decidi se devono essere all'indicativo presente o al congiuntivo presente. Poi inserisci la forma giusta del verbo appropriato.

(aumentare)   (diventare)   (essere (2))   (lamentarsi)   (risparmiare)   (trasferirsi)

	congiuntivo	indicativo	
1.	☐	☐	Sembra che la tossicodipendenza _____ un problema soprattutto nelle grandi città.
2.	☐	☐	Sappiamo che ci _____ molti dialetti in Italia.
3.	☐	☐	È importante che gli anziani _____ molti soldi prima di andare in pensione.
4.	☐	☐	Non è bene che il tasso di disoccupazione _____ proprio quest'anno.
5.	☐	☐	È vero che molte persone _____ dello smog e del traffico.
6.	☐	☐	Bisogna che gli immigrati _____ cittadini integrati nella società.
7.	☐	☐	È ovvio che molte famiglie _____ in città per avere più opportunità di lavoro.

F. Tocca a te! Adesso completa le frasi. **Attenzione!** Alcune espressioni richiedono il congiuntivo e alcune richiedono l'indicativo.

1. Non c'è dubbio che _____.

2. Spero che _____.

3. Sembra che _____.

4. Si sa che _____.

5. È necessario che _____.

6. Sono sicuro che _____.

15.3 *Se vincessi un viaggio gratis...* Hypotheticals of possibility

A. Se avessi €100.000... Abbina le frasi ipotetiche dell'insieme A con le conseguenze dell'insieme B.

A	B
1. Se avessi una buona memoria _____	a. comprerei una casa grandissima.
2. Se parlassi molto bene l'italiano _____	b. non potrei svegliarmi presto.
3. Se avessi una famiglia numerosa _____	c. farei un CD con Pavarotti.
4. Se fossi molto ricco _____	d. comprerei una Ferrari.
5. Se uscissi tutte le sere _____	e. non dimenticherei niente.
6. Se cantassi molto bene _____	f. la fame nel mondo non esisterebbe.
7. Se non ci fosse la povertà _____	g. andrei a vivere a Roma.

B. Se la nonna fosse...
Ascolta le ipotesi che riguardano la nonna di Daria e poi scegli la conseguenza giusta. Ogni ipotesi sarà ripetuta due volte.

1. _____ a. imparerebbe l'inglese.   b. imparerebbe il tedesco.
2. _____ a. mangeremmo peggio.   b. mangeremmo a casa sua.
3. _____ a. dovrebbe lavorare molto.   b. potrebbe viaggiare molto.
4. _____ a. rimarrebbe a casa.   b. andrebbe in Canada.
5. _____ a. i nipoti sarebbero allegri.   b. i nipoti sarebbero stanchi.
6. _____ a. imparerebbe a guidare.   b. prenderebbe sempre la metropolitana.

C. Le coniugazioni.
Completa i verbi con le desinenze (endings) giuste del congiuntivo o del condizionale.

1. Se io ave_____ quel nuovo lavoro, guadagner_____ bene.
2. Se Massimo parla_____ in dialetto, la nonna sar_____ contenta.
3. I tuoi amici verr_____ a trovarti spesso se tu decide_____ di andare a vivere a Londra.
4. Se l'insegnante non scherza_____ in classe, gli studenti non si divertir_____ così tanto.
5. Marta comprer_____ il pesce stasera per cena, se la pescheria foss_____ aperta.
6. Silvia porter_____ il cane se vole_____ fare una passeggiata.
7. Se tu noleggia_____ una macchina, io pagher_____ la metà (half) del noleggio.

D. Che farebbe Giulio?

Parte prima. Giulio vuole andare a lavorare in America per un anno dopo la laurea. Ascolta la conversazione fra i suoi genitori e scrivi le forme giuste dei verbi all'imperfetto del congiuntivo o al condizionale. La conversazione sarà ripetuta due volte.

LA MAMMA: Se Giulio _____[1] in America a cercare un lavoro, cosa

_____[2] fare?

PAPÀ: Giulio è bravo con le lingue. _____[3] sempre insegnare l'italiano.

LA MAMMA: È vero, ma ti ricordi che lui ha alcuni amici a New York che lavorano in banca?

_____[4] vivere con loro per qualche mese e lavorare in banca.

PAPÀ: Ma non so se lui _____[5] lavorare in banca. Comunque, se

_____[6] un po' di soldi prima di partire, _____[7] tutto

più facile, no?

LA MAMMA: Lo so, ma Giulio vuole partire subito dopo l'università. Il viaggio costa molto. E se

io gli _____[8] il biglietto d'aereo?

PAPÀ: Assolutamente no! Se tu gli _____[9] il viaggio, non

_____[10] l'importanza del lavoro e dei soldi.

LA MAMMA: Hai ragione. Deve guadagnare un po' di soldi qui prima di partire per l'America.

▶ *Check your answers to the **Parte prima** in the Answer Key at the back of the workbook before doing the **Parte seconda**.*

Parte seconda. Rileggi la conversazione e rispondi alle seguenti domande.

1. Secondo il padre, che lavoro potrebbe fare Giulio in America?

   _____

2. Dove potrebbe vivere e dove potrebbe lavorare secondo la mamma?

   _____

3. Secondo suo padre, cosa dovrebbe fare Giulio prima di partire per l'America?

   _____

4. Quando vuole partire Giulio?

   _____

5. Cosa vorrebbe fare la mamma?

   _____

E. Cosa farebbe Eleonora?

Parte prima. Guarda l'immagine di Eleonora e decidi cosa farebbe nelle seguenti situazioni. Usa la fantasia.

1. Se avesse tanti soldi, comprerebbe _____.
2. Se potesse vivere all'estero, vivrebbe _____.
3. Se non fosse studentessa, lavorerebbe _____.
4. Se potesse andare a cena con un attore famoso, andrebbe a cena con _____.
5. Se decidesse di comprare un animale domestico, sceglierebbe _____.
6. Se avesse uno yacht, andrebbe _____.
7. Se dovesse comprare una macchina nuova, comprerebbe _____.

Parte seconda. Adesso cambia le frasi della **Parte prima** per dire quello che faresti tu. **Attenzione!** Ricordati di cambiare tutti i verbi.

1. Se avessi tanti soldi, comprerei _____.
2. _____.
3. _____.
4. _____.
5. _____.
6. _____.
7. _____.

*C*ultura

Ascoltiamo!

Una breve storia della lingua Italiana

A. Come finisce? Scegli la parola giusta per completare le frasi.

1. Le lingue che derivano dal latino si chiamano lingue <u>romantiche</u> / <u>romanze</u>.
2. La lingua italiana nasce dal latino, in particolare dal latino <u>scritto</u> / <u>parlato</u>.
3. I «Tre Grandi» delle letteratura italiana scrissero le loro opere in volgare <u>fiorentino</u> / <u>milanese</u>.
4. L'unificazione dell'Italia e i massmedia nel Novecento hanno favorito <u>l'unificazione</u> / <u>la differenziazione</u> linguistica.
5. L'uso del dialetto è ancora molto diffuso nelle isole, nel Sud e <u>nel Centro</u> / <u>nel Nord-Est</u>.

B. Vero o falso? Ascolta le frasi e decidi se sono **vere** o **false**. Ogni frase sarà ripetuta due volte.

	vero	falso
1.	☐	☐
2.	☐	☐
3.	☐	☐
4.	☐	☐
5.	☐	☐

C. Quale periodo? Ascolta le frasi e abbina ciascuna frase con il periodo storico giusto. Ogni frase sarà ripetuta due volte.

1. _____   a. Antica Roma

2. _____   b. Il Duecento

3. _____   c. Il Trecento

4. _____   d. Il Quattrocento

5. _____   e. Il Cinquecento

Strategie di lettura

Identifying the major points of an argument. Whatever the purpose for writing a text, an author must decide the order in which to present the points of his/her argument. For example, an author might begin with a question, then attempt to answer it. Or, the author may start with an existing problem and work his/her way backwards to explain how it came about. In a narrative, the author may even jump back and forth between the present and the past, using flashbacks. (This last technique can be very difficult for non-native readers to follow until they recognize its use.) Paying attention to how the author has constructed the argument can aid your understanding of a text.

Lettura

In quest'articolo, tratto dalla rivista *Focus*, lo scrittore vuole informare il pubblico su una nuova lingua. Mentre leggi l'articolo, cerca di identificare le informazioni principali.

Hola mon ami, do you speak europanto?

L'europanto, cioè[1] la combinazione casuale di parole inglesi, francesi, tedesche, spagnole e italiane, è una lingua emergente[2] che ha avuto un forte impulso con l'unificazione dell'Europa. Nasce come parodia[3] dell'esperanto, la lingua artificiale creata per le comunicazioni internazionali. Ma, a differenza dell'esperanto che non ce l'ha fatta a imporsi,[4] l'europanto si sta affermando[5] sempre più. Ha infatti un grande vantaggio: è «de only lingua étrangér dat man puode apprendre ohne estudy,» è l'unica lingua straniera che l'uomo può imparare senza studiare.

L'inventore è un interprete. Ed è anche l'unica che si può affrontare[6] senza paura di sbagliare. Basta una piattaforma di «basic english» infarcita[7] di tutte le possibili parole tratte da altre lingue europee personalizzate sull'accento di chi parla. Il suo inventore Diego Marani, interprete al Consiglio dei Ministri dell'Unione Europea, dà una sola regola:[8] una frase è in europanto se contiene parole di almeno tre lingue.

[1]*that is* [2]*emerging* [3]*parody* [4]*non... didn't establish itself* [5]*asserting* [6]*face*
[7]*infused* [8]*rule*

Hai capito? Scegli la risposta giusta.

1. Lo scrittore inizia l'articolo con _____.
   a. la descrizione della struttura dell'europanto
   b. la descrizione dell'importanza attuale dell'europanto
   c. a e b

2. Poi lo scrittore dà le seguenti informazioni. In quale ordine le presenta?
   a. i vantaggi dell'europanto, l'origine dell'europanto, un esempio dell'europanto
   b. l'origine dell'europanto, i vantaggi dell'europanto, un esempio dell'europanto
   c. l'origine dell'europanto, un esempio dell'europanto, i vantaggi dell'europanto

3. Il vantaggio dell'europanto è _____.
   a. non si deve studiare per impararlo
   b. non si deve avere paura di sbagliare
   c. a e b

4. Secondo lo scrittore, per saper parlare europanto si deve assolutamente sapere _____.
   a. l'inglese
   b. il francese
   c. a e b

5. Il titolo dell'articolo, *Hola mon ami, do you speak europanto?*, è scritto in europanto. Puoi identificare le lingue rappresentate oltre all'inglese? Scegli le lingue.
   a. l'italiano, il francese
   b. lo spagnolo, il francese
   c. il tedesco, il francese

In Italia

Utilizzando le informazioni delle sezioni *In Italia* del libro, decidi se le frasi seguenti sono **vere** o **false**. Se la frase è falsa, cambia una parola per renderla vera.

	vero	falso
1. La maggior parte degli italiani è bilingue: parla l'italiano nazionale (standard) e il proprio dialetto.	☐	☐
2. A differenza del francese, l'italiano ha accettato poche parole dall'inglese nel suo lessico.	☐	☐
3. Ci sono tante persone che parlano lingue diverse dall'italiano in molte zone della penisola.	☐	☐
4. I giovani parlano un linguaggio speciale che si chiama «linguaggio giovanile», che utilizza alcune parole in modo diverso e crea anche parole nuove.	☐	☐

5. I giovani italiani mandano raramente degli SMS con i loro telefonini. ☐ ☐

_____

6. È tipico trovare delle scuole italiane che hanno nomi di personaggi famosi del ☐ ☐
   mondo della cultura come, per esempio, Dante Alighieri e Galileo Galilei.

_____

Un aiuto, per favore! La tua amica italiana, Stefania, ti ha mandato il seguente messaggio. Scrivi un'e-mail (75 parole) a Stefania in cui rispondi alle sue domande.

Adesso tocca a te!

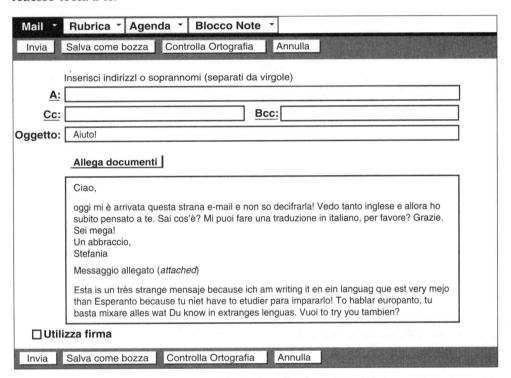

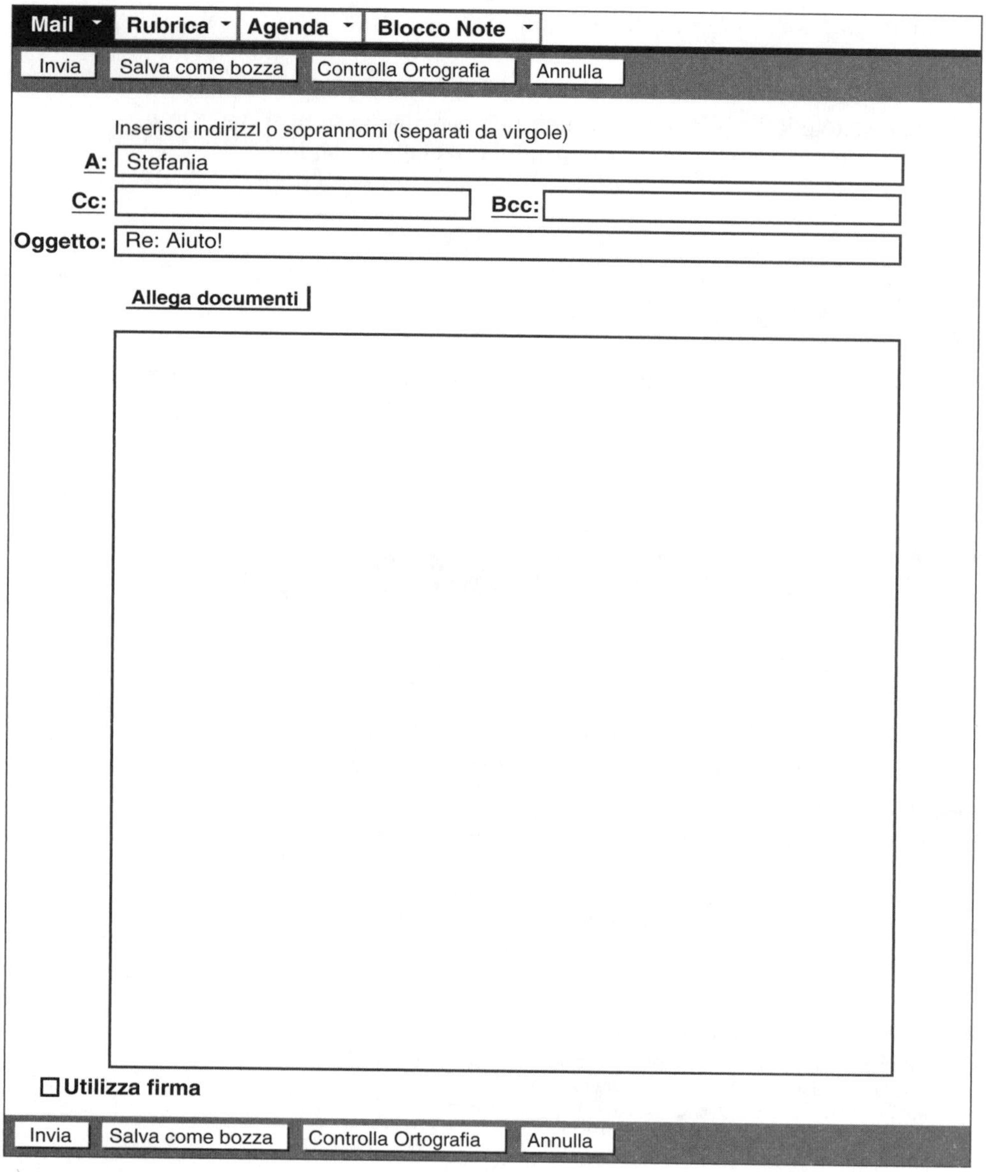

Mail ▾	Rubrica ▾	Agenda ▾	Blocco Note ▾	

Invia	Salva come bozza	Controlla Ortografia	Annulla

Inserisci indirizzl o soprannomi (separati da virgole)

A: Stefania

Cc: **Bcc:**

Oggetto: Re: Aiuto!

Allega documenti

☐ **Utilizza firma**

Invia	Salva come bozza	Controlla Ortografia	Annulla

Sono famosi

S trategie di comunicazione

A. È un buon consiglio? Per i seguenti consigli scegli la risposta appropriata. Usa ogni risposta *una sola volta*.

1. Leggi la storia del Risorgimento.
2. Fai un corso su Boccaccio.
3. Impara un'altra lingua: ti sarà utile per un lavoro futuro.
4. Viaggia molto.
5. Vai in Italia durante la bassa stagione.

a. Grazie, credo che sia importante vedere altri luoghi e conoscere altre culture.
b. Grazie, la letteratura mi interessa molto.
c. Grazie, sono molto interessato all'Ottocento.
d. Grazie, ma devo frequentare l'università in quel periodo.
e. Grazie, è per quello che sto studiando l'italiano.

B. I consigli. Ascolta cinque consigli riguardo al successo nello studio dell'italiano. Decidi se si tratta di una cosa consigliata o sconsigliata (*ill advised*). Ogni consiglio sarà ripetuto due volte.

	consigliato	sconsigliato
1.	☐	☐
2.	☐	☐
3.	☐	☐
4.	☐	☐
5.	☐	☐

Pronuncia

Gli scioglilingua italiani
Italian tongue twisters

Gli scioglilingua italiani.

- Tongue-twisters consist of one or more sentences whose pronunciation is difficult because they contain several similar sounds that are repeated.

  For example:

  Sopra la panca la capra canta, sotto la panca la capra crepa (*On the bench the goat sings, under the bench the goat dies*) is based on the combination of the letters **c**, **p**, and **r**.

  Tigre contro tigre (*Tiger against tiger*) plays on the different position of the letters **t** and **r**.

- Tongue-twisters exist in dialect too, as in the following example in **dialetto milanese**. **Ti che te tachet i tac, tacum a mi i mi tac! Mi tacat i tac a ti? Tacus ti i to tac, ti che tachet i tac!**

  The Italian equivalent is:

  Tu che attacchi i tacchi, attacca a me i miei tacchi! Io attaccare i tacchi a te? Attacca tu i tuoi tacchi, tu che attacchi i tacchi! (*You who're gluing heels, glue some heels for me! Me gluing heels for you? You glue your own heels, you who're gluing heels!*)

- Tongue-twisters can aid in achieving dexterity and fluency with a language. The goal is to try and say them quickly as many times as possible without making a mistake.

Gli scioglilingua. Ripeti i seguenti scioglilingua. Ogni scioglilingua sarà ripetuto due volte.

1. Trentatrè trentini andarono a Trento trotterellando.
   (*Thirty-three people from Trentino went to Trento trotting.*)

2. Ponte ponente ponteppì, tappe tapperugia, ponte ponente ponteppì, tappe tapperì.*

3. Apelle, figlio di Apollo, fece una palla di pelle di pollo. Tutti i pesci vennero a galla, per vedere la palla di pelle di pollo fatta da Apelle figlio di Apollo.
   (*Apelle, son of Apollo, made a ball of chicken skin. All the fish came to the surface to see the chicken skin ball made by Apelle, son of Apollo.*)

4. Orrore, orrore, un ramarro verde su un muro marrone!
   (*Horror, horror, a green lizard on a brown wall!*)

---

*Since tongue twisters play with the sounds of the language, they are often nonsensical and therefore, exact translations aren't always possible.

Lessico

I personaggi storici   Talking about historical people and events

A. Doppio puzzle.

Parte prima. Scrivi i nomi dei personaggi famosi nascosti nelle caselle a destra. Alla fine, scrivi in basso le lettere che sono sopra le caselle numerate. Le lettere formeranno il nome di un famoso italiano.

a.   GEIPUPSE LIDGAIRAB   ☐☐☐☐☐☐☐☐ ☐☐☐☐☐☐☐☐☐
                                                    16   3

b.   NETDA RIALIHGIE   ☐☐☐☐☐ ☐☐☐☐☐☐☐☐☐
                                          5

c.   LONDAEARSS ALTOV   ☐☐☐☐☐☐☐☐☐ ☐☐☐☐☐
                                      4   17

d.   RELDANSAOS NIAZNOM   ☐☐☐☐☐☐☐☐☐☐ ☐☐☐☐☐☐☐
                                              12   8

e.   LOGGIULEM NIARMOC   ☐☐☐☐☐☐☐☐☐ ☐☐☐☐☐☐☐
                                          15 14   1

f.   SNA CEAROCSNF   ☐☐☐ ☐☐☐☐☐☐☐☐
                                      2   11

g.   CENRIO FIMRE   ☐☐☐☐☐☐ ☐☐☐☐☐
                                      10   7

h.   REOLANDO AD NCIVI   ☐☐☐☐☐☐☐☐ ☐☐ ☐☐☐☐☐
                                13   9

i.   LOALEIG LIALIGE   ☐☐☐☐☐☐☐ ☐☐☐☐☐☐☐
                                          6

☐☐☐☐☐☐☐☐☐☐ ☐☐☐☐☐☐☐
1 2 3 4 5 6 7 8 9 10   11 12 13 14 15 16 17

Parte seconda. Adesso abbina i personaggi famosi della **Parte prima** alla ragione per cui sono famosi.

1.   _____ Scrisse *La Divina Commedia*.

2.   _____ Inventò la prima pila elettrica.

3.   _____ Diede tutti i suoi beni ai poveri.

4.   _____ Inventò la radio e la comunicazione senza fili.

5.   _____ Scoprì per primo che la terra si muove e gira intorno al sole.

6.   _____ Fu «l'Eroe (*Hero*) dei due mondi» e combatté per l'unificazione d'Italia.

7.   _____ Dipinse il quadro *La Gioconda*.

8.   _____ Scoprì l'energia nucleare e inventò la prima bomba atomica.

9.   _____ Scrisse il romanzo *I Promessi Sposi*.

B. Le associazioni di idee. Ascolta le parole e scrivile sotto l'immagine corrispondente. A ogni immagine corrispondono quattro parole. Ogni parola sarà ripetuta due volte.

a.

_____

_____

_____

_____

c.

_____

_____

_____

_____

b.

_____

_____

_____

_____

d.

_____

_____

_____

_____

▶ *Check your answers to this activity in the Answer Key at the back of the workbook.*

C. Chi sono? Ascolta le descrizioni di alcuni personaggi famosi italiani e indovina chi sono. Scrivi la lettera corrispondente al personaggio. Ogni descrizione sarà ripetuta due volte. Dopo una breve pausa sentirai la risposta giusta.

a. Cristoforo Colombo
b. Maria Gaetana Agnesi
c. Benito Mussolini
d. Maria Montessori

e. Santa Caterina da Siena
f. Giuseppe Verdi
g. Francesco Petrarca
h. Luciano Pavarotti

i. Raffaello Sanzio
j. Michelangelo Buonarroti
k. San Francesco d'Assisi
l. Artemisia Gentileschi

1. _____   3. _____   5. _____   7. _____

2. _____   4. _____   6. _____

D. La professione nascosta. Scrivi accanto a ogni frase dell'insieme A la lettera corrispondente alla risposta dell'insieme B. Le lettere nell'ordine formeranno il nome della professione di Alessandro Volta ed Enrico Fermi.

A

1. _____ L'opera più importante di Manzoni.
2. _____ I candidati alla presidenza sono
3. _____ Il generale gli dà gli ordini.
4. _____ La comandò Garibaldi.
5. _____ La scrisse Dante.
6. _____ Sinonimo di novella (*story*).
7. _____ Può essere elettrica o nucleare.
8. _____ Il capo della Chiesa cattolica.
9. _____ La raggiunge (*reach*) chi vince.
10. _____ La liberazione di una nazione dal dominio di un'altra

B

E = la Spedizione dei Mille
I = l'energia
I = i soldati
T = la vittoria
N = *La Divina Commedia*
Z = racconto
S = *I Promessi Sposi*
I = l'indipendenza
C = uomini e donne politici
A = il Papa

E. Le frasi sbagliate. Tutte le frasi sono false. Fai i cambiamenti necessari per renderle vere.

1. L'Italia contemporanea ha **un re e una regina.**

2. La Costituzione protegge i diritti **dei politici.**

3. Lo scultore scolpisce **i quadri.**

4. Il compositore compone **l'orchestra.**

5. La patria di San Francesco d'Assisi è **la Francia.**

6. I soldati combattono **la pila elettrica.**

7. Il secondo Millennio è **prima dell'anno** Mille.

8. Il quattro luglio è la festa **della dittatura** americana.

F. Maria Montessori.

Parte prima. Ascolta il testo e scrivi tutti i verbi che senti al passato remoto. Il testo sarà ripetuto due volte.

Passato remoto

1. _____ nacque _____   7. _____
2. _____ passò _____   8. _____
3. _____   9. _____
4. _____   10. _____
5. _____   11. _____
6. _____

● *Check your answers to the **Parte prima** in the Answer Key at the back of the workbook before doing the* **Parte seconda.**

Parte seconda. Adesso trasforma i verbi della **Parte prima** dal passato remoto al passato prossimo.

Passato prossimo

1. _____ è nata _____   7. _____
2. _____ ha passato _____ 8. _____
3. _____   9. _____
4. _____   10. _____
5. _____   11. _____
6. _____

Parte terza. Ascolta di nuovo il testo e decidi se le seguenti frasi sono **vere** o **false. Attenzione!** Leggi le frasi prima di cominciare.

		vero	falso
1.	Maria Montessori, da giovane, visse sempre a Chiaravalle.	☐	☐
2.	Studiò pedagogia all'università.	☐	☐
3.	I suoi genitori all'inizio non volevano che studiasse.	☐	☐
4.	Prese la laurea con una tesi in biologia.	☐	☐
5.	Creò la «Casa dei Bambini».	☐	☐
6.	Il «metodo Montessori» è conosciuto in tutto il mondo.	☐	☐
7.	Maria morì nel suo paese d'origine.	☐	☐

G. Donne italiane famose.
Completa le frasi con uno dei verbi della lista. Usa i verbi *una sola volta.* Non dovrai usare tutti i verbi.

(fecero)   (fondarono)   (fu)   (lavorò)   (si laureò)   (pubblicò)   (scrisse)

1. Artemisia Gentileschi _____ una delle prime artiste donne a diventare famosa nel mondo artistico del Barocco, un mondo dominato dagli uomini.

2. Maria Gaetana Agnesi _____ la sua opera più importante, *Istituzioni Analitiche,* alla giovane età di 20 anni.

3. Molti studenti dell'Università degli Studi di Bologna _____ pratica con i modelli anatomici creati dall'artista Anna Morandi Manzolini.

4. Maria Montessori _____ all'Università di Roma.

5. Sofonisba Anguissola _____ come pittrice alla corte di Spagna.

6. La sorella di Gaspara Stampa _____ l'opera *Rime* dopo la morte della famosa poetessa.

H. Tocca a te! Scegli i due personaggi storici che secondo te sono più importanti nel tuo paese e scrivi perché.

1. _____

2. _____

Strutture

Torniamo all'inizio! The infinitive and present indicative

A. I verbi al presente. Ascolta e scrivi l'infinito dei verbi che senti. Ogni verbo sarà ripetuto due volte. Dopo una breve pausa sentirai la risposta giusta.

ESEMPIO: *Senti:* dormiamo
Scrivi: dormire

1. _____ 5. _____

2. _____ 6. _____

3. _____ 7. _____

4. _____ 8. _____

Check your answers to this activity in the Answer Key at the back of the workbook.

B. Le desinenze giuste. Completa le frasi con le desinenze giuste del presente indicativo.

1. Giulio e Stefania rischi____ di prendere un brutto voto in matematica se non fin____ tutti i compiti.

2. Pietro non si ammal____ mai in inverno, ma oggi non si sent____ bene e ha mal di gola.

3. Lorenzo e Giada risparmi____ in questo periodo perché costru____ una nuova casa in campagna.

4. Tu e Renata scherz____ sempre con i bambini e vi divert____ tanto con loro.

5. Io mi lament____ poco perché altrimenti (*otherwise*) il direttore si arrabbi____ con me.

6. Quando Carlo ti chied____ un consiglio, tu rispond____ sempre in modo positivo e rassicurante (*reassuring*).

C. Le associazioni.

Parte prima. Abbina i verbi dell'insieme A con gli elementi dell'insieme B.

A	B
1. lavorare _____	a. casa
2. rompersi _____	b. in pensione
3. cambiare _____	c. l'ambiente
4. proteggere _____	d. a tempo pieno
5. andare _____	e. un romanzo
6. raccontare _____	f. una prenotazione
7. fare _____	g. la gamba
8. leggere _____	h. una barzelletta

Parte seconda. Adesso scegli cinque espressioni che hai formato nella **Parte prima** e scrivi cinque frasi.

ESEMPIO: Emanuele legge un romanzo italiano ogni mese.

1. _____
2. _____
3. _____
4. _____
5. _____

D. I verbi al presente.
Completa le frasi con la forma giusta dei verbi della lista. Usa il presente indicativo.

(affittare)   (cercare)   (chiacchierare)   (crescere)   (lamentarsi)   (risparmiare)   (trasferirsi)

1. Mia sorella e la sua amica _____ un appartamento nel centro di Napoli, con due camere da letto e un bagno.

2. Io e Luigi abbiamo trovato un lavoro a Milano e _____ lì il primo marzo.

3. Giacomo e Matteo _____ i soldi per il loro viaggio in Canada.

4. Laura e Marcella _____ al telefono tutte le sere prima di andare a letto.

5. Quando i clienti non sono contenti _____ con il direttore del reparto (*department*).

6. In Italia, il numero degli immigrati _____ e tutti gli immigrati

    _____ un lavoro.

E. La vita di Giuseppe.

Parte prima. Ascolta la descrizione della vita di Giuseppe e completa il testo con i verbi che senti al presente indicativo o all'infinito. La descrizione sarà ripetuta due volte.

Giuseppe _____[1] un tipo molto stressato e nervoso. Tra un mese Giuseppe

_____[2] e sta cercando un lavoro. Preferirebbe rimanere a casa perché la sua ragazza

Paola studia ancora all'università, ma in questo periodo il tasso di disoccupazione sta aumentando

e Giuseppe _____[3] accettare il primo lavoro che gli viene offerto (*is offered to him*), anche se è fuori dalla sua città. Paola e Giuseppe _____⁴ spesso e

_____⁵ perché Paola non _____⁶ che Giuseppe vada a

_____⁷ in un'altra città. Che deve _____⁸ Giuseppe?

Check your answers to the **Parte prima** *in the Answer Key at the back of the workbook before doing the* **Parte seconda.**

Parte seconda. Adesso rileggi il testo della **Parte prima** e rispondi alle domande con delle frasi complete.

1. Perché Giuseppe non vuole andare a vivere lontano da casa?

   _____

2. Perché Giuseppe deve prendere il primo lavoro che gli viene offerto?

   _____

3. Che cosa non vuole Paola?

   _____

4. Secondo te, che cosa deve fare Giuseppe?

   _____

F. Tocca a te! Completa le frasi con un verbo all'infinito.

1. Mi piace _____ quando non devo studiare.
2. Durante il weekend amo _____.
3. Questo weekend devo _____.
4. Domani non posso _____.
5. Stasera voglio _____.
6. Preferisco _____ quando fa caldo.

L'abbiamo già studiato! The present perfect

A. Ha senso? Abbina i verbi dell'insieme A con gli elementi dell'insieme B per formare delle frasi complete.

A	B
1. Giulio e Maria hanno affittato _____	a. a Torino per frequentare l'università.
2. Paola si è rilassata _____	b. perché non gli piaceva il suo lavoro.
3. Ho accettato _____	c. la vita durante la guerra.
4. Sei stata ricoverata _____	d. una casa in montagna.
5. Ci siamo trasferiti _____	e. un regalo dalla signora Simonetti.
6. Antonio si è licenziato _____	f. sulla spiaggia.
7. Avete risparmiato _____	g. all'ospedale lunedì scorso?
8. Hanno rischiato _____	h. €100 in quel negozio!

B. Qual è la sua professione?
Ascolta la descrizione di quello che alcune persone hanno fatto ieri. Poi scrivi la professione giusta di ciascuna di esse. Ogni descrizione sarà ripetuta due volte. **Attenzione!** Due professioni non si usano.

a. l'artista   c. la dottoressa   e. l'insegnante   g. la scrittrice
b. l'atleta   d. la giornalista   f. la musicista

1. _____   2. _____   3. _____   4. _____   5. _____

C. Essere o avere?

Parte prima. Metti i verbi nella categoria giusta, secondo il verbo ausiliare necessario per il passato prossimo.

(andare)   (arrabbiarsi)   (dimenticare)   (governare)   (nascere)

(noleggiare)   (organizzare)   (rimanere)   (rompersi)   (scherzare)

essere	avere
_____	_____
_____	_____
_____	_____
_____	_____

Parte seconda. Completa le seguenti frasi con i verbi della **Parte prima** al passato prossimo. **Attenzione!** Due verbi non si usano.

1. Mia sorella _____ il 25 luglio e adesso ha quasi un anno.

2. Gianluca stava giocando a calcio quando _____ la gamba.

3. I miei nonni _____ in pensione tre anni fa e adesso sono sempre in vacanza e si divertono molto.

4. Laura _____ i compiti a casa e la maestra l'ha rimproverata (*scolded her*).

5. Io e Giorgio _____ a casa venerdì sera perché pioveva e faceva freddo.

6. Tu e Gianna _____ con me perché non vi ho voluto dare i miei appunti di fisica. Mi dispiace!

7. L'anno passato il professor Bassani _____ una gita in Francia con i suoi studenti di francese.

8. L'anno scorso, quando erano in California, i miei genitori _____ una Ford.

D. Chi fu Gaspara Stampa?

Parte prima. Leggi il seguente testo dal sito Internet liberliber.it e sottolinea i verbi al passato remoto.

Gaspara Stampa nacque nel 1523 a Padova. Nel 1531, dopo la morte del padre, la madre e i figli si trasferirono a Venezia dove iniziarono un'educazione letteraria e artistica. Molti letterati, pittori ed artisti frequentarono la casa della famiglia Stampa e la bella Gaspara ebbe molti corteggiatori (*suitors*). Dopo molte relazioni amorose su cui scrisse le sue opere, Gaspara morì suicida nel 1554, a 31 anni. Le varie opere di Gaspara furono pubblicate dopo la sua morte.

Parte seconda. Adesso scrivi tutti i verbi che hai trovato al passato remoto nella **Parte prima** e poi scrivi la forma corrispondente al passato prossimo.

passato remoto   passato prossimo

1. _____   _____

2. _____   _____

3. _____   _____

4. _____   _____

5. _____   _____

6. _____   _____

7. _____   _____

8. _____   _____

E. Mario e Luisa.

Parte prima. Ascolta la storia di Mario e Luisa e scrivi i verbi nella categoria giusta, secondo il verbo ausiliare necessario per il passato prossimo. La storia sarà ripetuta due volte.

avere   essere

                                                  sono andati

_____   _____

_____   _____

_____   _____

_____   _____

Check your answers to the **Parte prima** in the Answer Key at the back of the workbook before doing the **Parte seconda.**

Parte seconda. Ascolta di nuovo la storia e rispondi alle seguenti domande. **Attenzione!** Leggi le domande prima di cominciare.

1. A che ora sono usciti di casa ieri sera Mario e Luisa?

   _____

2. Dove sono andati prima di andare a teatro?

   _____

3. Chi hanno visto al bar?

   _____

4. Che cosa ha fatto Marco durante l'opera?

   _____

5. Che cosa ha fatto Luisa durante lo spettacolo?

   _____

F. Tocca a te! Sei mai stato/a in una situazione pericolosa (*dangerous*)? In quale momento della tua vita sei stato/a particolarmente allegro/a? Descrivi una di queste situazioni. Scrivi almeno sei frasi al passato prossimo.

_____

_____

_____

_____

_____

Era così bello! The imperfect

A. Che facevano?

Parte prima. Abbina i gruppi di parole dell'insieme A con i gruppi di parole dell'insieme B per creare delle frasi complete.

A	B
1. Tu e Carlo _____	a. studiavi la fisica ogni sera.
2. Io _____	b. dormivate tutti i giorni fino a mezzogiorno.
3. Giuseppina _____	c. scherzavamo sempre con gli amici.
4. Tu _____	d. giocavano a pallavolo (*volleyball*) il giovedì sera e a pallacanestro il sabato mattina.
5. Io e Diego _____	e. avevo sempre il raffreddore in inverno.
6. Stefano e Gabriele _____	f. faceva spesso volontariato.

Parte seconda. Adesso scegli l'aggettivo adatto alle persone della **Parte prima** e usalo per scrivere una frase all'imperfetto.

(ammalato) (divertente) (generoso) (pigro ✓) (sportivo) (studioso)

1. Tu e Carlo eravate molto pigri. _____

2. _____

3. _____

4. _____

5. _____

6. _____

B. Perché è all'imperfetto?
Leggi le seguenti frasi all'imperfetto e decidi la ragione per cui si usa l'imperfetto.

a. descrivere le persone, i luoghi o le cose del passato
b. parlare di un'azione che stava succedendo e non era ancora (*yet*) finita
c. dire la data, l'ora o l'età nel passato
d. parlare di avvenimenti abituali o che si sono ripetuti nel passato

1. _____ Mentre Marco giocava al computer, Stefano guardava la TV e parlava al cellulare.

2. _____ Da piccolo, Gianluca andava ogni giorno dalla nonna dopo la scuola.

3. _____ Era l'una quando Lucia è tornata a casa per pranzo.

4. _____ Beatrice era allegra e tranquilla.

5. _____ Quando avevo cinque anni i miei genitori mi hanno portato al mare.

6. _____ Quel giorno pioveva e faceva freddo.

C. Il verbo giusto. Completa le frasi con la forma giusta dell'imperfetto dei seguenti verbi.

(affittare) (andare) (arrabbiarsi) (dare) (emigrare) (essere)

(fare) (guardare) (lavorare) (prendere) (volere)

1. Quando Maria _____ piccola, sua madre _____ a tempo pieno all'ospedale come infermiera.

2. La mia famiglia _____ al mare in Sicilia ogni estate e i miei genitori

_____ una casa insieme agli zii.

3. Molti anni fa gli italiani _____ dall'Italia in altri paesi, a causa della povertà e della disoccupazione.

4. Vincenzo non _____ mai andare a scuola da piccolo e suo padre

_____ con lui ogni mattina.

5. Io e Chiara _____ un caffè al bar tutti i giorni prima di andare a lezione.

6. Mio nonno mi _____ dei soldi ogni domenica per comprare le gomme (*gum*).

7. La mamma _____ il bucato la domenica mentre mio padre

_____ la partita.

D. Chi è? Ascolta le descrizioni di alcune persone, quando erano piccole, e scegli l'immagine giusta.

a.  c.  e.

b.  d.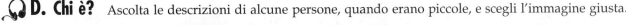

1. _____ 2. _____ 3. _____ 4. _____ 5. _____

E. Tocca a te!

Parte prima. Guarda l'immagine e descrivi com'è Giacomo adesso.

_____

_____

_____

_____

Parte seconda. Adesso guarda l'immagine e descrivi come era Giacomo da giovane.

_____

_____

_____

_____

_____

F. L'imperfetto o il passato prossimo? Leggi le seguenti frasi e decidi se bisogna usare l'imperfetto o il passato prossimo. Poi completa le frasi con l'imperfetto o il passato prossimo del verbo tra parentesi.

	imperfetto	passato prossimo	
1.	☐	☐	I miei nonni _____ (cambiare) casa l'anno scorso.
2.	☐	☐	Tu e Roberto _____ (fare) sempre trekking in montagna.
3.	☐	☐	_____ (essere) le due del pomeriggio quando Cinzia è tornata a casa.
4.	☐	☐	Mia zia _____ (andare) in pensione due anni fa.
5.	☐	☐	_____ (nevicare) molto forte quando sono arrivata a casa.
6.	☐	☐	Io e Paolo _____ (avere) dieci anni quando siamo andati in Italia per la prima volta.
7.	☐	☐	Laura e Sara _____ (licenziarsi) ieri.
8.	☐	☐	Da piccolo Marcello _____ (essere) alto e magro.

G. La storia di Valeria.

Parte prima. Completa la storia con il passato prossimo o l'imperfetto dei verbi tra parentesi.

Da giovane, Valeria _____[1] (essere) bassa e _____[2] (avere) i capelli

neri. Anche se _____[3] (essere) timida, _____[4] (avere) molti amici

perché _____[5] (giocare) a tennis e a calcio, _____[6] (interessarsi) di

musica e _____[7] (suonare) il violino. Quando _____[8] (cominciare)

l'università _____[9] (sentirsi) molto sola perché non _____[10]

(conoscere) nessuno. Un giorno mentre _____[11] (correre) nel parco, Valeria

_____[12] (vedere) due altre ragazze che _____[13] (giocare) a tennis. Le

due ragazze _____[14] (chiedere) a Valeria se le _____[15] (piacere) il

tennis e Valeria _____[16] (decidere) di giocare con loro. _____[17] (fare)

bel tempo e le tre ragazze _____[18] (giocare) insieme per tre ore e

_____[19] (divertirsi) moltissimo.

Parte seconda. Tocca a te! Adesso continua la storia di Valeria. Ricordati di usare il passato prossimo e l'imperfetto.

Dopo la partita...

_____

_____

_____

_____

Lo vedo e gli parlo   Object pronouns

A. Complemento diretto o indiretto?   Leggi le seguenti frasi e decidi se i pronomi _in corsivo_ hanno funzione di complemento diretto o indiretto.

		Complemento diretto	Complemento indiretto
1.	_Lo_ compro ogni giorno in edicola.	☐	☐
2.	Non _le_ chiedo mai un consiglio!	☐	☐
3.	_Li_ portano sempre a scuola.	☐	☐
4.	_Gli_ offriamo sempre qualcosa da bere.	☐	☐
5.	_La_ preparo ogni anno per Natale.	☐	☐
6.	Non _vi_ invita mai a casa sua.	☐	☐
7.	Mio padre _gli_ dà 100 euro al mese.	☐	☐
8.	Quest'estate non _ti_ ho scritto.	☐	☐

B. Di che parla?   Trova i significati dei pronomi complemento diretto delle seguenti frasi.

ESEMPIO: Carlo ha perso il suo gatto, ma penso che _l'_abbia trovato la mia
vicina di casa.
l' = <u>il gatto</u>

1.   MILENA: Dove sei stata oggi pomeriggio? _Ti_ ho cercata a casa, ma non c'eri.

    ROBERTA: Sono andata a fare shopping in centro con Michele.

    MILENA: Cosa hai comprato?

    ROBERTA: Una sciarpa di lana (_wool_).

    MILENA: Dove _l'_hai presa?

    ROBERTA: Da Benetton.

    ti = _____   l' = _____

2.   Chiara ha visto Michele e Roberta in centro, ma non _li_ ha salutati perché andava di fretta.

    li = _____

3.   STEFANO: Non sapevo che al nonno piacesse così tanto il vino.

    LUCA: Eh sì, _lo_ beve tutti i giorni a pranzo e a cena.

    lo = _____

4.   VALERIA: Hai parlato con Marco e Alice oggi?

    CARLA: Non ancora. Non _li_ ho visti né a lezione né in biblioteca.

    li = _____

5.   Ho visto delle bellissime gonne in vetrina oggi. _Le_ volevo comprare tutte!

    le = _____

C. In altre parole.
Per ogni frase con il pronome complemento, diretto o indiretto, scegli la frase corrispondente.

1. *Le* offre una pizza.
   a. Offre una pizza a Paolo.   b. Offre una pizza a Gessica.

2. *Li* accetta.
   a. Accetta i soldi.   b. Accetta le scarpe.

3. *Gli* rispondiamo male.
   a. Rispondiamo male a Francesco.   b. Rispondiamo male a Giulia.

4. Non *la* capiscono.
   a. Non capiscono il fenomeno.   b. Non capiscono la violenza.

5. *Lo* leggono questo weekend.
   a. Leggono la rivista questo weekend.   b. Leggono il romanzo questo weekend.

6. *Gli* diamo l'ombrellone.
   a. Diamo l'ombrellone a loro.   b. Diamo l'ombrellone a Lucia.

7. *Le* regalo a Teresa.
   a. Regalo le collane a Teresa.   b. Regalo gli accessori a Teresa.

D. Come rispondi tu?
Ascolta le domande e scegli le risposte giuste. Ogni domanda sarà ripetuta due volte. Ripeti la risposta.

1. _____   a. Le noleggio a Roma.   b. La noleggio a Roma.   c. Lo noleggio a Roma.
2. _____   a. Gli telefono domani.   b. Vi telefono domani.   c. Le telefono domani.
3. _____   a. Lo metto in soggiorno.   b. Le metto in soggiorno.   c. Li metto in soggiorno.
4. _____   a. Vi offro un caffè.   b. Gli offro un caffè.   c. Ti offro un caffè.
5. _____   a. Gli piace la scultura di Michelangelo.   b. Ci piace la scultura di Michelangelo.   c. Mi piace la scultura di Michelangelo.
6. _____   a. Le scrivo stasera.   b. Gli scrivo stasera.   c. La scrivo stasera.

E. Rispondi tu.
Scrivi una risposta appropriata per ogni domanda sostituendo le parole in *corsivo* con un pronome complemento diretto o indiretto.

1. Lasci *i cani* con tua madre questo weekend?

   _____

2. Dai gli orecchini *a tua sorella* per il suo compleanno?

   _____

3. Compri un regalo *per Anna e Giovanni*?

   _____

4. Volete prendere *il pullman* per andare in campagna domani?

   _____

5. Affitti *la casa* per un anno o due?

   _____

6. Scrivi un'e-mail *a Carlo* oggi o domani?

   _____

7. Leggi *le riviste* quando viaggi?

   _____

Cultura

L'unificazione d'Italia: perché tutte le strade si chiamano *Cavour*?

A. Come finisce? Scegli la parola giusta per completare le frasi.

1. Il movimento per l'unificazione d'Italia si chiama il Rinascimento / il Risorgimento.
2. Molti volevano l'unificazione e volevano anche essere dipendenti / indipendenti dal controllo degli stranieri.
3. Giuseppe Mazzini voleva formare una repubblica / una dittatura.
4. Nel marzo del 1861 la capitale d'Italia fu Roma / Torino.
5. Quando Garibaldi incontrò Vittorio Emanuele II a Teano lo salutò come «Re / Presidente d'Italia.»

B. Un po' di storia. Ascolta le frasi e decidi se sono **vere** o **false**. Ogni frase sarà ripetuta due volte.

	vero	falso
1.	☐	☐
2.	☐	☐
3.	☐	☐
4.	☐	☐
5.	☐	☐

C. Chi? Ascolta le descrizioni di cinque persone famose. Abbina ciascuna descrizione con la persona giusta. Ogni frase sarà ripetuta due volte.

1. _____   a. Giuseppe Mazzini
2. _____   b. Camillo Benso conte di Cavour
3. _____   c. il papa Pio IX
4. _____   d. Giuseppe Garibaldi
5. _____   e. Ferdinando II

Cognome _____ Data _____ Classe _____

Leggiamo!

Strategie di lettura

Sintesi. Usa tutte le strategie che hai imparato finora per capire questo testo che tratta delle opere di Oriana Fallaci, una giornalista e scrittrice contemporanea.

Lettura

Ecco una descrizione delle maggiori influenze sulla vita e sulle opere di Oriana Fallaci dal sito Internet biografie.leonardo.it. Leggi la descrizione e poi rispondi alle domande.

Oriana Fallaci

La controversa scrittrice [...] è nata a Firenze il 26 giugno 1929, in piena era fascista.[1]
Gli anni della sua infanzia[2] erano quelli del potere mussoliniano [...] L'aria che respirava in casa non era certo favorevole alla dittatura. Il padre fu un attivo antifascista, così convinto delle sue scelte[3] e delle sue idee che addirittura coinvolse[4] la piccola Oriana, di allora soli dieci anni, nella lotta resistenziale[5] [...] La piccola imparò anche ad utilizzare le armi[6] [...] Divenuta un poco più grande, Oriana si unì al movimento clandestino di resistenza, [...] diventando un membro [...] contro il nazismo.

Oriana Fallaci si dedica prevalentemente alla scrittura giornalistica, quella che di fatto le ha poi regalato la fama internazionale [...] Nella maggior parte dei suoi libri [...] la scrittrice mostra lo sforzo,[7] da parte di normali individui piuttosto[8] che di vasti gruppi, di liberarsi dal giogo[9] di oppressione e ingiustizie di vario tipo e specie. I suoi libri sono stati tradotti in più di trenta paesi.

---

[1]in... *at the height of fascism*   [2]*childhood*   [3]*choices*   [4]addirittura... *even involved*   [5]lotta... *resistance struggle*   [6]*firearms*   [7]*effort*   [8]*instead*   [9]*yoke*

A. Identifying the audience.   Scegli la risposta giusta.

Secondo te, questa descrizione è _____.

    a. un brano da un libro di storia per la scuola media
    b. una pubblicità per l'ultimo libro della Fallaci
    c. un articolo sulla Fallaci per un'enciclopedia

B. Identifying the author's purpose and point of view.   Scegli la risposta giusta.

    1. Lo scopo dello scrittore è _____.
        a. persuadere
        b. informare
        c. divertire

    2. Il punto di vista dell'autore _____.
        a. sostiene il lavoro di Oriana Fallaci
        b. non sostiene il lavoro di Oriana Fallaci
        c. non ha un'opinione sul lavoro di Oriana Fallaci

C. Identifying the major points of an argument. Le frasi seguenti contengono le informazioni principali dell'articolo oppure no? Decidi se la frase è **vera** o **falsa.**

	vero	falso
1. Oriana Fallaci rappresenta le opinioni di tutti gli italiani.	☐	☐
2. Oriana Fallaci è stata influenzata dal periodo fascista.	☐	☐
3. Il padre della Fallaci aveva un carattere forte, che ha influenzato anche la figlia.	☐	☐
4. Oriana Fallaci si dedica ad alcuni movimenti politici.	☐	☐
5. Oriana Fallaci non è conosciuta fuori d'Italia.	☐	☐

In Italia

Utilizzando le informazioni delle sezioni *In Italia* del libro, decidi se le frasi seguenti sono **vere** o **false**. Se la frase è falsa, cambia una parola per renderla vera.

	vero	falso
1. Manzoni fu un generale rivoluzionario che combatté per l'unificazione d'Italia con mille soldati volontari, chiamati «i Mille».	☐	☐
2. Il movimento dell'Ottocento che cercò di realizzare l'unificazione d'Italia si chiamava «Il Risorgimento».	☐	☐
3. Re Umberto II fu il primo re d'Italia. Poi il popolo italiano votò per abolire la monarchia poco dopo la 2ª Guerra Mondiale.	☐	☐
4. Amerigo Vespucci capì che l'America era un nuovo continente e non parte dell'Asia orientale, come credeva Cristoforo Colombo.	☐	☐
5. Leonardo da Vinci realizzò molte opere famose, come *la Pietà, il David* e gli affreschi della Cappella Sistina.	☐	☐
6. *Nabucco,* la famosa opera di Vivaldi, racconta la schiavitù (*slavery*) degli ebrei (*Hebrews*) in Babilonia, ma rappresenta anche il dominio degli austriaci in Italia nell'Ottocento.	☐	☐

Un personaggio del passato. Pensa a un personaggio famoso del passato. Scrivi un breve testo (100 parole) in cui descrivi come sarebbe quella persona se dovesse tornare in vita, cioè rinascere (*to be reborn*), oggi. Che tipo di lavoro farebbe? Che cosa direbbe? Utilizza l'esempio sotto e il vocabolario del libro.

ESEMPIO: Se Dante Alighieri dovesse rinascere sarebbe un autore famoso anche oggi.
            Troverebbe la lingua italiana diversa ma ancora simile a quella che parlava lui.
            Vincerebbe il Premio Nobel per la letteratura…

Adesso tocca a te!

er saperne di più

Capitolo 1

1.1 Gender

A. Maschile o femminile? Decide if each word is **maschile** or **femminile** and write it in the appropriate category with its definite article.

(attore)   (bici)   (cinema)   (dottoressa)   (mano)   (pittrice)

(problema)   (professore)   (programma)   (radio)   (sistema)   (studentessa)

maschile	femminile
_____	_____
_____	_____
_____	_____
_____	_____
_____	_____

B. Le abbreviazioni. Listen to each word and decide if it is **maschile** or **femminile**. You will hear each word twice. After a brief pause, you will hear the correct answer.

	maschile	femminile
1.	☐	☐
2.	☐	☐
3.	☐	☐
4.	☐	☐
5.	☐	☐

C. Lui o lei? Write the appropriate form of each profession.

	maschile	femminile
1.	_____	attrice
2.	studente	_____
3.	_____	pittrice
4.	professore	_____
5.	_____	dottoressa

1.3 Number

A. Singolare o plurale? Decide whether each word you hear is **singolare** or **plurale.** You will hear each word twice. After a brief pause, you will hear the correct answer.

	singolare	plurale
1.	☐	☐
2.	☐	☐
3.	☐	☐
4.	☐	☐
5.	☐	☐
6.	☐	☐
7.	☐	☐
8.	☐	☐

B. I plurali irregolari. Write the plural form of each of the following words.

1. la crisi _____
2. l'amica _____
3. il re _____
4. il cinema _____
5. l'albergo _____

6. la barca _____
7. la targa _____
8. il lago _____
9. lo psicologo _____

C. Come finisce? Choose the appropriate plural ending for each of the following words ending in -co. **Attenzione!** To help you, the stressed syllable is underlined in each word.

		-chi	-ci
1.	medico → **medi-**	☐	☐
2.	sacco → **sac-**	☐	☐
3.	sindaco (*mayor*) → **sinda-**	☐	☐
4.	pacco → **pac-**	☐	☐
5.	tabacco → **tabac-**	☐	☐
6.	amico → **ami-**	☐	☐

D. La forma giusta. Write the plural form of each of the following singular nouns. **Attenzione!** To help you, the stressed syllable is underlined in each word.

1. bacio _____
2. valigia _____
3. viaggio _____
4. figlio _____

5. provincia _____
6. studio _____
7. bugia _____
8. spiaggia _____

E. Tutti insieme. Write the appropriate singular or plural form of each of the following nouns.

singolare	plurale
1. _____	i programmi
2. il medico	_____
3. _____	gli zii
4. la mano	_____
5. _____	le arance
6. la camicia	_____
7. _____	gli sci
8. l'uomo	_____

Capitolo 2
2.1 Adjectives

A. I plurali irregolari.

Parte prima. Write the plural form of each of the following phrases.

1. una barca larga   due _____
2. un cane stanco   due _____
3. una ragazza simpatica due _____
4. un amico italiano   due _____
5. un vestito largo   due _____

Parte seconda. Listen and write the plural forms of the phrases you hear. You will hear each phrase twice. Repeat the response.

1. _____   4. _____
2. _____   5. _____
3. _____

B. Il singolare.

Parte prima. Write the singular form of each of the following phrases.

1. due amiche belle   _____
2. due vie (streets) larghe _____
3. due giochi (games) nuovi _____
4. due bambini simpatici   _____
5. due dialoghi lunghi   _____

Parte seconda. Listen and write the singular form of the words you hear. You will hear each phrase twice. Repeat the response.

1. un _____   4. una _____

2. un _____   5. una _____

3. un _____

C. Chi è quello?

Listen and decide who or what each question is referring to based on the form of **quello** that you hear.

    ESEMPIO: *You hear:*   Chi è quella?
                   You see: a. il padre di Mario   b. la madre di Mario
                   You choose: b. la madre di Mario

1. _____   a. il professore di Giuseppe   b. la professoressa di Giuseppe

2. _____   a. gli amici di Paolo   b. le amiche di Paolo

3. _____   a. Alberto   b. Silvana

4. _____   a. un libro di filosofia   b. un'enciclopedia

5. _____   a. i bicchieri di plastica   b. le bottiglie di plastica

6. _____   a. un CD italiano   b. una cassetta americana

D. Questo e quello.

Complete each statement with the appropriate form of **questo** or **quello**.

         vicino   **lontano**

1. _____ è la macchina di Veronica,   _____ è la macchina di Luisa.

2. _____ è il mio quaderno,   _____ è il tuo quaderno.

3. _____ è il padre di Enzo,   _____ è la madre di Alessia.

4. _____ sono le penne di Pippo e   _____ sono le penne di Isabella.

5. _____ sono i tuoi CD e   _____ sono i CD di Sandro.

6. _____ sono le amiche di Giulia e _____ sono gli amici di Mauro.

E. È bello o buono?

Parte prima. Complete each of the following phrases with the indefinite article and then with the correct form of **buono**.

    ESEMPIO: film
                 <u>un</u> film → <u>un buon</u> film

1. _____ caffè   _____ _____ caffè

2. _____ pizza   _____ _____ pizza

3. _____ aranciata   _____ _____ aranciata

4. _____ panino   _____ _____ panino

Parte seconda. Complete each phrase with the definite article and then with the correct form of **bello.**

    ESEMPIO: ragazzo
              <u>il</u> ragazzo → <u>il bel</u> ragazzo

1. _____ libro   _____ _____ libro

2. _____ macchina   _____ _____ macchina

3. _____ orologio   _____ _____ orologio

4. _____ zaino   _____ _____ zaino

F. *Bello e buono.* You will hear a series of nouns. Insert **buono** or **bello** in front of the noun and write the phrase in the space provided. You will hear each noun twice. Repeat the response.

    ESEMPIO: *You hear:* un cappuccino
              You write: un buon cappuccino

                buono   **bello**

1. _____   5. _____

2. _____   6. _____

3. _____   7. _____

4. _____   8. _____

● *Check your answers to this activity in the Answer Key at the back of the workbook.*

2.2 *The verbs essere (to be) and avere (to have)*

A. *Hai ragione!* Complete each of the following sentences with one of the following idiomatic expressions with **avere** based on the illustrations. Be sure to use the appropriate form of **avere.**

   (avere bisogno di) (avere paura di) (avere ragione) (avere torto) (avere voglia di)

1.   Marco ha fame. _____ un panino.

2.   Francesca e Eleonora _____ nuotare
     (*to swim*).

(continued)

3.

A lezione con il professore, Stefano

_____ e il professore ha
sempre ragione.

4.

Anna _____ una bottiglia d'acqua.

5.

La madre di Michele _____ e Michele
ha sempre torto.

Capitolo 3

3.3 *Irregular verbs*

A. I verbi irregolari. Write the meanings of the verbs, then complete the chart.

	venire	rimanere	scegliere
	_____	_____	_____
io		rimango	
tu			
lui, lei; Lei			
noi	veniamo		
voi			
loro			scelgono

B. *Rimanere, scegliere e venire.* Repeat each sentence replacing the verb you hear with the correct form for the subject pronoun provided. Repeat the response.

ESEMPIO: *You hear:* Dite grazie a Lisa.
You see: loro
You say: <u>Dicono</u> grazie a Lisa.

1. Lei…   4. io…
2. voi…   5. loro…
3. noi…   6. tu…

C. Quale verbo irregolare? Complete each dialogue with the appropriate forms of the verbs. You may use each verb more than once.

Dialogo 1

(rimanere)   (venire)

RITA: Gianfranco e Marco _____¹ con noi alla festa stasera?

ISABELLA: No. _____² a casa perché c'è un bel film alla TV.

Dialogo 2

(scegliere)   (fare)   (essere)

DAVIDE: Ci _____³ due corsi alle 9.00: matematica e letteratura inglese. Quale

_____⁴?

TOMMASO: È difficile! Mi piacciono tutti e due (*both*)! Cosa _____⁵?

Dialogo 3

(andare)   (avere)   (venire)

FRANCESCA E LISA: Luciano, dove _____⁶?

LUCIANO: _____⁷ in biblioteca. Perché non _____⁸ anche voi?

FRANCESCA E LISA: No, grazie. Ma perché _____⁹ a studiare quando fa bel tempo?

LUCIANO: Purtroppo (*Unfortunately*) _____¹⁰ un esame domani.

FRANCESCA E LISA: Va bene. (Noi) _____¹¹ al mare (*to the sea*). Divertiti! (*Have fun!*)

Capitolo 4

4.4 *The comparative*

A. La parola giusta. Choose the word that best completes each of the following sentences.

1. I tuoi fratelli preferiscono giocare a tennis più <u>di / che</u> studiare la filosofia.

2. Vostra zia Maria è meno simpatica <u>di / che</u> vostro zio Nino.

3. La mia amica è più seria <u>di / che</u> mia sorella.

4. Vado più spesso in discoteca <u>di / che</u> in biblioteca.

5. Un computer è più costoso (*expensive*) <u>di / che</u> un cellulare.

6. Mia nonna ha meno CD <u>di / che</u> cassette.

7. La nostra professoressa parla più in italiano <u>di / che</u> in inglese.

8. Silvia segue meno corsi <u>di / che</u> Paolo questo semestre.

B. *Di o che?* Complete each of the following sentences with **di** or **che**.

1. Lucia è meno triste _____ Manuela.

2. Elisabetta ha più cani _____ gatti.

3. Mio padre è più serio _____ severo.

4. Una tigre è più veloce _____ una tartaruga (*turtle*).

5. Preferiamo andare in Italia più _____ in Francia.

6. Una collina (*hill*) è meno alta _____ una montagna.

7. Mi piace più uscire _____ studiare.

8. Una macchina è meno economica _____ una bicicletta.

C. *Diversi o uguali?* You will hear a series of statements. Listen and determine if the objects or people being compared are the same (**uguali**) or different (**diversi**). You will hear each statement twice.

	diversi	uguali
1.	☐	☐
2.	☐	☐
3.	☐	☐
4.	☐	☐
5.	☐	☐
6.	☐	☐
7.	☐	☐
8.	☐	☐

D. *Ma sei così bello!* Compare the following people and things using **più... di (+)**, **meno... di (−)**, or **(così)... come / (tanto)... quanto (=)** and the adjective in parentheses.

ESEMPIO: Laura / Stefania (+ / alto)
Laura è più alta di Stefania.

1. Antonio / Renato (+ / piccolo)

   _____

2. la storia / la filosofia (= / interessante)

   _____

3. un'italiana / un'americana (− / stressato)

   _____

4. Daniela / Giulia (+ / magro)

   _____

5. gli hamburger / la pasta (= / buono)

   _____

6. una chitarra / un pianoforte (− / grande)

_____

7. mio padre / mio zio (= / simpatico)

_____

Capitolo 5

5.3 *Prepositions*

A. Quale preposizione? Scegli la preposizione giusta.

1. Domani è il compleanno <u>da / di</u> mia sorella. Ha 25 anni.
2. Io e Stefano andiamo a casa <u>a / di</u> Marta dopo pranzo.
3. Questo semestre, odiamo il corso <u>da / di</u> chimica!
4. Silvia ha ricevuto tre e-mail <u>da / con</u> Massimo ieri.
5. La macchina <u>da / di</u> Fabiana è vecchissima, ma funziona (*it runs*) bene.
6. Federica va <u>da / di</u> Paola oggi, perché devono studiare insieme.
7. Luca è partito <u>da / di</u> Roma con l'aereo delle 13.15 ed è arrivato a Milano alle 14.30.
8. Il mio nuovo compagno di stanza (*roommate*) è <u>per / di</u> Napoli.

B. Da o di? Completa le frasi con le forme giuste di **da** o **di**. Attenzione! Usa la preposizione articolata quando è necessaria.

1. Il nostro professore _____ storia conosce bene la storia europea.

2. Marco arriva _____ Parigi domani sera alle 17.00.

3. Parto _____ stazione centrale alle 8.45.

4. La madre _____ Giulia lavora in banca in centro.

5. La palla (*ball*) _____ cane è in cucina.

6. Il mio compagno di stanza è toscano. È _____ Firenze.

7. Luigi e Giacomo vanno _____ Stefano a studiare per l'esame di chimica.

8. Papà ha un appuntamento _____ medico questo pomeriggio alle 16.15.

C. Mini-dialoghi. Completa le frasi con **ci,** quando è necessario. Se non è necessario, non scrivere niente.

Dialogo 1

MARCO: Alfredo, vai in biblioteca stasera?

ALFREDO: Sì, _____[1] vado verso le sei.

Dialogo 2

MARIA E ANDREA: Andate al museo di arte moderna?

ROSARIA E STEFANO: No, _____[2] andiamo in centro a vedere il Duomo.

Dialogo 3

IL PADRE: Quanti studenti _____[3] sono nella tua classe?

ROCCO: Tanti! Almeno (*at least*) 35.

(*continued*)

Dialogo 4

BEATRICE: Venite alla festa stasera?

DIANA E SALVATORE: Prima _____⁴ andiamo a trovare una nostra amica e poi _____⁵ veniamo alla festa. Pensiamo di arrivare verso le undici.

Dialogo 5

VINCENZO: _____⁶ è qualcosa (*something*) da mangiare?

LA MADRE: Non _____⁷ è molto. Vado al supermercato nel pomeriggio.

Capitolo 6

6.1 *The present perfect*

Sapere and *conoscere*

A. Sapere o conoscere? Scegli il verbo giusto per completare le frasi.

1. Marco <u>ha conosciuto / ha saputo</u> Alessia ad una festa l'anno scorso.
2. Gianluca <u>ha conosciuto / ha saputo</u> oggi che Maria non esce più con Matteo.
3. <u>Ho conosciuto / Ho saputo</u> molte persone nuove all'università quest'anno.
4. Laura e Giulia <u>hanno conosciuto / hanno saputo</u> che Paolo stasera va in discoteca.
5. Tu e Filippo <u>avete conosciuto / avete saputo</u> tante ragazze in Spagna quest'anno.
6. <u>Abbiamo conosciuto / Abbiamo saputo</u> perché non sei andato alla partita la settimana scorsa.
7. <u>Hai conosciuto / Hai saputo</u> perché Massimo non ha superato (*did not pass*) l'esame di filosofia?

B. Chi hai conosciuto? Completa le seguenti frasi con la forma giusta di **conoscere** o **sapere** al passato prossimo.

1. Laura _____ il suo ragazzo ad una festa l'anno scorso.

2. Questa mattina (io) _____ il mio nuovo compagno di stanza ed è simpaticissimo.

3. Ieri sera la mamma di Filippo _____ che lui non va più a lezione d'italiano e si è arrabbiata.

4. Tu e Sandra _____ i vostri mariti all'università, non è vero?

5. I nonni di Lisa _____ oggi che lei va in America per un anno e sono tristi.

6. (*tu*) _____ molti ragazzi simpatici in Italia?

7. La mia ragazza _____ che sono uscito con Sandra e mi ha piantato (*dropped me*).

Piacere

A. Mi è piaciuto.

Parte prima. Scegli, per i seguenti cibi, la forma giusta di **piacere** al passato prossimo.

ESEMPIO: *Vedi:* gli spaghetti
Scegli: c. Mi sono piaciuti...

a. Mi è piaciuto...   b. Mi è piaciuta...   c. Mi sono piaciuti...   d. Mi sono piaciute...

1. _____ le zucchine. 4. _____ i tortellini. 7. _____ i funghi.

2. _____ il pesce. 5. _____ il sugo. 8. _____ le patate fritte.

3. _____ la torta. 6. _____ la birra.

Parte seconda. Ti sono piaciute tante cose durante le tue vacanze in Italia l'estate scorsa. Ascolta le parole e scegli la forma giusta di **piacere** al passato prossimo. Le parole saranno ripetute due volte. Ripeti la risposta.

ESEMPIO: *Senti:* le bistecche
Scegli: Mi sono piaciute le bistecche.

a. Mi è piaciuto... b. Mi è piaciuta... c. Mi sono piaciuti... d. Mi sono piaciute...

1. _____ 3. _____ 5. _____ 7. _____ 9. _____

2. _____ 4. _____ 6. _____ 8. _____ 10. _____

B. A Laura è piaciuto...
Laura ed i suoi amici parlano di quello che hanno fatto lo scorso weekend. Scrivi per ognuno una frase che indica ciò che gli è piaciuto fare. Usa il verbo **piacere** al passato prossimo.

ESEMPIO: Dino ha letto molto sabato pomeriggio.

A Dino è piaciuto leggere.

1. Laura ha cantato in chiesa.

_____

2. Mario ha studiato in biblioteca.

_____

3. Stefania e Gessica hanno lavorato al negozio sabato sera.

_____

4. Marco ha suonato il piano.

_____

5. Carla ha scritto sul suo diario venerdì.

_____

6. Luigi e Pietro hanno fatto un giro in bici domenica mattina.

_____

C. Ti è piaciuto?
Ieri sera hai mangiato in un ristorante elegante con gli amici. Rispondi alle domande del tuo compagno di casa / della tua compagna di casa (*housemate*).

ESEMPIO: Ti è piaciuto il vino?

Sì, mi è piaciuto. (No, non mi è piaciuto.)

1. Ti è piaciuto il dolce? _____

2. Ti è piaciuta la musica? _____

3. Ti sono piaciuti i biscotti? _____

4. Ti è piaciuta la birra? _____

5. Ti sono piaciute le patate fritte? _____

6.3 Negative expressions

Other negative expressions

A. Gli esami. Giacomo e Veronica devono studiare per gli esami questa settimana, ma Veronica non vuole studiare. Ascolta la loro conversazione e completa le frasi con le espressioni negative che senti. La conversazione sarà ripetuta due volte.

1. GIACOMO: Veronica, hai _____ studiato per l'esame di scienze politiche?

2. VERONICA: No, _____ ho _____ studiato. Non mi va questa settimana! _____ ho guardato _____ scienze politiche _____ matematica. Che disastro!

   GIACOMO: Allora che fai?

3. VERONICA: Non lo so. _____ posso _____ evitare (*avoid*) il problema. Gli esami sono tra due giorni e _____ ho fatto _____.

4. GIACOMO: Ma perché non vuoi studiare? _____ sei _____ così pigra. Dai, studiamo insieme!

   VERONICA: OK, va bene.

Check your answers to this activity in the Answer Key at the back of the workbook.

B. Tutto al negativo. Metti in ordine le parole in modo da formare delle frasi negative.

1. Emanuela / mai / ho / non / a / telefonato

   _____

2. né / abbiamo / gli gnocchi / mangiato / né / le lasagne / non

   _____

3. Filippo / niente / pranzo / ha / non / mangiato / a

   _____

4. ancora / la nonna / non / ha / il tiramisù / preparato

   _____

5. hanno / né / la chitarra / il pianoforte / non / suonato / né

   _____

C. Non hai ancora finito? Le seguenti persone non fanno mai quello che devono fare. Rispondi alle domande con le espressioni negative tra parentesi.

ESEMPIO: Hai già studiato per l'esame di fisica? (non... ancora)
   No, non ho ancora studiato per l'esame di fisica.

1. Hai studiato l'italiano o la matematica questo weekend? (non... né... né)

   _____

2. Giacomo ha lavato la sua macchina? (non... mai)

   _____

3. Avete già fatto i compiti per domani? (non... ancora)

   _____

4. Devi ancora andare a comprare il pane per la nonna? (non... più)

   _____

5. Siete già andati al mercato oggi? (non... ancora)

   _____

6. Hanno mangiato la frutta e la verdura oggi a pranzo? (non... né... né)

   _____

Capitolo 7
7.4 *Adverbs*

Molto and *poco*

A. Sei molto bravo! Scegli la forma giusta di **molto** o **poco** per completare le frasi.

1. La cugina di Paola ha <u>poco / pochi</u> amici a scuola.
2. La lezione di informatica oggi è stata <u>molto / molta</u> interessante.
3. Gli studenti della mia classe sono <u>poco / pochi</u> divertenti questo semestre.
4. Questa mattina Gianluca ha scritto <u>molto / molte</u> e-mail ai suoi amici in America.
5. Ho studiato <u>molto / molta</u> per l'esame di storia dell'arte e ho preso un brutto voto!
6. Lisa e Mauro hanno comprato <u>poco / pochi</u> libri quest'anno.
7. Sono <u>molto / molta</u> stanca e ho bisogno di una bella vacanza.
8. Il nuovo ragazzo di Manuela non è <u>molta / molto</u> bello, ma è intelligentissimo!

B. Come si scrive? Scrivi le forme giuste di **molto** o **poco** per completare le frasi.

1. Sandrino ha mangiato molt____ gelato e adesso non si sente bene.
2. Marina balla poc____, ma ama andare in discoteca.
3. Silvana non è vegetariana, ma mangia poc____ carne.
4. La madre di Giorgia è molt____ arrabbiata e Giorgia non può uscire stasera.
5. Come si chiama la ragazza in classe che fa sempre molt____ domande?
6. Cucino poc____ perché vivo da solo e non mi piace molt____ cucinare.
7. Renata ha mangiato poc____ a pranzo. Forse non sta bene.
8. I miei genitori hanno molt____ amici e andiamo spesso a trovarli (*visit them*).

Buono/cattivo vs. bene/male

A. Mangia bene! È buono!
Scegli la parola giusta per completare le frasi e segna ✓ se la parola che hai scelto è un aggettivo o un avverbio.

		aggettivo	avverbio
1.	Nostra sorella parla <u>buono / bene</u> l'inglese, ma non è mai stata in America.	☐	☐
2.	Questa torta è <u>buona / bene</u>. Chi l'ha fatta?	☐	☐
3.	Hai detto che giochi <u>cattivo / male</u> a calcio? Ma non è vero!	☐	☐
4.	Non toccare (*touch*) il cane! È <u>cattivo / male</u> e aggredisce (*attacks*) le persone.	☐	☐
5.	Carla suona <u>buona / bene</u> il sassofono. Dove l'ha studiato?	☐	☐
6.	Questa birra è <u>cattiva / male</u>.	☐	☐
7.	Oggi Filippo si sente <u>cattivo / male</u> e non va a scuola.	☐	☐
8.	La pasta in questo ristorante è veramente <u>buona / bene</u>. Vuoi provarla?	☐	☐

B. Scrivi il contrario.
Completa le frasi con il contrario dell'avverbio o dell'aggettivo.

ESEMPIO: La signora non ha **pochi** gatti, ha <u>molti</u> gatti.

1. Il signor Marinucci non ha molte macchine, ha _____ macchine.

2. Lo zio di Mario non gioca bene a carte, gioca veramente _____.

3. Questa pizza non è buona per niente (*at all*)! È proprio _____!

4. Il coro (*choir*) della nostra chiesa non canta male, canta molto _____.

5. Il bambino nuovo della classe non ha pochi amici, adesso ha _____ amici.

6. Abbiamo sentito che il nuovo professore di matematica parla _____ in classe. Non parla poco come l'altra professoressa.

Capitolo 8

The present perfect

The present perfect of *dovere*, *potere*, and *volere*

A. Quale verbo metti?

Parte prima. Leggi le frasi e scegli l'infinito giusto, secondo l'ausiliare usato.

1. Tu e Benedetta non siete voluti _____ in classe lunedì scorsa.
   a. cantare   b. entrare

2. Ieri sera Marco e Lorenzo hanno dovuto _____ alle 8.00.
   a. mangiare   b. partire

3. Lunedì io e Gessica abbiamo voluto _____ prima di tornare a casa.
   a. fare shopping   b. andare al bar

4. A che ora sei potuto _____ sabato sera?
   a. parlare   b. uscire

5. Marco si è sentito male e giovedì non ha potuto _____.
   a. lavorare   b. uscire

6. Io e Marta ieri sera siamo dovute _____ a casa di Giacomo fino alle 11.00.
   a. studiare   b. rimanere

● *Check your answers to the* **Parte prima** *in the Answer Key at the back of the workbook before doing the* **Parte seconda.**

Parte seconda. Adesso riscrivi le frasi con l'altro infinito. **Attenzione!** Devi fare tutti i cambiamenti necessari.

1. <u>Tu e Benedetta non avete voluto cantare in chiesa domenica scorsa.</u> _____

2. _____

3. _____

4. _____

5. _____

B. Dove sei dovuto andare? Scrivi la forma giusta del verbo fra parentesi al passato prossimo.

1. Silvio _____ (volere) uscire con gli amici.

2. Io non _____ (potere) guardare la partita in TV perché _____ (dovere) fare i compiti.

3. La settimana scorsa tu e Mario non _____ (potere) andare al mare perché ha piovuto tutta la settimana.

4. Purtroppo la zia di Cristiano _____ (volere) cucinare, quindi io e lui _____ (dovere) restare a mangiare da lei.

5. Stefania non _____ (potere) venire alla festa ieri sera perché _____ (dovere) studiare letteratura italiana.

6. Perché tu non _____ (volere) visitare il museo con noi? È stato stupendo!

7. I miei cugini _____ (dovere) partire mercoledì scorso per andare in montagna in Svizzera. Io non li ho accompagnati perché non so sciare.

◐ Prepositions

The pronoun *ne*

A. Ne hai? Scrivi la lettera dell'espressione che corrisponde al pronome **ne** per ogni frase.

a. amiche   c. biscotti   e. quaderni
b. d'acqua   d. della scuola   f. di zucchero

1. _____ <u>Ne</u> metto due cucchiaini (*spoonfuls*) nel caffè.

2. _____ Federico <u>ne</u> ha due nuovi nello zaino.

(continued)

3. _____ Elisabetta <u>ne</u> ha molte a scuola.

4. _____ <u>Ne</u> mangiamo sempre molti a casa della nonna.

5. _____ L'insegnante <u>ne</u> parla sempre con le sue colleghe.

6. _____ <u>Ne</u> hai voglia quando fa molto caldo.

B. Le preferenze di Carlo. Ascolta le domande e scegli la risposta giusta. Ogni domanda sarà ripetuta due volte. **Attenzione!** Leggi le risposte prima di ascoltare le domande. Ripeti la risposta.

ESEMPIO: *Senti:* Quante lezioni di ballo preferisce prendere?
Scegli: e. Preferisce prenderne molte.

a. Ne vuole comprare quattro.   d. Ne deve seguire cinque.
b. Preferisce farne pochi.   e. Preferisce prenderne molte.
c. Ne può prendere tre.   f. Può guardarne sei.

1. _____   2. _____   3. _____   4. _____   5. _____

C. Ne mangi? Ascolta le domande e scrivi una risposta con il pronome **ne**. Ogni domanda sarà ripetuta due volte.

ESEMPIO: *Senti:* Mangi verdura?
Scrivi: Sì, ne mangio molta. (No, non ne mangio molta.)

1. _____
2. _____
3. _____
4. _____
5. _____
6. _____
7. _____

▶ *Check your answers to this activity in the Answer Key at the back of the workbook.*

Capitolo 9

9.1 *Indefinite pronouns*

Indefinite adjectives

A. L'aggettivo indefinito giusto. Scegli l'aggettivo indefinito giusto per completare le frasi.

1. Durante la lezione di fisica, <u>qualche / alcuni</u> studenti dormono mentre la professoressa parla.

2. Oggi in centro ho visto <u>qualche / alcuni</u> vestiti che mi piacciono molto.

3. Quest'estate vorrei passare <u>qualche / alcuni</u> giorno a casa di mio zio, in campagna.

4. <u>Qualche / Alcune</u> donne preferiscono non lavorare fuori casa e fanno le casalinghe (*housewives*).

5. Io e Mario abbiamo trovato <u>qualche / alcuni</u> libri interessanti in libreria ieri.

6. Il fratello di Lorenzo ha detto che ci sono <u>qualche / alcuni</u> bei negozi in via Dante, vicino alla piazza.

7. C'è <u>qualche / alcune</u> ristorante cinese in questa zona dove si mangia bene?

B. Singolare o plurale?

Parte prima. Scegli la parola giusta per completare le frasi.

1. La signora Parodi ha visto qualche _____ al mercato.
   a. borsa   b. borse

2. Stefania ha alcuni _____ difficili all'università questo semestre.
   a. corso   b. corsi

3. Comprerai qualche _____ di vino quando andrai in Toscana?
   a. bottiglia   b. bottiglie

4. Io e Lorenzo studieremo con alcuni _____ di classe per l'esame di biologia.
   a. compagno   b. compagni

5. La mia ragazza ha visto alcune _____ che vuole quest'anno per Natale.
   a. collana   b. collane

Parte seconda. Adesso riscrivi le frasi con la parola che non hai scelto e fai tutti i cambiamenti necessari.

1. _____

2. _____

3. _____

4. _____

5. _____

C. *Alcuni, alcune o qualche?* Completa le frasi con **qualche, alcuni** o **alcune.**

1. Federico conosce _____ architetto che in questo periodo sta cercando lavoro.

2. Abbiamo sentito che _____ insegnanti della scuola hanno deciso di non tornare l'anno prossimo.

3. Mi sono vestito bene perché oggi vengono in ufficio _____ dirigenti importanti.

4. Marilena ha scritto _____ lettera a sua sorella, ma non ha ancora avuto una risposta.

5. Hanno visto che _____ magliette nel negozio di via Dante costano veramente troppo.

9.4 *The relative pronoun* che

The relative pronoun *cui*

A. *Che o cui?* Scegli il pronome relativo giusto.

1. Il ragazzo <u>che / con cui</u> esce Maria stasera, è medico.

2. Ho saputo ieri <u>che / di cui</u> mia madre verrà in Italia a Pasqua. Ti va bene o no?

3. L'uomo <u>che / a cui</u> ho scritto l'e-mail è professore all'Università di Bologna.

4. Il film <u>che / di cui</u> parla Gianni è conosciutissimo in Italia in questo periodo.

5. Mi piace leggere i libri <u>che / a cui</u> parlano della guerra in Europa.

6. Silvia è una bambina <u>che / con cui</u> ascolta sempre i genitori e non crea mai problemi.

7. La bambina <u>che / a cui</u> ho regalato la maglietta rossa è mia nipote. È carina, no?

B. Decidi tu! Scrivi il pronome relativo giusto per completare le frasi.

(che)   (a cui)   (con cui)   (di cui)

1. Il concerto _____ tutti parlano è stasera alle 8.30.

2. La settimana scorsa Marco ha conosciuto un signore _____ conosce suo nonno.

3. La ragazza _____ vado all'università tutti i giorni frequenta il mio stesso corso di fisica.

4. Quel ristorante _____ ti piace tanto ha dei dolci favolosi (*fabulous*)!

5. Il cane _____ ho dato la carne torna a casa nostra ogni sera verso l'ora di cena.

6. L'uomo _____ sposa la tua amica è poco socievole (*friendly*).

7. Il film _____ ho visto l'altra sera non mi è piaciuto. A te è piaciuto?

Capitolo 10

Lessico

Suffixes

A. Tante parole!

Parte prima. Scrivi il nome senza il suffisso. Dopo scegli il particolare significato che ogni suffisso dà al nome.

			cattivo	grande	piccolo
1.	nasone	_____	☐	☐	☐
2.	ragazzaccio	_____	☐	☐	☐
3.	fratellino	_____	☐	☐	☐
4.	esamone	_____	☐	☐	☐
5.	sorellina	_____	☐	☐	☐
6.	libraccio	_____	☐	☐	☐
7.	regalino	_____	☐	☐	☐
8.	donnina	_____	☐	☐	☐

Parte seconda. Scrivi le parole nel gruppo giusto, secondo il significato: **finestrina, librone, macchinona, manina, nasino, parolaccia, ragazzina, ragazzone, tempaccio.**

cattivo/brutto	grande	piccolo/caro (*endearment*)
1. _____	1. _____	1. _____
2. _____	2. _____	2. _____
	3. _____	3. _____
		4. _____

B. Parole diverse. Completa le frasi con il suffisso giusto.

ESEMPIO: Oggi abbiamo due esam_oni_. Durano (*they last*) due ore!

1. Hai comprato i libr_____ di storia? Hai visto quanto sono grossi?

2. Avete visto quella ragazz_____? È così piccola, ma avrà 12 anni.

3. Mia nonna aveva un naso molto piccolo. Era proprio un nas_____.

4. Federico ha preso una piccola Fiat la settimana scorsa. È davvero una macchin_____.

5. Quei ragazzi sono veramente cattivi. Sono proprio dei ragazz_____.

6. Giacomo ha due sorelle più piccole. Le sue sorell_____ si chiamano Sara e Anna.

7. Ieri abbiamo visto la bambina di Sara, che è appena nata. Piangeva (*cried*) e muoveva (*moved*) in

   continuazione le man_____.

C. Trasformazioni. Ascolta le definizioni e dopo scrivi il nome con il suffisso appropriato a cui corrisponde. Ogni descrizione sarà ripetuta due volte.

ESEMPIO: *Senti:* un grande naso
Scrivi: un nasone

1. _____   4. _____

2. _____   5. _____

3. _____   6. _____

Check your answers to this activity in the Answer Key at the back of the workbook.

Capitolo 11

11.1 *The imperfect vs. the present perfect*

da/per + expressions of time

A. L'uno o l'altro.

Parte prima. Scegli **da** o **per** per completare le frasi.

1. Marco ha giocato a calcio <u>da / per</u> quattro anni quando era giovane.

2. Studio all'università <u>da / per</u> tre anni e mi piace moltissimo.

3. Giorgia e Renato vivono a Milano <u>da / per</u> dieci anni ma adesso si trasferiscono a Firenze.

4. Io e Diego abbiamo frequentato la stessa scuola <u>da / per</u> cinque anni.

5. Hai la stessa macchina <u>da / per</u> sette anni. Non ti va di cambiarla?

Parte seconda. Leggi le frasi e decidi se il verbo deve essere al presente o al passato prossimo.

1. Lucio <u>parla / ha parlato</u> al telefono per due ore ieri sera.

2. Valerio e Gabriella <u>escono / sono usciti</u> insieme da due anni.

3. Io e Cristiano non <u>ci vediamo / ci siamo visti</u> da tre settimane.

4. Non <u>vado / sono andata</u> a lezione per tre giorni perché ero ammalata.

5. Non <u>esci / sei uscito</u> da quasi (*almost*) una settimana. C'è qualcosa che non va?

B. Da o per?   Completa le frasi con **da** o **per**.

1. Elisabetta e Carlo hanno lavorato alla gelateria _____ cinque mesi.

2. Giulia non ha lavorato _____ quattro mesi ma finalmente ha trovato un lavoro fisso (*steady*).

3. Gli zii vivono in Sardegna _____ vent'anni e non vogliono più tornare a Torino.

4. Annalisa non ha controllato (*to check*) le sue e-mail _____ una settimana e aveva più di cinquanta messaggi.

5. Bambini, guardate la TV _____ tre ore! Perché non andate fuori a giocare?

6. Sai che Gianluca conosce la sua ragazza _____ sette anni? In autunno, finalmente, si sposano.

7. Io e Paola abbiamo risparmiato _____ un anno per poter andare in vacanza quest'estate.

8. Marcello ha la patente (*driver's license*) _____ due anni, ma non guida (*drives*) tanto bene.

C. E tu?   Rispondi alle domande con delle frasi complete.

1. Da quanto tempo studi l'italiano?

_____

2. Quante ore hai studiato ieri sera?

_____

3. Da quanto tempo studi all'università?

_____

4. Quante ore hai guardato la televisione la settimana scorsa?

_____

5. Da quanti anni sai usare il computer?

_____

Sapere e conoscere

A. Al passato prossimo o all'imperfetto?   Leggi le frasi e decidi se bisogna usare il passato prossimo o l'imperfetto di **conoscere** o **sapere**.

(conoscere)

1. Ieri sera in discoteca Matteo _____ una bella ragazza spagnola.
   a. ha conosciuto   b. conosceva

2. Paola, quando aveva 10 anni, _____ già la sua migliore amica.
   a. ha conosciuto   b. conosceva

3. Per fortuna _____ molti colleghi simpatici il primo giorno del mio nuovo lavoro.
   a. ho conosciuto   b. conoscevo

(sapere)

1. Filippo e Diego non _____ andare in bicicletta da piccoli.
   a. hanno saputo   b. sapevano

2. _____ perché Stefania non voleva parlare con Marco a cena. Stefania mi ha raccontato tutto stamattina.
   a. Ho saputo   b. Sapevo

3. Siamo andate a fare shopping, ma Eleonora non _____ cosa comprare.
   a. ha saputo   b. sapeva

4. Ieri Giovanna _____ che Enrico non vive più a Bologna. Si è trasferito a Chicago due mesi fa.
   a. ha saputo   b. sapeva

B. Conoscere o sapere?
Completa i mini-dialoghi con la forma giusta di **conoscere** o **sapere** al passato prossimo o all'imperfetto. **Attenzione!** Fai l'accordo del participio passato quando è necessario.

Dialogo 1
(conoscere)

CINZIA: (tu) _____[1] già il ragazzo con cui parlavi al bar ieri sera?

GIADA: No, (io) l'_____[2] ieri sera. Mi ha offerto una birra e abbiamo cominciato a parlare.

Dialogo 2
(sapere)

MATTEO: (io) Non _____[3] che Ugo e Simona stavano insieme!

LUCA: Io _____[4] tre settimane fa che Simona era innamorata cotta[a] di Ugo.

Dialogo 3
(sapere)

PATRIZIA: (tu) _____[5] parlare bene quando avevi due anni?

ELISABETTA: No, ma (io) _____[6] parlare bene l'inglese e l'italiano quando avevo quattro anni.

[a]innamorata... *madly in love*

11.2 *Object pronouns*

Object pronouns and the present perfect

A. Chi l'ha visto?

Parte prima. Completa le frasi con un pronome complemento diretto (**lo, la, li, le, l'**) o indiretto (**gli, le**).

1. Io e Fausto abbiamo comprato le scarpe ieri al negozio.

   Io e Fausto _____ abbiamo comprate ieri al negozio.

2. La nonna ha visto le bambine al parco.

   La nonna _____ ha viste al parco.

3. Francesca e Sara hanno mangiato la torta dopo pranzo.

   Francesca e Sara _____ hanno mangiata dopo pranzo.

(continued)

4. Con chi hai fatto gli esercizi?

   Con chi _____ hai fatti?

5. Questo weekend gli studenti non hanno fatto i compiti.

   Questo weekend gli studenti non _____ hanno fatti.

6. A che ora hai inviato l'e-mail?

   A che ora _____ hai inviata?

7. Rosalba ha telefonato a Laura.

   Rosalba _____ ha telefonato.

8. Io e Carla abbiamo risposto a Giacomo e Vincenzo ieri.

   Io e Carla _____ abbiamo risposto ieri.

9. Marco ha spiegato i pronomi a Patrizia.

   Marco _____ ha spiegato i pronomi.

10. La signora Giannini ha offerto il caffè agli ospiti.

    La signora Giannini _____ ha offerto il caffè.

B. Tante frasi.
Riscrivi le frasi usando un pronome complemento diretto o indiretto. **Attenzione!** Decidi dov'è necessario l'accordo del participio passato.

1. Marco ha messo *i bicchieri* sul tavolo.

   _____

2. Federico ha scritto una lettera *a Paola.*

   _____

3. Chiara ha dato *le chiavi* (*keys*) a Marcello stamattina.

   _____

4. Valeria e Giancarlo hanno inviato un SMS *a Maria.*

   _____

5. La mamma ha preparato *i tortellini* per cena.

   _____

6. Alberto ha messo *le lampade nuove* nel soggiorno.

   _____

7. Elisa ha spedito *la cartolina* (*postcard*) dalla Sicilia.

   _____

8. I genitori hanno telefonato *alla figlia* sul telefonino.

   _____

Capitolo 12

12.1 *The past absolute*

The past absolute vs. the imperfect

A. Il sogno di Arianna.

Parte prima. Leggi il testo, sottolinea i verbi al passato remoto e fai un cerchio intorno ai verbi all'imperfetto.

C'era una volta una bambina di nome Arianna che amava leggere. Arianna aveva sette anni e tutte le sere prima di andare a letto leggeva una storia. Una sera faceva molto freddo fuori e Arianna iniziò a leggere «Biancaneve e i sette nani» (*Snow White and the Seven Dwarfs*). Chiuse gli occhi per un attimo, ma quando li riaprì era in una piccola casa nel bosco (*forest*). Pochi minuti dopo, sentì (*heard*) delle persone che parlavano fuori e poi sette piccoli uomini entrarono in casa. Le dissero «buona sera» e poi le chiesero (*asked*) il suo nome. Prima di rispondergli, Arianna si svegliò. Era tutto un sogno (*dream*)!

Parte seconda. Adesso scrivi l'infinito di tutti i verbi al passato remoto che hai trovato nella **Parte prima**.

1. _____   5. _____

2. _____   6. _____

3. _____   7. _____

4. _____   8. _____

B. L'imperfetto e il passato remoto.

Parte prima. Completa le frasi con la forma giusta dei seguenti verbi all'imperfetto.

(avere) (essere) (guardare) (lavorare) (parlare) (sapere) (vivere)

1. Quando lo scrittore morì, il suo libro _____ già molto famoso.

2. La mia bisnonna (*great grandmother*), quando era giovane, scrisse tante lettere al suo fidanzato che _____ in Sicilia.

3. Mentre tutti _____ lo spettacolo, al cantante mancò la voce (*lost his voice*).

4. Quando Giovanni finì il liceo, _____ già da un anno con suo padre alla gioielleria.

5. Pietro conobbe sua moglie quando _____ 21 anni.

6. Quando nacque Giulio Cesare nessuno _____ l'italiano.

7. Il principe (*prince*) disse che non _____ andare a cavallo (*ride a horse*).

Parte seconda. Adesso scrivi il passato prossimo dei verbi al passato remoto delle frasi della **Parte prima**.

1. _____ è morto _____   5. _____

2. _____   6. _____

3. _____   7. _____

4. _____

 *Object pronouns*

Double object pronouns

A. In un altro modo.

Parte prima. Sottolinea il complemento diretto e fai un cerchio intorno al complemento indiretto.

> ESEMPIO: Marco scrive <u>un'e-mail</u> (a Gessica.)

1. Mi manderanno i biglietti a casa.
2. Mario e Massimo hanno fatto un regalo ad Antonello.
3. Alessandro vi compra sempre il pane.
4. Arianna prepara la cena per i bambini tutte le sere.
5. Ti hanno restituito (*gave back*) le tue matite?
6. I bambini vi hanno chiesto questi biscotti?

Parte seconda. Adesso scegli gli equivalenti pronomi doppi per le frasi della **Parte prima**.

> ESEMPIO: *Vedi:*   Marco scrive <u>un'e-mail</u> (a Gessica.)
>
> > a. Glielo scrive.
> > b. Gliela scrive.
> > c. Gliele scrive.
>
> *Scegli:*   b

1. ____	a. Me li manderanno.	b. Me le manderanno.	c. Me lo manderanno.
2. ____	a. Gliel'hanno fatta.	b. Glieli hanno fatti.	c. Gliel'hanno fatto.
3. ____	a. Ve la compra.	b. Ve le compra.	c. Ve lo compra.
4. ____	a. Gliele prepara.	b. Gliela prepara.	c. Glieli prepara.
5. ____	a. Te l'hanno restituito?	b. Te l'hanno restituita?	c. Te le hanno restituite?
6. ____	a. Ve le hanno chieste?	b. Ve li hanno chiesti?	c. Ve l'hanno chiesto?

B. Il pronomi giusti.

Parte prima. Completa le frasi con il pronome doppio giusto.

(ce lo)   (gliele)   (glielo)✓   (glieli)   (me li)   (te la)   (ve lo)

> ESEMPIO: Carlo offre il caffè a suo fratello.
> Carlo <u>glielo</u> offre.

1. Gianna e Valeria comprano sempre le birre per Matteo e Diego.

   Gianna e Valeria _____ comprano sempre.

2. Ti preparo io la cena questa sera.

   _____ preparo io questa sera.

3. Laura restituirà i libri a Paolo stasera.

   Laura _____ restituirà stasera.

4. La nonna ci porterà il panettone a Natale.

   La nonna _____ porterà a Natale.

5. Marco mi regala gli ultimi CD dei miei gruppi preferiti per il mio compleanno.

   Marco _____ regala per il mio compleanno.

6. Vi prendiamo noi il vino.

   _____ prendiamo noi.

Parte seconda. Adesso trasforma le nuove frasi al passato prossimo.

1. _____
2. _____
3. _____
4. _____
5. _____
6. _____

C. Che ne dici? Rispondi alle domande con i pronomi doppi.

ESEMPIO: *Vedi:* Dai tu gli appunti a Giuseppina?
Scrivi: Sì, *glieli* do io.

1. Marco presta i soldi a Stefano?

   Sì, _____

2. Tu e Vincenzo scriverete un SMS a Marcello?

   No, _____

3. Prepari il pollo arrosto per gli zii?

   Sì, _____

4. Luca e Giulio serviranno il caffè agli ospiti (*guests*)?

   No, _____

5. Michele prende il giornale per il nonno tutti i giorni?

   Sì, _____

6. Patrizia e Giacomo hanno fatto la torta per Renata?

   No, _____

7. Hai comprato le magliette per le bambine?

   Sì, _____

8. Avete comprato le riviste per Elena?

   No, _____

Capitolo 13
The future
The future of probability

A. Dove sarà? Scegli l'ipotesi più probabile per le seguenti situazioni.

1. Sono le 11.30 di sera e Marco non è in soggiorno. Dove sarà?
   a. Sarà a scuola.   b. Sarà a letto.

(continued)

2. Il cane ti guarda e abbaia (*barks*). È ora di mangiare.
   a. Avrà fame.   b. Avrà freddo.

3. Luca e Federica non si parlano e non si guardano.
   a. Saranno arrabbiati l'uno con l'altro.   b. Saranno allegri.

4. Antonio, uno studente serio, ha un esame.
   a. Uscirà con gli amici.   b. Studierà.

5. È domenica. Sono le 10.00 di mattina e i tuoi nonni non rispondono al telefono.
   a. Saranno in chiesa.   b. Saranno in soggiorno.

6. Marcella ha appena fatto una passeggiata e fa molto caldo fuori.
   a. Avrà sete.   b. Avrà paura.

7. La mamma prepara il pranzo in cucina.
   a. Saranno le 20.00.   b. Saranno le 13.00.

B. Che ne dici tu? Leggi le situazioni. Dopo scrivi una risposta alle domande usando un'ipotesi appropriata.

> ESEMPIO: *Leggi:* Sono le 11.00 di mattina e Sofia non è a casa. Dove sarà?
> *Scrivi:* *Sarà al lavoro.*

1. È tardi e Maria è molto stanca. Che vorrà fare?
   _____

2. Giulia e Susanna non vogliono uscire domani sera. Che faranno?
   _____

3. Paola non mangia a casa oggi. Dove mangerà?
   _____

4. Alberto non esce di casa. Perché?
   _____

5. I genitori di Lucia sono partiti per le vacanze stamattina. Dove saranno andati?
   _____

6. Mario non è a lezione. Dove sarà?
   _____

13.1 *The present conditional*

The past conditional

A. L'ausiliare giusto. Completa le frasi con l'ausiliare giusto.

1. _____ fatto i compiti ieri sera, ma sono andato a letto presto.
   a. Avrei   b. Sarei

2. Marco _____ partito per la Cina questa settimana, ma non aveva ancora il passaporto.
   a. avrebbe   b. sarebbe

3. Carla e Patrizia _____ nuotato in piscina, ma non avevano i costumi da bagno.
   a. avrebbero   b. sarebbero

4. Martino _____ dovuto portare un ombrello a scuola oggi, ma l'ha lasciato (*left*) a casa.
   a. avrebbe   b. sarebbe

5. _____ visitato la Cappella Sistina a Roma, ma non avevamo tempo.
   a. Avremmo   b. Saremmo

6. Mia zia _____ arrivata ieri da Milano, ma ha perso (*missed*) il treno.
   a. avrebbe   b. sarebbe

7. Io e Angelo _____ voluti venire a ballare con voi, ma non avevamo i soldi.
   a. avremmo   b. saremmo

8. Tu e Pino _____ telefonato a Valeria, ma lei non aveva il telefonino acceso (*turned on*).
   a. avreste   b. sareste

9. _____ venuta alla festa, ma dovevi andare al cinema con Gianni.
   a. Avresti   b. Saresti

10. Cinzia e Rita _____ volute partire per la Germania oggi, ma il volo (*flight*) è stato cancellato.
    a. avrebbero   b. sarebbero

B. Avrei dovuto... Completa con la forma giusta di **dovere**, **potere** o **volere** al condizionale passato. **Attenzione!** Per alcune frasi c'è *una sola possibilità*.

1. Francesca _____ portare i sandali oggi, ma ha piovuto tutto il giorno.

2. Tu e Aldo _____ andare al mare con gli zii. Si sono divertiti molto.

3. Io e Valerio _____ guardare la partita di calcio alla TV. Dicono che è stata stupenda!

4. I miei nonni _____ visitare l'America, ma adesso non vogliono viaggiare in aereo.

5. Io _____ venire in macchina con Silvio, ma ho preferito venire a piedi.

6. Tu _____ mangiare i tortellini della zia Carmela. Erano veramente buoni!

7. Franco _____ rimanere a casa invece di uscire perché aveva promesso di badare (*take care of*) al suo fratellino.

8. Silvia _____ cantare in chiesa domenica, ma aveva il raffreddore e le faceva male la gola (*throat*).

9. Gianfranco e Tommaso _____ arrivare stasera alle 8.00, ma hanno avuto problemi con la macchina.

C. Cosa avresti fatto tu? Leggi le seguenti situazioni e scrivi quello che avresti fatto tu. Usa il condizionale passato.

1. Marco aveva un esame alle 10.00. Mentre andava all'università, l'autobus ha avuto un guasto (*broke down*) e tutti sono dovuti scendere. Il prossimo autobus doveva (*was supposed to*) arrivare alle 10.05. Cosa avresti fatto tu?

_____

2. Emiliano ha comprato la macchina del suo migliore amico, ma dopo una settimana non si metteva più in moto (*didn't start anymore*). Cosa avresti fatto tu?

_____

3. Mario e i suoi compagni sono andati a lezione, ma la professoressa non c'era. Cosa avresti fatto tu?

_____

4. Alessia è salita sull'aereo e il suo posto (*seat*) era già occupato. Cosa avresti fatto tu?

_____

5. Carlo è andato a cena con una ragazza che ha appena conosciuto, ma i due hanno scoperto di non andare molto d'accordo (*get along well*). Cosa avresti fatto tu?

_____

6. Salvatore e Benedetta sono andati a ballare, ma quando sono arrivati la discoteca era chiusa. Cosa avresti fatto tu?

_____

Capitolo 14
14.2 *The present subjunctive*
More irregular verbs in the subjunctive

A. I verbi irregolari. Scrivi il significato dei seguenti verbi e completa la scheda con le forme giuste del congiuntivo presente.

	bere	dire	potere	volere	venire
	to drink	____	____	____	____
io			possa		
tu					venga
lui, lei; Lei	beva				
noi					
voi				vogliate	
loro		dicano			

B. Che situazione! Ascolta le seguenti situazioni e poi scegli l'ipotesi giusta. Ogni situazione sarà ripetuta due volte.

1. a. Credo che Maria piaccia a Roberto.
   b. Credo che Roberto piaccia a Maria.
   c. Credo che a Roberto piaccia stare a casa da solo.

2. a. Non penso che abbiano tanti amici.
   b. Penso che studino poco.
   c. Penso che abbiano un esame importante questa settimana.

3. a. È possibile che Lucia non abbia molti soldi.
   b. È possibile che Lucia abbia tantissimi soldi.
   c. Credo che Lucia debba dormire.

4. a. Rita pensa che Silvia voglia ballare anche lei.
   b. Rita non vuole che Silvia vada a ballare.
   c. Rita non vuole che le altre amiche vadano a ballare.

5. a. Piero non vuole che i suoi genitori sappiano dove va.
   b. Piero vuole che questa sera sua sorella esca con lui.
   c. Piero vuole che questa sera sua sorella rimanga a casa.

C. Qual è la forma al congiuntivo? Scegli la forma al congiuntivo per completare le frasi.

1. Credo che Mario può / possa venire al mare con noi domani.

2. È importante che Stefania e Rita non bevano / bevono troppo stasera.

3. Non voglio che Silvia venga / viene a teatro perché parla sempre.

4. La mamma è contenta che i ragazzi fanno / facciano i compiti subito dopo la scuola.

5. Penso che tu e Diego dobbiate / dovete parlare con Stefano domani.

6. Non crediamo che la scuola è / sia facile quest'anno.

7. Bisogna che tutti stiano / stanno a casa stasera perché fa brutto tempo.

8. Voglio che tu sai / sappia la verità.

D. Quale verbo? Completa le frasi con la forma giusta di uno dei seguenti verbi.

(avere) (bere) (dare) (essere) (fare) (piacere) (uscire) (volere)

1. Enrico crede che Benedetta _____ andare al cinema con lui questo weekend.

2. Voglio che la mamma mi _____ dei soldi per comprare un nuovo CD.

3. Penso che a Laura _____ lavorare al ristorante.

4. È importante che gli studenti _____ delle domande durante la lezione.

5. Bisogna che tu _____ molta acqua quando fai sport.

6. Paola è contenta che tu e Mario _____ con lei stasera.

7. Credo che Stefania e Luca _____ molti nuovi amici all'università.

8. Carlo pensa che Roma _____ troppo grande e vuole vivere in una città più piccola.

14.3 *Verbs and expressions followed by the subjunctive*

a/di + infinitive

A. A o di? Completa le seguenti frasi con la preposizione a o di.

1. Ho finito a / di studiare e adesso devo pulire la cucina.

2. Laura viene a / di guardare un film a casa nostra stasera.

3. Vorrei imparare a / di cucire (*to sew*) come la mia mamma.

4. È importante che lo zio smetta a / di fumare perché fa male alla salute.

5. Io e Giorgio cerchiamo sempre a / di andare a letto presto nei giorni lavorativi.

6. Ho paura che tuo fratello non riesca a / di capire la gravità (*seriousness*) della situazione.

7. Papà non crede a / di finire presto al lavoro stasera.

B. Preposizione o no? Scegli il verbo giusto per completare le frasi.

1. Luisa _____ di chiudere la porta quando è uscita di casa stamattina.
   a. ha dimenticato   b. ha dovuto

2. Io e Giacomo _____ comprare una casa al mare.
   a. pensiamo   b. vogliamo

3. Lorenzo e Fabio non _____ a mangiare una pizza stasera perché hanno molti compiti.
   a. possono   b. vanno

4. _____ di vedere quel nuovo film venerdì sera.
   a. Speriamo   b. Andiamo

5. Paola _____ lavorare la domenica, ma ha bisogno di soldi.
   a. viene   b. odia

6. _____ a piovere quando siamo arrivate a Bologna.
   a. Ha cominciato   b. Ha smesso

7. Filippo _____ di venire alla festa di compleanno di Giulia.
   a. è potuto   b. ha promesso

8. Maria _____ ad andare a lezione, ma non arriva prima delle 9.00.
   a. continua   b. preferisce

C. Che cosa dicono?

Parte prima. Ascolta le domande e scrivi il **verbo** + **a/di** + **infinito** che senti. Ogni frase sarà ripetuta due volte.

1. _____ fare trekking in montagna quest'anno?

2. _____ diventare medico un giorno?

3. _____ capire le lezioni d'italiano?

4. _____ mangiare una pizza questo weekend?

5. _____ tornare a casa presto sabato sera?

6. _____ telefonare alla tua famiglia?

● *Check your answers to the* **Parte prima** *in the Answer Key at the back of the workbook before doing the* **Parte seconda.**

Parte seconda. Adesso scrivi una risposta appropriata alle domande della **Parte prima.**

1. _____

2. _____

3. _____

4. _____

5. _____

6. _____

Capitolo 15
15.2 *Subjuntive vs. indicative*

A. Completa le frasi. Abbina gli elementi dell'insieme A con gli elementi dell'insieme B per formare delle frasi complete.

A

1. Il professore racconta una barzelletta perché _____

2. Alessandro deve decidere cosa preparare per cena prima che _____

3. Tu e Lucio vi lasciate benché _____

4. Marco si licenzia a condizione che _____

5. Diego e Rita cambiano casa sebbene _____

6. Io e Paola vogliamo parlare senza che _____

B

a. qualcuno ci senta.

b. siano contenti della casa dove abitano adesso.

c. vi vogliate ancora molto bene.

d. arrivino gli ospiti.

e. gli studenti ridano (*laugh*) un po'.

f. trovi un altro lavoro a tempo pieno.

B. La congiunzione giusta. Scegli la congiunzione giusta per completare le frasi.

1. L'insegnante spiega la lezione perché / a condizione che gli studenti capiscano meglio.

2. Giacomo e Silvia non vogliono andare a Livorno purché / sebbene la nonna viva lì.

3. Alberto parte presto tutti i giorni per andare al lavoro, affinché / prima che ci sia troppo traffico.

4. Federico non esce di casa senza / senza che dare un bacio a sua moglie.

5. Marilena può saltare (*skip*) le lezioni domani affinché / purché studi e faccia tutti i compiti.

6. I miei amici non possono spendere molti soldi quando escono benché / perché tutti lavorino a tempo pieno.

7. Leggo un capitolo del libro d'italiano tutti i giorni prima che / prima di andare a lezione.

C. Frasi tue! Completa le frasi. Attenzione! Alcune frasi non saranno al congiuntivo.

1. Cerco un lavoro part-time affinché _____.

2. Vado a lezione senza _____.

3. Do venti dollari al mio amico a condizione che _____.

4. Le tasse universitarie aumentano sebbene _____.

5. La sera mi rilasso prima di _____.

6. La vita universitaria è bella benché _____.

15.3 Hypotheticals of possibility

The imperfect subjunctive

A. L'imperfetto del congiuntivo.
Scrivi il significato dei seguenti verbi e completa la scheda con le forme giuste dell'imperfetto del congiuntivo.

	cambiare _____	discutere _____	costruire *to build*	dare _____	fare _____
io					facessi
tu	cambiassi				
lui, lei; Lei				desse	
noi			costruissimo		
voi					
loro		discutessero			

B. Completa i verbi.
Completa i verbi con le desinenze giuste dell'imperfetto del congiuntivo o del condizionale.

1. Se Giacomo e Lucia fo_____ liberi stasera, io e Franco potr_____ uscire con loro.

2. I nonni non andr_____ in aereo se i biglietti costa_____ molto.

3. Se tu e Fausto de_____ i soldi a Marcella, lei li spender_____ subito.

4. Riccardo dormir_____ un po' in treno se le signore non parl_____ così tanto.

5. Se i suoi amici non vole_____, Irene non partir_____ per Milano.

6. Se io e Laura non organizz_____ un viaggio in Africa, non ci rilasser_____ mai.

7. Paolo non cercher_____ mai un lavoro se i suoi genitori non gli dice_____ mai niente.

C. Il verbo mancante.
Completa le frasi con l'imperfetto del congiuntivo dei verbi della lista.

(ascoltare) (dire) (essere) (fare) (immigrare) (raccontare) (scherzare)

1. Se molti stranieri _____ in Italia, la popolazione italiana crescerebbe.

2. Se io e Laura _____ i compiti insieme, finiremmo più presto.

3. Se Giuseppe e Leonardo _____ gli insegnanti, avrebbero migliori risultati a scuola.

4. Se Gianluca _____ sempre la verità, i suoi genitori si fiderebbero di (*would trust*) lui.

5. Se tu e Gianna _____ buone amiche, lei ti inviterebbe di sicuro alla sua festa.

6. Se io e Filippo _____ troppo con la mamma, lei si arrabbierebbe con noi.

7. Se i nonni non _____ le loro storie, il Natale non sarebbe così divertente.

D. Se tutto fosse possibile... Completa le frasi usando l'imperfetto del congiuntivo o il condizionale.

1. Se Teresa e Marta andassero al mare, _____.

2. _____, i nonni non andrebbero in pensione.

3. Se Giulio discutesse di tutto con i suoi genitori, _____.

4. _____, non ci sarebbero problemi di delinquenza.

5. Se i dialetti scomparissero, _____.

6. _____, non litigherebbero più.

Capitolo 16
Object pronouns

Stressed pronouns

A. Con chi? Completa i mini-dialoghi con i pronomi tonici giusti della lista.

(lei) (Lei) (loro) (lui) (me) (noi) (sé) (te) (voi)

1. ALESSIO: Federica sa che vai al mare domani?

    BENEDETTA: Sì, ho già parlato con _____ e ha detto che non può venire.

2. PATRIZIA: Io e Roberto usciamo stasera. Tu che fai?

    LORENZO: Mi piacerebbe uscire con _____, ma devo uscire con Valentina.

3. LA MAMMA: Anche Marco e Giada studiano in biblioteca?

    VINCENZO: Sì, ma io non studio con _____. Studio con Diego e Carlo.

4. FILIPPO: Vado in montagna a fare trekking domani. Vuoi venire con _____?

    GIUSEPPE: No, mi dispiace. Non posso venire con _____.

5. GIANLUCA: Professor Ranieri, posso discutere del mio voto con _____?

    PROF. RANIERI: Certo. Vuole venire nel mio ufficio?

6. TOMMASO: Io e Stefano andiamo al museo oggi. Volete venire con _____?

    LUIGI: Sì, ma a che ora andate?

7. VALENTINA: Hai visto Massimo al mare ieri?

    SARA: No, non ho visto _____, ma ho visto Luca.

8. LAURA: Enrico è davvero egoista!

    GIANNA: Lo so. Parla sempre di _____ e non pensa agli altri.

B. Sono più bravo di te! Completa i comparativi con i pronomi tonici giusti.

1. Giacomo è alto e io sono basso. Giacomo è più alto di _____.

2. Io sono nervoso e tu sei tranquillo. Io sono più nervoso di _____.

3. Paolo ha 55 anni e Marco ha 47 anni. Paolo è più grande di _____.

4. Io gioco a calcio e a tennis. Tu e Rita non fate nessuno sport. Io sono più attivo di _____.

5. I miei genitori lavorano molto e io sto tutto il giorno a casa. Io sono più pigro di _____.

6. Voi avete finito i compiti alle 5.00. Io e Sandro abbiamo finito i compiti alle 6.00. Voi siete stati più veloci di _____.

Pronominal verbs and the idiomatic expressions: *andarsene, farcela, avercela, con qualcuno*

A. Perché te ne vai? Completa le frasi con le forme giuste del presente di **andarsene.**

1. A Carlo e Lorenzo non piace la festa, quindi _____ tra mezz'ora.

2. Gessica _____ a casa perché deve alzarsi presto domani mattina.

3. Tra poco Renzo ed io _____ perché abbiamo un appuntamento dal dentista alle 4.00.

4. Perché non (tu) _____ adesso, così non perdi l'autobus?

5. A che ora _____ tu e Sofia? È tardi e fa freddo fuori.

6. Quando Alessio viene a casa mia non _____ mai! Gli devo chiedere io di andarsene!

7. Questo film non è molto bello, quindi (io) _____ adesso.

B. Non ce la facciamo più! Ascolta le seguenti situazioni e scegli l'espressione giusta. Le situazioni saranno ripetute due volte.

1. _____ a. Non ce la faccio più!   b. Ce l'ho con te!

2. _____ a. Ce l'hai con me?   b. Me ne vado!

3. _____ a. Ce l'ho con lei!   b. Me ne vado!

4. _____ a. Non ce la faccio più!   b. Ce l'hai con me?

5. _____ a. Non ce la facciamo più!   b. Ce l'abbiamo con loro!

Answer Key

This Answer Key includes the answers to the written activities. The correct responses for the audio activities are given on the audio program unless otherwise indicated in the chapters. For many open-ended activities, suggested answers have been provided.

Capitolo 1

Strategie di comunicazione

A. Saluti! 1. a 2. c 3. a, c 4. b 5. a 6. c **B. Mario, ti piace?** *Answers will vary.*

Pronuncia

L'alfabeto e la pronuncia   The alphabet
Ascolta: L'alfabeto. Parte seconda. 1. c 2. m 3. d 4. z 5. f 6. n 7. q 8. t 9. g 10. r 11. s 12. v 13. h 14. l 15. b **Parte terza.** 1. d 2. c 3. r 4. m 5. f 6. e 7. v

Lessico

A come amore, B come buon giorno   Alphabet and pronunciation
A. Come comincia la parola? 1. p 2. d 3. m 4. s 5. s 6. b 7. c 8. v **B. Dettato.** 1. tu 2. agosto 3. matematica 4. sera 5. Elena 6. trenta 7. fisica 8. novembre 9. ventuno 10. festa **C. Che cos'è?** 1. aereo 2. bicicletta 3. cane 4. dizionario 5. esame 6. festa 7. gatto 8. hamburger 9. inverno 10. libro 11. macchina 12. numero 13. orologio 14. penna 15. quaderno 16. residenza 17. studente 18. televisione 19. università 20. voto 21. zaino **D. Lettere doppie o no?** 1. pala 2. nonno 3. ditta 4. cassa 5. sera 6. sonno 7. alla 8. capelli **E. Combinazioni speciali: c o ch?** 1. ch 2. c 3. c 4. ch 5. c 6. c 7. c 8. c **F. Combinazioni speciali: g o gh?** 1. g 2. gh 3. gh 4. g 5. g 6. g 7. gh 8. g **G. Le città italiane. Parte prima.** 1. Firenze 2. Roma 3. Cagliari 4. Palermo 5. Bologna 6. Venezia 7. Perugia 8. Bari 9. Napoli **Parte seconda.** a. 1 b. 2 c. 9 d. 3 e. 4 f. 8 g. 7 h. 5 i. 6

I mesi e le stagioni   Months and seasons
A. I mesi e le stagioni. Parte prima. 1. d 2. b 3. c 4. a 5. c 6. d 7. d 8. b 9. a 10. b 11. a 12. c **Parte seconda.** 1. primavera: marzo, aprile, maggio 2. estate: giugno, luglio, agosto 3. autunno: settembre, ottobre, novembre 4. inverno: dicembre, gennaio, febbraio **B. Che mese o che stagione è?** 1. luglio 2. primavera 3. marzo 4. febbraio 5. l'inverno 6. l'estate 7. settembre 8. gennaio 9. l'estate

I numeri da 0 a 9.999   Numbers from 0 to 9,999
A. Che numero è? 1. b 2. c 3. a 4. b 5. c 6. a 7. b 8. c **B. I numeri. Parte prima.** 1. 5 2. 15 3. 28 4. 67 5. 76 6. 317 7. 555 8. 1.601 9. 3.744 10. 5.988 **Parte seconda.** 1. trentasette 2. quarantanove 3. centosettantasei 4. duecentoventicinque 5. cinquecentosessantaquattro 6. settecentotrenta 7. millecentodiciotto 8. duemilacinquecentotredici 9. quattromilaottocentosedici 10. novemilanovecentonovantanove **C. La data.** 1. il 25 dicembre 2. il 14 febbraio 3. il primo gennaio 4. il 31 ottobre 5. il 30 settembre 6. il 31 dicembre 7. il 17 marzo. **D. Tocca a te!** *Answers will vary.*

Strutture

1.1 *Maschile o femminile?* Gender

A. Il genere. 1. femminile 2. maschile 3. maschile 4. femminile 5. femminile 6. femminile
7. maschile 8. maschile 9. maschile 10. maschile **B. È femminile?** 2. matematica 3. comunicazione
5. filosofia 7. psicologia 9. classe **C. È maschile o femminile?** 1. casa 2. film 3. orologio
4. università 5. porta 6. quaderno 7. studentessa 8. zaino

1.2 *Un cappuccino, per favore* Indefinite articles

A. Un, uno, una o un'? **un:** aereo, cane, cellulare, voto, dizionario **uno:** sport, studente, zaino
una: festa, materia, religione **un':** amica, università **C. Quale articolo va bene?** 1. una 2. un
3. un 4. una 5. un' 6. un 7. un 8. uno 9. un' 10. una

1.3 *Due cappuccini, per favore* Number

A. Singolare o plurale? 1. plurale 2. singolare e plurale 3. singolare 4. plurale 5. singolare
6. plurale 7. singolare 8. singolare e plurale **C. Uno o due?** 1. panini 2. città 3. fotografie
4. gelati 5. mesi 6. sere 7. giorni 8. pub **D. Tre, due, uno...** 1. un cappuccino 2. un film
3. un esame 4. una porta 5. un anno 6. un aereo 7. una lezione 8. un'università **E. Il plurale.**
1. religioni 2. zaini 3. caffè 4. voti 5. notti 6. macchine 7. residenze 8. telefoni **F. Il ritorno a
scuola.** *Answers will vary.*

1.4 *L'università è fantastica!* Definite articles

A. Decisioni. 1. maschile, singolare 2. femminile, plurale 3. femminile, singolare 4. maschile,
plurale 5. maschile, singolare 6. maschile, plurale 7. maschile, singolare 8. femminile, plurale
9. maschile, plurale 10. femminile, singolare **B. L'articolo giusto.** 1. la bicicletta 2. lo studio 3. le
scienze politiche 4. l'orologio 5. gli studi internazionali 6. i cellulari 7. il succo d'arancia 8. la
festa **C. Quale articolo?** 1. il 2. le 3. la 4. l' 5. gli 6. i 7. il 8. la 9. l'/gli 10. la **D. Il
plurale.** 1. le informazioni 2. i bambini 3. le ore 4. i bar 5. gli zaini 6. le case 7. i giorni 8. le
città **E. Il singolare.** 1. lo studente 2. la bicicletta 3. il film 4. la materia 5. l'italiano 6. il gelato
7. la ragazza 8. il corso

1.5 *Mi piace l'italiano* The verb **piacere**

A. Piace o piacciono? (*True-false answers will vary.*) 1. piace 2. piacciono 3. piacciono 4. piace
5. piacciono 6. piace 7. piace 8. piacciono **E. Tocca a te. Che cosa ti piace?** *Answers will vary.*

Cultura

Ascoltiamo!

A. I gesti italiani. 1. c 2. a 3. d 4. b **B. Quale gesto?** 1. a 2. b 3. a 4. a **C. Il problema di
Marco.** 1. d 2. e 3. c 4. b

Leggiamo!

A. Italiano-inglese. 1. codici e numeri telefonici delle compagnie aeree 2. prima di partire 3. guida
all'orario dei voli 4. parcheggi 5. autonoleggio 6. orario dei voli 7. collegamenti e trasporti
8. notizie utili 9. telefoni utili **B. Come si dice... ?** 1. collegamenti Internet 2. video noleggio
3. guida alla città 4. orario dei treni

In Italia

1. vero 2. falso; *more (likely)* 3. falso; *period (separating)* 4. vero 5. falso; *(quite) different* 6. vero

Capitolo 2

Strategie di comunicazione

A. Salve! 1. c, e   2. a, d   3. b   4. a   5. c, e

Pronuncia

Le vocali   Vowels

B. Tocca a te. Parte prima. 1. e   2. u   3. o   4. a   5. i   **Parte seconda.** 1. ora   2. Umberto   3. Ivo
4. orto   5. Africa   6. ama   7. moro   8. amore   9. posta   10. uva   11. elefante   12. sei   13. cura
14. luna   15. cene

Lessico

Sono allegro!   Describing people, places, and things

A. Dove va il colore? Parte prima. 1. bianco   2. azzurro   3. giallo   4. nero   5. rosso   6. rosa
7. verde   8. marrone   9. viola   **Parte seconda.** a. 4   b. 8   c. 6   d. 7   e. 9   f. 2   g. 3   h. 1   i. 5
B. I colori. 1. verde   2. grigio   3. azzurro   4. giallo   5. bianco   **C. Quali colori hanno?** 1. azzurro
2. nero   3. rosso, bianco   4. azzurro   5. rosa   6. verde   **D. L'intruso.** 1. simpatico   2. tranquillo
3. giovane   4. attivo   5. magro   **E. Com'è?** 1. f   2. d   3. b   4. h   5. e   6. c   7. a   8. a   **F. Qual è il
contrario? Parte prima.** 1. grasso   2. debole   3. basso   4. lento   5. cattivo   6. brutto   7. allegro
8. vecchio   **G. Gli aggettivi e i contrari.** 1. debole/forte   2. lento/veloce   3. attivo/pigro
4. bello/brutto   **H. Come stanno e come sono? Parte prima. Dialogo 1:** contento, arrabbiata, difficile
Dialogo 2: stanca, innamorata   **Dialogo 3:** nuova   **I. Adesso tocca a te!** *Answers will vary.*

Strutture

2.1 *L'italiano è divertente!*   Adjectives

B. L'accordo. Parte prima. 1. a   2. i   3. o   4. e, i   5. i   6. a, a   7. a   8. i, i   9. e   10. i   **Parte seconda.**
1. i ragazzi intelligenti   2. le macchine viola   3. le signore sincere   4. i bambini stanchi   5. molti
gelati italiani   **Parte terza.** 1. lo studente pigro   2. uno zaino verde   3. la studentessa impegnata
4. il telefonino piccolo   5. una città grande   **C. *Questo o quello?*** 1. quei   2. quest'   3. quel   4. questa
5. quelle   6. quest'   7. queste   8. quell'   9. questa   10. quegli   **D. Ti piace questo o quello? Parte
prima.** (near table) computer, pens; (far table) watch, glasses   **Parte seconda.** 1. questo   2. quello
3. quegli   4. queste   5. quell'   **E. Ancora questo e quello.** 1. questa, quella   2. quest', quell'
3. queste, quelle   4. questo, quel   5. questi, quei   6. quest', quell'   7. questi, quegli   8. questa,
quella   **F. Moltissimo! Parte prima.** 1. lentissimo   2. bassissima   3. buonissimo   4. fortissimo
5. grandissima   6. bellissima   **Parte seconda.** 1. un gatto velocissimo   2. una ragazza altissima
3. un gelato cattivissimo   4. un cane debolissimo   5. una casa piccolissima   6. una macchina bruttissima
G. *Molto o poco?* 1. molti   2. poca   3. molto   4. pochi   5. molte   6. poche

2.2 *Quanti anni hai?*   The verbs *to be* and *to have*

A. Chi? Parte prima. 1. b   2. e   3. a   4. d   5. c   **Parte seconda.** 1. e   2. d   3. b   4. a   5. c   **C. *Essere
o avere?*** 1. è   2. ho   3. hanno   4. siete   5. è   6. ha   7. hai   8. abbiamo   **E. Il verbo giusto.** 1. è, ha
2. Sono, ho   3. è   4. hanno, sono   5. siete, avete   6. abbiamo   7. è, sono   8. Sei, hai   **G. Tocca a te!
Come sei?** *Answers will vary.*

2.3 *I miei corsi sono interessanti!*   Possessive adjectives

A. Il possessivo giusto. 1. I miei   2. La loro   3. La sua   4. La vostra   5. Il suo   6. I tuoi   7. I suoi
8. Il nostro   **B. Scegli il possessivo giusto.** 1. b   2. c   3. c   4. b   5. c   6. a   7. d   **D. Scrivi il
possessivo.** 1. la tua   2. le sue   3. I loro   4. I miei   5. Il nostro   6. Le mie   **F. Tocca a te! Che
cos'hanno?** *Answers will vary.*

Cultura

Ascoltiamo!

A. Qual'è l'origine? 1. d   2. a   3. a   4. d   5. a   6. c   7. b

Leggiamo!

A. In Italia si scrive così. 1. The number comes after the street name.   2. Zip code   3. Italian area codes are two digit numbers, not three. Italian phone numbers include the country code and do not use parentheses and a hyphen.

In Italia

1. vero   2. falso; gli Azzurri   3. falso; un giallo   4. falso; (numero) verde   5. vero   6. falso; Rossi

Capitolo 3

Strategie di comunicazione

A. Cosa dici? 1. a   2. b   3. a   4. a   5. b

Lessico

Che fai di bello?   Talking about your daily activities

A. Che faccio? 1. f   2. h   3. e   4. c   5. d   6. a   7. g   8. b   **C. Il verbo nascosto.** 1. lunedì
2. domenica   3. venerdì   4. giovedì   5. martedì   6. sabato   **D. La settimana di Salvatore. Parte prima.**
Lunedì, giovedì, venerdì 9.00 università; giovedì 15.00 biblioteca; giovedì 19.00 piano; mercoledì 21.00 a casa di Giorgio con amici; venerdì 15.00 calcio   **E. La vita di Luisa. Parte prima.** 1. studio   2. frequento
3. gioco   4. guardo   5. leggo   6. lavoro   7. prendo   8. ballo   9. suono   10. faccio   **F. Le attività di Marco.** *Answers will vary but may include:* 1. Bevo un caffè.   2. Prendo l'autobus.   3. Leggo un libro.
4. Esco con gli amici.   5. Suono il pianoforte.   **G. Le tue attività. Parte prima.** *Answers will vary.*   **Parte seconda.** *Answers will vary.*

Strutture

3.1 *Mi piace studiare l'italiano!*   The infinitive of the verb

B. Non mi va. 1. d   2. f   3. e   4. g   5. c   6. b   7. a   **E. Che cosa ti piace fare?** 1. leggere
2. mangiare   3. ballare   4. studiare   5. giocare   **F. Due gemelli differenti.** 1. scrivere   2. chiudere
3. ascoltare   4. pulire   5. mangiare   6. bere   7. studiare   8. leggere   9. giocare

3.2 *Studio l'italiano*   The present indicative of regular verbs

A. I verbi regolari. (answers appear from top to bottom, left to right) **suonare** (*to play an instrument*): suono, suoni, suona, suonate, suonano; **spiegare** (*to explain*): spieghi, spiega, spieghiamo, spiegate, spiegano; **chiudere** (*to close*): chiudo, chiude, chiudiamo, chiudete, chiudono; **aprire:** apri, apre, apriamo, aprite, aprono; **pulire** (*to clean*): pulisco, pulisci, pulisce, pulite, puliscono.   **B. Chi fa che cosa?**
1. b   2. c   3. e   4. d   5. a   6. e   7. a   8. c   9. b   10. d   **D. Che cosa fa Chiara? Parte prima.** 1. b
2. e   3. h   4. f   5. c   6. d   7. g   8. a   **E. La giornata di Eleonora. Parte prima.** 1. a   2. e   3. e   4. a
5. a   6. a   7. a   8. ano   9. a   10. a   11. e   12. iscono   **F. A lezione di filosofia.** 1. frequentare   2. parla
3. ascolta   4. È   5. capiamo   6. guardano   7. prendono   8. Capiscono   9. sono   10. hai   11. studiamo
12. lavoro   13. frequentano   **G. Che cosa fanno Gianni e Massimo il mercoledì? Parte seconda.**
1. Fanno il pranzo a casa di Massimo.   2. Leggono il giornale.   3. Tornano al bar alle tre del pomeriggio.
4. Vanno con gli amici.   5. Vanno a ballare con gli amici in discoteca la sera.   **H. Roberto non ascolta sempre la mamma.** 1. mangi   2. Studio   3. giochiamo   4. andiamo   5. Hai   6. dormi   7. capisci
8. torniamo   9. lavora   10. ascoltate   11. piace   **I. Cosa fate di bello oggi?** *Answers will vary.*

3.3 *Dove vai?* Irregular verbs

B. Dove andiamo? 1. Andiamo al bar.   2. Andiamo al cinema.   3. Va alla mensa.   4. Vado a casa.
5. Andiamo in pizzeria.   6. Andiamo all'università.   **C. Le espressioni con *fare*.** 1. bello, una
passeggiata, una foto   2. caldo, yoga   3. una domanda, uno spuntino   **D. La nostra giornata.**
Parte prima. 1. facciamo   2. esce   3. lavora   4. esco   5. ho   6. arrivano   7. andiamo   8. beviamo
9. abbiamo   10. va   11. beve   12. andiamo   13. usciamo   **Parte seconda.** 1. tutte e due   2. Stefania
3. Marina   4. Marina   5. Stefania   6. tutte e due   **F. Una famiglia impegnata. Parte seconda.**
1. Paolo guarda Marco e Filippo.   2. Argo mangia un panino.   3. Il nonno guarda il cane.   **G. Ti piace
il weekend?** *Answers will vary.*   **H. Cara Cinzia. Parte prima.** 1. stai   2. sono   3. frequentare
4. esco   5. ho   6. è   7. arriva   8. andiamo   9. piace   10. Hai   **Parte seconda.** *Answers will vary.*

Cultura

Ascoltiamo!

C. L'orario italiano. 1. a   2. a   3. a   4. a

Leggiamo!

A. Prima di leggere. c   **B. Vero o falso?** 1. falso   2. vero   3. vero   4. falso   **C. Parole nuove.**
1. distribuzione   2. percentuale   3. settimana   4. riposo

In Italia

1. vero   2. falso; orario continuato   3. falso; lunedì   4. vero   5. vero   6. falso; (*the expression*) pronto

Capitolo 4

Strategie di comunicazione

A. Ripasso. 1. Come ti chiami?/Mi chiamo, Sono   2. Di dove sei?/Sono di   3. Quanti anni hai?/Ho…
anni.   4. Come stai?/Sto   5. Arrivederci/Ciao/Ciao   **B. Che bello!** 1. c   2. e   3. b   4. a   5. d

Pronuncia

La lettera c Pronunciation of the letter c

Dettato. Parte prima. 1. c   2. ch   3. c   4. c   5. ch   6. c   7. ch   8. c   **Parte seconda.** 1. cosa   2. chitarra
3. Cina   4. cento   5. chiave   6. cane   7. merce   8. cantante   9. cinquanta

Lessico

Che bella famiglia! Talking about your family

A. I parenti. 1. g   2. a   3. b   4. d   5. f   6. h   7. c   8. e   **B. La famiglia di Dina.** 1. vero   2. falso
3. vero   4. vero   5. falso   6. falso   7. falso   **C. La famiglia di Sandra.** 1. famiglia   2. marito   3. figlio
4. figlia   5. cugino   6. nipote   7. genitori   8. nipoti   **D. I membri della famiglia di Ugo e Sara.**
1. moglie   2. nipote   3. marito   4. fratello   5. figlio   6. nipote   7. nipote   **E. L'albero genealogico di
Martina. Parte prima.** a. Lina   b. Giorgio   c. Filippo   d. Anna   e. Giulia   f. Armando   g. Francesca
h. Donatella   **Parte seconda.** 1. b   2. c   3. a   4. b   5. a   6. b   7. c   **F. La casa di Bianca. Parte prima.**
1. Caterina   2. Marco   3. Adriano   4. Fabio   **Parte seconda.** Mara va all'università a Pisa, 23 anni;
Caterina studentessa, 13 anni; Luisa studentessa, 15 anni; Roberto ingegnere, 29 anni; Fabio fa economia
e commercio, 22 anni.   **H. Il familiare nascosto.** 1. genitori   2. macchina   3. nipote   4. sposati   5. zia
6. libri   7. cugini   **I. Tocca a te!** *Answers will vary.*

Strutture

4.1 *Com'è tua madre?* Possessives with family members

A. Come si scrive? 2. la 3. i 5. le 6. la 8. i 9. le **B. La famiglia di Alessandra. Parte prima.**
1. La mia 2. I miei 3. Mio 4. la mia 5. Mio 6. Le mie 7. I nostri 8. Il nostro **Parte seconda.**
1. falso 2. vero 3. falso 4. falso 5. vero 6. vero **C. Carla e i suoi.** 1. Sua 2. Le loro 3. I suoi
4. Il loro 5. Le sue 6. Suo 7. I loro 8. La loro **D. Le cose che faccio...** *True/false answers will vary;*
1. i miei 2. i miei 3. mia 4. i miei 5. mio 6. la mia **F. Quale possessivo?** 1. Le sue 2. La mia
3. Vostro 4. I nostri 5. Il suo 6. Tua 7. Mio 8. I loro

4.2 *Quanti anni hai?* Interrogatives **quanto** (*how much*) and **quale** (*which*)

A. Qual è? Parte prima. 1. d 2. c 3. g 4. f 5. a 6. e 7. b **Parte seconda.** 2. Con chi esci?
3. Perché studi l'italiano? 4. Dove andate? 5. Che cosa prendi? 6. Quali film preferisci? 7. Quanto
costa? **B. Qual è la parola giusta?** 1. Dove 2. Che cosa 3. Quando 4. Con chi? 5. Quanta
6. Quale 7. Quanto 8. Qual è **C. Le domande.** *Answers will vary.* 1. Quale 2. Quanto 3. Quante
4. Quale 5. Quanti 6. Quale 7. Quanti 8. Qual **E. Un nuovo semestre. Parte prima.** 1. quali
2. quanti 3. A che ora 4. quali 5. Perché 6. Chi **Parte seconda.** 1. a 2. b 3. c 4. a 5. b
F. *Quanto e quale*. Parte prima. 1. Quale sport preferisci, il calcio o il golf? 2. Quante ore studi ogni
giorno? 3. Quali corsi segui questo semestre? 4. Quanti cugini hai? 5. Quanti caffè bevi al giorno?
6. Quale professore ti piace di più, il professore di matematica o il professore d'italiano? 7. Quanti
anni ha tuo padre? **Parte seconda.** *Answers will vary.* **G. Scrivi la domanda!** 1. A che ora andiamo/
andate al ristorante? 2. Dove abita tua sorella? 3. Con chi usciamo/uscite? 4. Quanti libri hai nello
zaino? 5. Dove vanno a studiare? 6. Qual è il tuo sport preferito?

4.3 *Sai sciare?* More irregular verbs

A. Quale verbo è? Dialogo 1: 1. stai 2. Sto 3. stiamo **Dialogo 2:** 4. Sai 5. so 6. so 7. sa
Dialogo 3: 8. Date 9. diamo **B. *Conoscere o sapere?*** 1. Conosci 2. Sai 3. conosce 4. Sai 5. Sai
6. conosce 7. conoscono 8. Sai **C. Un weekend a Parigi.** 1. conosce 2. conosco 3. so 4. sa
5. sanno 6. conosce 7. sanno 8. so **E. Cosa sai fare? Parte seconda.** 1. La nonna sa dipingere.
2. Io so parlare un po' d'italiano. 3. Noi sappiamo ballare. 4. Gaia sa suonare il pianoforte. 5. Tu sai
nuotare bene. **G. Tanti verbi irregolari! Parte prima.** 1. sono 2. ha 3. sa 4. escono 5. stanno
6. fanno 7. vanno 8. dà **Parte seconda.** 1. falso; Gabriele ama giocare a calcio. 2. vero 3. falso;
Il venerdì sera Nicola e Gianpiero stanno a casa con Gabriele. 4. vero 5. falso; La nonna dà un po' di
soldi ai ragazzi.

4.4 *L'italiano è più bello di...* The comparative

A. Quale aggettivo? 1. grande 2. vecchia 3. lenta 4. forte 5. veloce 6. facile **B. *Più o meno?***
1. Un viaggio in Africa è più esotico di un viaggio in Europa. 2. Un corso di francese è meno difficile
di un corso di arabo. 3. Un padre è più vecchio di un figlio. 4. Una festa è più divertente di una
lezione di matematica. 5. Un cane è meno grande di un elefante. 6. Un film comico è meno noioso di
un documentario. 7. Due studentesse che non vanno a lezione sono meno serie di due studentesse che
studiano molto. **C. Chi è più alto?** 1. Elisa è più pigra di Sandra. 2. Marco è meno vecchio di Gino.
3. Anna Maria è più impegnata di Patrizia. 4. Fabiana è meno stressata di Michele. 5. Guido è più
lento di Alberto. 6. Silvia è più libera di Valentina. 7. Stefano è meno attivo di Beatrice. **F. Vediamo!**
1. Marcello è meno anziano di Pietro. 2. Vanessa è più allegra di Luigi. 3. Riccardo è più veloce di
Gigi. 4. Roberto è più stanco di Susanna. 5. Sofia è meno nervosa di Amanda.

Cultura

Ascoltiamo!

A. Com'è la famiglia? 1. vero   2. vero   3. vero   4. falso   **B. Una famiglia moderna o tradizionale?**
1. tradizionale   2. tradizionale   3. moderna   4. moderna   5. moderna

Leggiamo!
Strategie di lettura

A. Recognizing cognates. 1. fiorentina   2. finanziarie   3. governo   4. mercanti   5. principali
6. politico   **B. False cognates.** 1. c   2. d   3. b   4. a   **Lettura. A. Scanning.** 1. nipote   2. figlio
3. nonno   4. padre   **B. Skimming.** 1. a   2. b   **C. Dopo la lettura.** *Answers will vary.*   **D. Understanding cultural conventions.** 1. millequattrocentoquarantanove   2. millequattrocentonovantadue

In Italia

1. vero   2. falso; Many   3. falso; (rather) common   4. falso; Soccer   5. vero   6. vero

Capitolo 5

Strategie di comunicazione

A. Grazie, ma non posso. 1. b   2. a   3. d   4. c   **B. *Ti piacerebbe* o *Le piacerebbe?*** 1. b   2. b   3. a   4. c

Pronuncia

La lettera g   Pronunciation of the letter g

Dettato. Parte prima. 1. g   2. g   3. g   4. g   5. G   6. gh   7. g   8. gh   9. g   10. g   **Parte seconda.**
1. formaggio   2. fagiolo   3. aghi   4. genitori   5. giocare   6. mangiate   7. ghianda   8. guardare
9. gelo   10. laghi

Lessico

Tutti a tavola!   Restaurant terms and items on an Italian menu

A. Mangiamo! 1. f   2. d   3. a   4. b   5. e   6. e   7. f   8. c   9. b   10. g   11. c   12. a   **E. Il coperto.**
1. tovagliolo   2. forchetta   3. piatto   4. coltello   5. cucchiaio   6. bicchiere   **F. Che tipo di cibo è?**
1. falso; è un antipasto   2. falso; sono un primo   3. vero   4. vero   5. falso; dopo il pranzo   6. falso;
il conto   7. falso; è un secondo   8. falso; un tipo di contorno   **G. Di che è l'ordinazione? Parte
seconda.** *Answers will vary but may include:* 1. Vorrei la torta al cioccolato e un caffè per favore.
2. Vorrei il pollo, i funghi e un bicchiere di vino per favore.   **H. Un pranzo per un anniversario.**
Answers will vary but may include: 1. gnocchi al sugo di pomodoro, peperoni alla griglia   2. frutta fresca
di stagione   3. risotto alla marinara   4. gelato alla crema   5. pescespada alla brace, salmone affumicato
6. braciola di vitello, bistecca alla fiorentina, pollo arrosto   **I. Che mangi?** 1. carne   2. pomodoro
3. minerale   4. arrosto   5. dolce   6. mozzarella   7. funghi   8. secondo   9. contorno   **J. Tocca a te!**
E tu, che cosa ordineresti? *Answers will vary.*

Strutture

5.1 C'è un primo ma ci sono due secondi   There is / There are

A. Cosa c'è in cucina? 1. C'è   2. Ci sono   3. C'è   4. C'è   5. Ci sono   6. C'è   7. Ci sono   8. Ci sono
C. Cosa c'è nella macchina di Guido? 1. C'è uno zaino.   2. Ci sono quattro CD.   3. C'è un libro di
filosofia.   4. Ci sono due bottiglie d'acqua minerale.   5. Ci sono tre penne.   6. C'è un computer.
D. A casa di Stefania. 1. C'è un fratello.   2. Ci sono due sorelle.   3. Ci sono due cani.   4. Ci sono quattro
camere da letto.   5. C'è un computer.   **E. Tocca a te! Nella mia camera da letto.** *Answers will vary.*

5.2 *Vuoi mangiare qualcosa?* Verb + infinitive

A. Che decisioni! 1. c 2. a 3. c 4. b 5. c **C. Che vuoi fare stasera? Parte prima.** 1. vuoi
2. Voglio 3. posso 4. dobbiamo 5. puoi 6. vuoi 7. posso 8. puoi **Parte seconda.** 1. Martina
vuole andare al cinema.   2. Martina non può andare al cinema perché non ha soldi.   3. Non le
piacciono Valeria e Francesca e sono noiose.   4. Anna paga il cinema stasera. **E. Cosa vogliamo fare?**
Answers will vary but may include: 1. vuole andare a Roma.   2. vogliono andare in chiesa.   3. vogliono
andare al ristorante.   4. vogliono un caffè.   5. vuole prendere un gelato.   6. *Answers will vary.* **F. Cosa
dobbiamo fare?** *Answers will vary but may include:* 1. Deve stare a letto.   2. Dovete studiare molto.
3. Deve lavorare.   4. Devono mettere la casa in ordine.   5. Deve andare a Parigi in treno.

5.3 *Andiamo al ristorante* Prepositions

A. Quale preposizione? 1. da 2. in 3. a 4. per 5. di 6. su 7. con **B. Espressioni con *a* e *in*.**
1. Va in biblioteca. 2. Vanno in piscina. 3. Va a letto. 4. Vanno a giocare a golf. 5. Va in montagna.
C. La preposizione giusta. 1. nello, di 2. alle, a 3. con, sul 4. a 5. della 6. con 7. a, A, all'
8. in, con **D. Ancora le preposizioni.** 1. in 2. dalle 3. alle 4. al 5. con 6. al 7. in 8. a 9. a
10. a 11. alle 12. di **E. Tante domande. Parte prima.** 1. A che ora vai a letto ogni sera? 2. A
quale sport ti piace giocare? 3. Dove prendi il caffè di solito? 4. Preferisci studiare a casa o in
biblioteca? 5. Con chi parli spesso al telefono? 6. A chi scrivi molte e-mail?

5.4 *Compro del pane* The partitive

A. Che cosa mangio? *True/false answers will vary.* 1. dell'olio e dell'aceto 2. del riso 3. della
frutta 4. del pesce 5. del formaggio 6. delle patate fritte **B. Vuoi il latte?** 1. della 2. dello
3. del 4. delle 5. dell' 6. degli 7. dei 8. della 9. dei 10. del **C. La lista della spesa di Marco.**
Parte prima. carne, mozzarella, bottiglie d'acqua minerale, salmone, dolci **Parte seconda.** della carne,
della mozzarella, delle bottiglie d'acqua minerale, del salmone, dei dolci **Parte terza.** *Answers will vary.*
E. Cosa compra la nonna? 1. delle zucchine 2. dei peperoni 3. dei pomodori 4. dei funghi 5. dei
fagiolini 6. delle patate 7. dei meloni **F. Tocca a te! Una bella cena.** *Answers will vary.*

Cultura

Ascoltiamo!

A. Cosa dicono? 1. d 2. b 3. a 4. c

Leggiamo!

A. Vero o falso? 1. falso 2. vero 3. vero 4. falso **B. Non solo musica.** 1. splendido; tropicale
2. cool 3. ottimi 4. esperti **C. Ti piace il funk?** 1. la serata del giovedì 2. la serata del venerdì

In Italia

1. falso; un ristorante 2. vero 3. falso; (la regione della) Emilia-Romagna 4. vero 5. falso; (pizza)
napoletana 6. vero

Capitolo 6

Strategie di comunicazione

A. Cosa dici? 1. a 2. d 3. b 4. c 5. e **B. Cos'è successo?** 1. b 2. d 3. a 4. c

Pronuncia

La combinazione sc Pronunciation of *sc*

Dettato. Parte prima. 1. sc 2. sch 3. sc 4. sch 5. sc 6. sch 7. sc 8. sc **Parte seconda.**
1. usciamo 2. conoscete 3. schiamazzo 4. esci 5. scudo 6. moschea 7. maschera 8. riuscire
9. scelgo

Lessico

Il mio weekend   Talking about your weekend activities

A. Il weekend di Paola 1. c   2. c   3. a   4. b   5. a   6. c   7. b   8. c   **B. Ogni quanto?** 1. una volta alla settimana   2. una volta al mese   3. Non può fare mai feste a casa.   4. una volta alla settimana 5. una volta all'anno   6. Non fa mai sport.   7. ogni tanto   8. Cena sempre a casa.   9. una volta al mese   **D. In che ordine? Parte seconda.** 1. Fa il letto.   2. Pulisce l'appartamento.   3. Fa il bucato. 4. Cucina.   5. Va a trovare le sue amiche.   6. Va al cinema a vedere un film con il suo ragazzo. **F. Tocca a te!** *Answers will vary.*

Strutture

6.1 *Che hai fatto questo weekend?*   The present perfect of regular verbs

A. Chi l'ha fatto? 1. Non si sa.   2. Francesca   3. Francesca   4. Non si sa.   5. Francesca   6. Non si sa. 7. Non si sa.   8. Francesco   9. Non si sa.   10. Francesco   **B. Chi parla? Parte prima.** 1. a   2. d 3. b   4. c   5. a   6. d   7. b   8. c   **C. I verbi al passato prossimo. andare:** sono andato/a, sei andato/a, è andato, è andata, siamo andati/e, siete andati/e, sono andati, sono andate; **ballare:** ho ballato, hai ballato, ha ballato, ha ballato, abbiamo ballato, avete ballato, hanno ballato, hanno ballato; **capire:** ho capito, hai capito, ha capito, ha capito, abbiamo capito, avete capito, hanno capito, hanno capito; **partire:** sono partito/a, sei partito/a, è partito, è partita, siamo partiti/e, siete partiti/e, sono partiti, sono partite; **uscire:** sono uscito/a, sei uscito/a, è uscito, è uscita, siamo usciti/e, siete usciti/e, sono usciti, sono uscite.   **E. Le nostre vacanze. Parte prima.** 1. siamo andati   2. siamo partiti   3. abbiamo visitato   4. ho fatto   5. ha mangiato   6. siamo partiti   7. è andato   8. sono tornata   **Parte seconda.** 1. Sono andati a Roma.   2. Sono partiti da Milano alle 8.15.   3. Hanno visitato la Basilica di San Pietro e i Musei Vaticani.   4. Rita ha fatto shopping tutti i giorni. Lucio ha mangiato un gelato ogni giorno. 5. Sono partiti per Milano domenica mattina alle 10.30.   6. Lucio è tornato al lavoro lunedì mattina e Rita è tornata al lavoro mercoledì.   **F. Che ha fatto la famiglia Marini venerdì scorso?** *Answers will vary but may include:* Franco ha guardato la televisione. Luca e Barbara hanno giocato a carte. Giulia ha cucinato. Susanna è uscita. Giuliano è andato al lavoro.

6.2 *Ieri abbiamo vinto la partita*   The present perfect of irregular verbs

A. Regolare o irregolare? 1. regolare; festeggiare   2. irregolare; vedere   3. irregolare; scegliere 4. regolare; entrare   5. irregolare; offrire   6. regolare; arrivare   7. irregolare; dire   8. irregolare; scrivere **C. Che hanno fatto Fabiana e Vincenzo? Parte prima.** 1. hai messo   2. Hai scelto   3. Ho letto 4. ho chiamato   5. ha risposto   6. è venuto   7. ha parlato   **Parte seconda.** 1. Vogliono andare al cinema.   2. Hanno scelto un nuovo film di Benigni.   3. Alberto deve andare al cinema con Fabiana e Vincenzo.   4. Ha parlato durante tutto il film.   5. No, non invitano Alberto questa volta.   **D. E per te?** *True/false answers will vary.* 1. Sono rimasto/a   2. Ho bevuto/ho preso   3. sono andato/a   4. Ho visto 5. Ho perso   6. Ho fatto   7. Ho scritto   8. Ho preso   9. Ho vinto   **F. Tocca a te! Che hai fatto lo scorso weekend?** *Answers will vary.*

6.3 *Non studio mai dopo mezzanotte!*   Negative expressions

A. E tu? 1. nessuno   2. più   3. niente   4. mai   5. nessuno   6. mai   7. più   8. niente   **B. Il negativo.** 1. Non ho visto nessuno a casa di Giacomo sabato sera.   2. Io e Natalia non abbiamo comprato niente a Roma l'anno scorso.   3. I miei genitori non hanno visto nessuno ieri sera.   4. Non vedo mai i miei compagni in biblioteca.   5. Non lavoro più al negozio dopo le lezioni.   6. Non ho speso niente ieri mattina.   7. Laura e Matteo non parlano mai al telefono la sera.   **D. Cosa c'è scritto?** 1. Non ha mai bevuto la birra.   2. Anna non ha più lavorato in quella gelateria.   3. Non è mai venuta a casa mia. 4. Non ha mai preso il treno.   5. Non ho più visto gli amici dopo le vacanze.

Cultura

Ascoltiamo!

A. Come finisce? 1. americana   2. leggera   3. Sanremo   4. nei Conservatori   5. ballare in discoteca

Leggiamo!

A. La storia. 1, 5, 3, 2, 6, 4

In Italia

1. falso; sabato pomeriggio   2. vero   3. falso; (la musica) rap   4. falso; Firenze   5. vero   6. falso; Verona

Capitolo 7

Strategie di comunicazione

A. Mi puoi... ?/Mi può... ? 1. d   2. c   3. a   4. e   5. b   **B. Scusa/scusi, posso?** 1. Posso entrare   2. Posso studiare   3. Posso fumare   4. Posso vedere   5. Posso parlare

Pronuncia

La lettera z   Pronunciation of the letter z

Dettato. Parte prima. 1. z   2. zz   3. z   4. zz   5. z   6. zz   7. Z   8. z, z   9. z   10. z   **Parte seconda.** 1. zanzara   2. pazienza   3. pranzare   4. Piacenza   5. iniziate   6. alza   7. azione   8. mozzarella   9. Venezia   10. Arezzo

Lessico

Cosa porti?   Describing your clothes

A. I vestiti e gli accessori. 1. la maglietta, la borsa da spiaggia, il costume da bagno, i pantaloncini   2. l'imermeabile, la felpa, gli stivali, il maglione, i pantaloni   **B. Cosa portano?** 1. b   2. b   3. a   4. b   5. a   6. a   **F. Che cos'è?** 1. la collana   2. l'impermeabile   3. i calzini   4. il maglione   5. i jeans   6. le scarpe da tennis   7. stilisti   8. i pantaloncini   9. sfilata   **G. Chi lo porta? Parte prima.** 1. Sonia   2. Sonia   3. Roberto   4. Alessandro   5. Alessandro   6. Sonia   **Parte seconda.** *Answers will vary but may include:* 1. il vestito (la giacca, i pantaloni), la camicia, le scarpe (eleganti), l'impermeabile   2. le scarpe da tennis, i jeans, la maglietta   3. la camicetta, la collana, la borsa, la cintura   **H. Adesso tocca a te!** *Answers will vary.*

Strutture

7.1 Lo stilista dà il vestito alla modella   Direct and indirect objects

A. Qual è? 1. complemento diretto   2. soggetto   3. complemento indiretto   4. complemento diretto   5. complemento indiretto   6. soggetto   7. complemento diretto   8. complemento indiretto   9. soggetto   **B. Complemento diretto o indiretto?** 1. a   2. b   3. b   4. a   5. b   6. b   7. a   **D. Un po' di creatività.** *Answers will vary but may include:* 1. la casa   2. la cena   3. un bel voto   4. a Rinaldo   5. la radio   6. il CD   7. un vestito   8. a Federico

7.2 Che stai facendo?   Present progressive

A. Che stanno facendo? 1. d   2. g   3. f   4. b   5. c   6. a   7. e   **C. Che confusione!** 1. stanno perdendo   2. stiamo nuotando   3. stiamo pulendo   4. sto apparecchiando   5. sta vincendo   6. sta provando   7. sta cantando   **D. Ma che state facendo?!** 1. sta guardando   2. stanno giocando   3. sta scrivendo   4. stanno ascoltando   5. sta mangiando   6. stanno finendo   7. sta bevendo   **E. Tocca a te!** *Answers will vary.*

7.3 *Cosa mi metto oggi?*   Reflexive verbs

A. La mattina di Mauro. Parte prima. 1. si sveglia   2. si alza   3. si fa   4. si lava   5. si veste   6. si mette   7. si annoia   **Parte seconda.** 1. falso; Prima si fa la barba, poi si lava la faccia.   2. vero   3. falso; Deve sempre portare i vestiti eleganti per andare al lavoro.   4. vero   5. falso; Si annoia moltissimo al lavoro.
B. La coniugazione dei verbi riflessivi. truccarsi (*to put on makeup*)**:** mi trucco, ti trucchi, si trucca, ci trucchiamo, si truccano; **svegliarsi** (*to wake up*)**:** mi sveglio, si sveglia, ci svegliamo, vi svegliate, si svegliano; **sentirsi:** mi sento, ti senti, ci sentiamo, vi sentite, si sentono; **arrabbiarsi** (*to get angry*)**:** ti arrabbi, si arrabbia, ci arrabbiamo, vi arrabbiate, si arrabbiano; **divertirsi** (*to have fun*)**:** mi diverto, ti diverti, si diverte, ci divertiamo, vi divertite.   **C. La giornata di Roberta. Parte seconda.** *Answers will vary but may include:* 1. Si alza alle otto meno dieci.   2. Si trucca.   3. Si diverte con le amiche.   4. Si lava i capelli e parla al telefono.   5. Si arrabbia con il cane.   6. Si mette il pigiama e guarda la TV.   **D. È riflessivo o no?** 1. vi svegliate   2. chiamo   3. Ti senti   4. svegliano   5. si trucca   6. veste   7. mi lavo   8. senti   **E. Devi alzarti subito. Parte prima.** 1. ti vuoi alzare   2. Voglio dormire   3. devi fare   4. mi voglio arrabbiare   5. Devo mettermi   6. ti devi mettere   7. faccio   **Parte seconda.** 1. Vuole dormire ancora dieci minuti.   2. È lunedì.   3. Deve mettersi il maglione e il giubbotto perché fa molto freddo.   4. Non fa colazione stamattina perché è in ritardo.   **F. Tocca a te!** *Answers will vary.*

7.4 *Parlo bene l'italiano!*   Adverbs

A. Aggettivo o avverbio? 1. raramente   2. gentile   3. immediatamente   4. veloce   5. lentamente   6. puntuale   **B. Una bella giornata. Parte prima.** 1. oggi   2. Sinceramente   3. ieri   4. subito   5. tardi   **Parte seconda.** 1. falso; Vuole vedere le nuove collezioni per l'inverno.   2. falso; Vuole fare qualcos'altro.   3. vero   4. falso; No, perché spesso ci sono dei bei ragazzi in giro.   5. vero
C. Guarda bene! Parte prima. aggettivi: 1. gentile   2. immediato   3. onesto   4. puntuale   5. veloce; **avverbi:** 1. bene   2. male   3. presto   4. raramente   5. sinceramente   **Parte seconda.** 1. gentilmente   2. immediatamente   3. onestamente   4. puntualmente   5. velocemente   **D. Qual è l'avverbio?** 1. spesso   2. mai   3. male   4. presto   5. sempre   6. domani   **E. Scrivi bene!** *Answers will vary.*

Ascoltiamo!

C. Fai il match! Stilisti: Prada, Armani, Dolce e Gabbana; **Accessori e gioielli:** collana, occhiali da sole, cintura, scarpe, orrechini; **Abiti:** maglietta, giacca

Leggiamo!

Come si dice... 1. a. addio   b. dire sì   2. a. partecipazioni e inviti   b. biglietti di ringraziamento   c. addobbo floreale   d. affitto sala per ricevimento   e. velo sposa   f. abito sposa   g. fedi nuziali   h. acconciatura e trucco della sposa   i. ripresa video   j. viaggio di nozze

In Italia

1. vero   2. falso; (sapere) il numero   3. falso; a Milano   4. falso; a Vicenza   5. vero   6. falso; È falso che..

Capitolo 8

Strategie di comunicazione

A. Rivediamo! 1. b   2. b   3. b   4. a   **B. Tanti auguri!** 1. Buon compleanno!   2. Buon Natale!   3. Buon viaggio!   4. Buon appetito!   5. Buon anniversario!

Pronuncia

La combinazione gli   Pronunciation of *gli*

Dettato. Parte prima. 1. gli   2. ll   3. gli   4. gli   5. ll   6. gli   7. ll   8. ll   **Parte seconda.** 1. figlia   2. dalla   3. bello   4. maglione   5. giallo   6. vogliamo   7. scegliete   8. sorelle   9. palla   10. taglia

Lessico

Buone feste! Talking about Italian and American holiday celebrations

A. Buone feste! 1. f 2. a 3. g 4. c 5. b 6. d 7. e **B. Che cos'è?** 1. il giorno 2. il carbone
3. i dolci 4. i regali 5. 50 anni 6. il sei gennaio 7. compiamo 8. l'albero **C. Quando è?**
1. dicembre, gennaio 2. gennaio 3. marzo, aprile 4. febbraio 5. gennaio 6. dicembre 7. luglio
8. marzo 9. novembre **G. Che regalo vuole Patrizia?** 1. uovo 2. Natale 3. vigilia 4. panettone
5. pesce 6. torta 7. bianco 8. feste 9. Capodanno 10. bevande 11. regali 12. Buon **H. Tocca a
te!** *Answers will vary.*

Strutture

8.1 *Ci vediamo domani* Reciprocal verbs

A. Cose che si fanno in due. 1. e 2. g 3. f 4. d 5. c 6. b 7. a **B. Reciproco o no?** 1. amano
2. ci scriviamo 3. vedete 4. capiscono 5. si telefonano 6. salutano 7. ci facciamo **C. Azioni
reciproche.** 1. si conoscono 2. vi scrivete 3. si baciano 4. ci abbracciamo 5. vi incontrate 6. si
amano 7. ci facciamo 8. si parlano **D. Due che si innamorano. Parte seconda.** *Answers will vary but
may include:* Si incontrano in piazza. Si scrivono i messaggini. Si baciano. Si sposano. **E. Io e Matteo…
Parte seconda.** *Answers will vary.*

8.2 *Ci siamo visti ieri* The present perfect of reflexive and reciprocal verbs

A. Di chi parla? 1. b 2. c 3. a 4. d 5. a 6. c 7. b 8. d **C. A che ora ti sei alzato?** 1. è, -a
2. siamo, -i 3. sono, -e 4. sei, -o; sono, -a 5. sono, -e 6. siamo, -i 7. sono, -i **D. La giornata di
Luciana e Giovanni.** 1. si sono alzati 2. si è lavato 3. si è messa 4. sono usciti 5. si è arrabbiato
6. sono andati, si sono divertiti **E. Quando io e Lorenzo ci siamo conosciuti… Parte prima.**
2. vedersi 4. separarsi 7. chiedere 9. incontrarsi 11. finire **Parte seconda.** 2. ci siamo visti 3. ci
siamo innamorati 4. non ci siamo separati 5. abbiamo bevuto 6. abbiamo parlato 7. ha chiesto
8. ci siamo baciati 9. ci siamo incontrati 10. ci siamo messi insieme 11. è finita 12. ci siamo sposati
F. Tocca a te! *Answers will vary.*

8.3 *L'amore è bello* The use of definite and indefinite articles

A. Decisioni! 1. una 2. La 3. un 4. la 5. la 6. un 7. Il 8. La **B. L'articolo giusto.**
Parte prima. 1. il 2. una 3. il 4. l' 5. un 6. il, il 7. gli 8. le **Parte seconda.** 1. a 2. e 3. b
4. d 5. e 6. c 7. d 8. b **C. Quale articolo?** 1. la 2. un, il 3. Il, un 4. la, il 5. Il, il 6. i
7. un, la 8. la, Il **D. Adesso scrivi tu!** *Answers will vary.*

8.4 *Non vado in macchina! Vado a piedi!* The prepositions **in** and **a**

A. Dove andiamo? Parte prima. 1. a 2. f 3. b 4. c 5. e 6. d 7. h 8. g. **B. Che giornata!**
1. in 2. in 3. in 4. al 5. al 6. A 7. a 8. a 9. in 10. in **C. Come vai?** 1. Vado in treno.
2. Andiamo in aereo. 3. Vado in bicicletta. 4. Vado in macchina. 5. Vado a piedi.

Cultura

Ascoltiamo!

A. Come finisce? 1. a 2. b 3. b 4. a 5. b

Leggiamo!

A. Relating graphics and text. i treni di Trenitalia **B. Using (con)textual cues to tense.** 1. nuovo
2. in fase di sperimentazione **C. Deriving word meaning from context.** 1. c 2. membership card
3. a 4. Roma e Milano

In Italia

1. falso; la Befana   2. vero   3. falso; (confetti) bianchi   4. falso; meno (giovani)   5. falso; (a) Verona
6. falso; (Festa della) donna

Capitolo 9

Strategie di comunicazione

A. Cosa fai? / Cosa vuoi fare? 1. a   2. b   3. a   4. a   5. b   **B. Cosa vuole fare?** 1. stilista
2. veterinaria   3. musicista   4. ingegnere   5. antropologa

Pronuncia

La combinazione gn   Pronunciation of *gn*

Dettato. Parte prima. 1. nn   2. nn   3. gn   4. gn   5. nn   6. gn   7. gn   8. nn   9. gn   10. gn
Parte seconda. 1. ingegno   2. Annamaria   3. diagnosi   4. manna   5. ognuno   6. Giovanni
7. ignorante   8. nonna   9. ignoti   10. panna

Lessico

Siamo studenti!   Talking about education and professions

A. Le professioni. 1. b   2. a   3. b   4. a   5. a   6. a   7. b   8. b   **C. Chi sono? Parte seconda.**
a. l'ingegnere   b. il medico   c. la dirigente   d. la fotografa   e. la scienziata   f. l'attrice   **D. Le
professioni.** 1. l'attrice   2. la professoressa   3. la scrittrice   4. la veterinaria   5. la giornalista
6. l'ingegnere   7. la psicologa   8. l'insegnante   9. la dirigente   **E. Che fanno?** *Answers will vary but
may include:* 1. L'attore recita.   2. Lo scienziato fa ricerca.   3. Lo psicologo ascolta i problemi.
4. Lo studente si laurea.   5. Il cameriere serve il cibo.   6. Il dirigente dirige.   7. L'artista dipinge.
8. L'impiegato lavora in un ufficio.   **F. Chi chiami?** 1. il medico   2. l'architetto   3. il veterinario
4. l'avvocato   5. il poliziotto   6. l'infermiere   7. la commessa   8. il cameriere   **G. Cruciverba. Orizzontali:**
1. avvocato   3. ufficio   4. elementare   6. insegnanti;   **Verticali:** 1. articolo   2. stipendio   5. ricerca   **I. Tocca
a te!** *Answers will vary.*

Strutture

9.1 Invitiamo tutti alla festa   Indefinite pronouns

A. Scegli il pronome giusto! 1. a   2. b   3. a   4. b   5. b   6. a   7. a   8. b   **B. Soggetto o complemento?**
Parte prima. 1. qualcuno; complemento   2. Tutti; soggetto   3. Qualcosa; soggetto   4. tutto; complemento
5. tutti; complemento   **Parte seconda.** 1. qualcuno; soggetto   2. Tutto; soggetto   3. qualcuno;
complemento   4. Tutti; soggetto   5. tutto; complemento   **D. Tutti i giorni la stessa cosa.** 1. Tutte
2. tutti   3. tutta   4. tutto   5. tutti   6. tutta   7. tutto   **E. Tocca a te!** *Answers will vary.*

9.2 Che fai questo weekend?   Using the present to talk about the future

B. Quando lo fai? 1. fra   2. prossimo   3. prossimo   4. fra   5. fra   6. dopodomani   **C. Ma quante
domande!** *Answers will vary.*

9.3 Andremo tutti in Italia   The future

A. I verbi al futuro. diventare: diventerò, diventerai, diventeremo, diventerete, diventeranno; **perdere**
(*to lose*): perderò, perderai, perderà, perderete, perderanno; **partire** (*to leave*): partirò, partirai, partirà,
partiremo, partirete; **lavarsi** (*to wash oneself*): ti laverai, si laverà, ci laveremo, vi laverete, si laveranno;
andare (*to go*): andrai, andrà, andremo, andrete, andranno; **avere** (*to have*): avrò, avrai, avrà, avremo,
avranno; **essere** (*to be*): sarò, sarai, saremo, sarete, saranno; **mangiare** (*to eat*): mangerò, mangerà,
mangeremo, mangerete, mangeranno; **pagare:** pagherò, pagherai, pagherà, pagheremo, pagherete
B. Che verbo è? Parte prima. 1. essere   2. cercare   3. sapere   4. rimanere   5. vedere   6. prendere

7. lavorare   8. cominciare   **C. Che farai l'estate prossima? Parte prima.** 1. visiteremo   2. Andremo
3. vedremo   4. andremo   5. farò   6. dovremo   7. dormiremo   8. farà   9. usciremo   10. andremo
11. riusciremo   **Parte seconda.** 1. Vedranno la Statua della Libertà, molti musei e un musical.
2. Conoscono lo zio e le cugine di Andrea.   3. Dormiranno a casa dello zio di Andrea.   4. Andranno
al mare perché farà caldo.   5. Andranno con le cugine di Andrea.   **D. Che farai dopo l'università?**
1. Visiterò   2. Cercherà   3. inzieremo   4. Andranno   5. Giocherò   **E. Come sarà la mia vita? Parte
seconda.** *Answers will vary but may include:* 2. Troverà un bel lavoro in una grande città.   3. Si sposerà
con un bell'uomo.   4. Avrà tre bambini.   5. Alla fine diventerà molto ricca e farà sempre shopping.
F. Come sarà? Parte seconda. *Answers will vary.*

9.4 Se farà bel tempo domani   Hypotheticals of probability

A. Se non finirai i compiti… 1. c   2. f   3. e   4. a   5. b   6. d   **C. Quante scelte! Parte prima.** *Answers
will vary.*   **Parte seconda.** *Answers will vary.*

9.5 Conosco una persona che parla tre lingue   The relative pronoun **che**

A. Chi è? 1. c   2. e   3. f   4. a   5. d   6. g   7. b   **C. La cosa che… Parte prima.** 1. e   2. c   3. a
4. g   5. d   6. f   7. b   **Parte seconda.** *Answers will vary.*   **D. Tu che ne dici?** *Answers will vary.*

Cultura

Ascoltiamo!

A. Come finisce? 1. a   2. a   3. b   4. a   5. a

Leggiamo

Hai capito? 1. b   2. b   3. a   4. b   5. a   6. b   7. b   8. b

In Italia

1. falso; liceo   2. falso; (di) Bologna   3. vero   4. vero   5. vero   6. falso; sette (anni)

Capitolo 10

Strategie di comunicazione

A. Insomma/veramente/purtroppo! 1. e   2. c   3. d   4. a   5. b   **B. Cosa dici?** 1. Le dispiace
2. purtroppo   3. scusa   4. veramente   5. ti dispiace   **C. *Scusa/Scusi o Mi dispiace?*** 1. Scusi
2. Mi dispiace   3. Scusi   4. Scusa   5. Mi dispiace

Pronuncia

L'accento   Stress

L'accento. Parte prima. 1. giocano   2. maniera   3. abita   4. Perù   5. così   6. alibi   7. perdere
8. abitiamo   9. automobile   10. cioè   **Parte seconda.** 1. gi<u>o</u>cano   2. ma<u>nie</u>ra   3. <u>a</u>bita   4. Per<u>ù</u>
5. cos<u>ì</u>   6. <u>a</u>libi   7. <u>pe</u>rdere   8. abi<u>tia</u>mo   9. auto<u>mo</u>bile   10. cio<u>è</u>

Lessico

Le parti del corpo   Identifying parts of the body

A. Il rebus. Quale parte del corpo è? 1. spalla   2. collo   3. occhio   4. viso   5. piedi   6. mano
7. bocca   **B. Cosa vuol dire?** 1. h   2. e   3. a   4. g   5. c   6. d   7. f.   8. b   **C. Che parte del corpo è?**
1. occhio   2. naso   3. bocca/denti   4. braccio   5. ginocchio   6. testa   7. orecchio   8. gamba   9. piede
D. *Guerre stellari.* Parte seconda. 1. Ha due colli.   2. Ha due bocche.   3. Ha quattro orecchi.   4. Ha cinque braccia.   5. Ha dieci mani.   6. Ha quattro gambe.   **E. Uno o due?** 1. le mani   2. il braccio   3. le
dita   4. le orecchie   5. la gamba   6. i piedi   7. il ginocchio   8. l'occhio   **G. In ospedale.** *Answers will*

vary but may include: **Dialogo 1:** Sì; Ieri; Non mi faceva male; La gamba è rotta? **Dialogo 2:** Mi hanno fatto un intervento chirurgico; Al braccio; Va bene; Febbre e mal di testa. **H. Che cosa hanno fatto ieri?** 1. Hanno giocato a tennis. 2. Gianna 3. Paolo 4. Faceva molto caldo. 5. le braccia, soprattutto il destro 6. le gambe

Strutture

10.1 *Gli italiani sono il popolo meno ansioso d'Europa* The superlative

A. I fatti. 1. L'Italia 2. I fagiolini 3. Londra 4. La Ferrari 5. Il calcio 6. Il cinese 7. La Russia
B. È il migliore o il peggiore? 1. -e 2. -i 3. -i 4. -e 5. -e 6. -i 7. -e **D. Parole in disordine.**
1. L'italiano è la lingua più bella. 2. Dante è lo scrittore più famoso d'Italia. 3. Gli italiani sono il popolo meno stressato. 4. L'Italia ha il migliore gelato del mondo. 5. La Svizzera ha le montagne più belle d'Europa. **E. Gli amici di Gianna.** 1. è la più ricca 2. è il più socievole 3. sono le più tranquille 4. sono i più sportivi 5. sono i più studiosi **F. Secondo te...** *Answers will vary.*

10.2 *C'era una volta. . .* The imperfect

A. I verbi all'imperfetto. Parte prima. 1. d 2. e 3. f 4. b 5. a 6. c **Parte seconda. dormire:** dormivo, dormivi, dormiva, dormivate, dormivano; **giocare** (*to play*): giocavo, giocavi, giocavamo, giocavate, giocavano; **capire** (*to understand*): capivo, capivi, capiva, capivamo, capivano; **volere** (*to want*): volevo, voleva, volevamo, volevate, volevano; **bere** (*to drink*): bevevo, bevevi, beveva, bevevate, bevevano; **essere** (*to be*): ero, eri, era, eravamo, eravate; **fare** (*to do, to make*): facevi, faceva, facevamo, facevate, facevano **D. Da bambino... Parte prima.** 1. ero 2. andavamo 3. vivevano 4. avevano 5. seguivamo 6. era 7. cucinava 8. stavamo 9. faceva 10. giocavamo 11. andavamo 12. leggeva **Parte seconda.** 1. Vivevano in campagna in una fattoria. 2. A Giacomo piaceva mangiare a casa dei nonni perché la nonna cucinava molto bene. 3. Stavano in casa il pomeriggio perché faceva caldo. 4. Andavano a letto presto perché erano stanchi. **E. L'infanzia di nonno Pietro. Parte prima.** ascoltare, dovere, esserci, essere, guardare, leggere, potere, sposarsi, viaggiare, vivere **Parte seconda.** 1. era 2. c'erano 3. viaggiava 4. guardavamo 5. ascoltavamo 6. leggevamo 7. potevano 8. dovevano 9. si sposavano 10. vivevano **Parte terza.** 1. falso; La gente non viaggiava molto. 2. vero 3. falso; Molti ragazzi non potevano andare all'università. 4. falso; I giovani si sposavano più presto. 5. falso; Oggi la vita non è facile. **F. Che dovevi fare.** *Answers will vary but may include:* 1. dovevi 2. doveva 3. dovevate 4. dovevano 5. dovevo 6. dovevamo **G. Tocca a te!** *Answers will vary.*

Cultura

Leggiamo!

Identifying types of texts. 1. c 2. d 3. a 4. b

A. È l'influenza o no? 1. sì 2. sì 3. no 4. sì 5. sì 6. no **B. Cosa dobbiamo fare?** 1. deve andare all'ospedale 2. può curarsi a casa 3. deve andare all'ospedale 4. deve andare all'ospedale

In Italia

1. vero 2. vero 3. vero 4. falso; (utilizzano) spesso 5. falso; Leonardo Da Vinci 6. vero

Capitolo 11

Strategie di comunicazione

A. Com'era/com'erano? 1. Com'erano 2. Com'era 3. Com'erano 4. Com'erano 5. Com'era
B. Com'era Sandro? 1. f 2. a 3. e 4. b 5. c 6. d

Pronuncia

La lunghezza delle consonanti   Length contrast with consonants

Dettato. Parte prima. 1. sette   2. avvocati   3. impiegate   4. soccorso   5. architetto   6. scusa
7. prossimo   8. immediatamente   9. ossi   10. bocca   **Parte seconda.** 1. immondizia   2. freddo
3. solito   4. fretta   5. purtroppo   6. ginocchio   7. gamba   8. scrittori   9. Anna   10. dito

Lessico

Vieni a casa mia   Describing Italian houses and furniture

A. A che cosa serve? 1. b   2. a   3. b   4. a   5. b   6. b   7. a   8. b   **B. Le stanze.** 1. g   2. c   3. f
4. d   5. e   6. b   7. a   **C. L'intruso.** 1. il bidè   2. il letto   3. il lavandino   4. il balcone   5. la vasca
6. il giardino   7. il palazzo   8. l'immondizia   9. il citofono   10. la doccia   **E. In che stanza si trovano?**
1. la poltrona   2. il televisore   3. il forno   4. il frigorifero   5. il letto   6. l'armadio   7. la vasca   8. la
doccia   **F. Dove sono?** *Answers will vary but may include:* 1. La lavastoviglie è accanto al lavandino.
2. Il lavandino è accanto alla cucina.   3. Il forno a microonde è sopra la cucina.   4. Il tavolo è a sinistra
della sedia.   5. La sedia è a destra del tavolo.   **Parte seconda. Nella camera n. 1:** 1. Ci sono due sedie.
2. C'è un tappeto.   3. C'è un televisore.   4. Ci sono due quadri.   **H. Tocca a te!** *Answers will vary.*

Strutture

11.1 *Cosa facevi?*   The imperfect vs. the present perfect

A. Il passato prossimo o l'imperfetto? 1. ho visto   2. siamo usciti   3. hanno comprato   4. metteva
5. aveva   6. sono andato   7. si è trasferito   8. avete fatto   **C. Mentre studiavo...** 1. guardava   2. ha
pulito   3. facevo   4. è tornata   5. leggevano   6. preparava   7. abbiamo cambiato   **D. La mia vita in
America. Parte prima.** 1. non facevo   2. non andavo   3. non era   4. non parlavano   5. mangiavo
6. costava   **Parte seconda.** 1. falso   2. falso   3. vero   4. falso   **E. Dove va? Parte prima.** 3. tutti i
giorni   4. di solito   5. mentre   8. ogni estate   10. il lunedì   11. sempre   **Parte seconda.** *Answers will
vary.*   **F. Un giorno al mare. Parte prima.** 1. avevo   2. giocavamo   3. hanno deciso   4. siamo arrivati
5. abbiamo iniziato   6. abbiamo nuotato   7. giocavamo   8. ha visto   9. volevamo   10. avevamo
11. siamo tornati/e   **Parte seconda.** 1. falso   2. vero   3. falso   4. vero   5. falso   **Parte terza.** *Answers
will vary.*

11.2 *Eccoci!*   Object pronouns

A. Diretto o indiretto? 1. diretto   2. indiretto   3. diretto   4. diretto   5. indiretto   6. diretto   7. indiretto
8. indiretto   **B. In altre parole.** 1. a   2. a   3. b   4. b   5. b   6. a   7. a   8. b   **E. Una frase più semplice.
Parte prima.** 1. Io e Fabiana lo prepariamo per cena.   2. Valeria gli telefona domani per parlare del
weekend.   3. Enrico e Stefania la guardano a casa loro stasera.   4. La nonna gli scrive una lettera una
volta al mese.   5. Stefano non li farà questo weekend.   6. Lisa non gli risponde mai quando la chiama.
7. Non le compreremo questo mese, perché non abbiamo soldi.   **Parte seconda.** 1. Le   2. le   3. L'
4. Lo   5. gli   6. Le   7. Li   8. la

Cultura

Leggiamo!

Predicting information. 1, 2, 4, 5, 9   **Le hai trovate?** 1. Lines 1, 2, 5, 8, 9   2. Line 6   4. Lines 6, 7
6. Line 10

In Italia

1. vero   2. falso; al primo piano   3. falso; (dire) permesso   4. falso; i carabinieri (sono oggetto...)
5. falso; (l'isola di) Murano   6. vero

Capitolo 12

Strategie di comunicazione

A. Secondo te... / Secondo Lei... 1. a 2. a 3. b 4. a 5. b **B. Quale secolo?** 1. d 2. e 3. c
4. a 5. b

Pronuncia

Come si scrive? Spelling words using names of famous cities

Dettato. Parte prima. 1. Memmolo 2. Vecchietti 3. Dirienzo 4. Antinone 5. Dibaggio 6. Urbani
7. Saffo

Lessico

La città e il paese di provincia Talking about Italian cities and towns

A. La casa di Enrico e Patrizia. 1. metropoli 2. paese 3. caotico 4. banche 5. quartiere 6. verde
7. costose 8. rumore **D. I pro e i contro di città e paesi.** 1. a 2. e 3. f 4. g 5. b 6. c 7. d 8. h
F. La frase nascosta. 1. panificio 2. tabaccaio 3. moderno 4. libreria 5. trasporto 6. abitanti
7. posta 8. religioso 9. ufficio postale 10. monumenti 11. divertente 12. caotico 13. stressante
14. urbano 15. tranquillità **G. Tocca a te!** *Answers will vary.*

Strutture

12.1 *Chi fu?* The past absolute

A. Che forma è? Parte prima. 1. noi 2. tu 3. loro 4. lui/lei 5. io 6. voi 7. tu 8. io 9. loro
10. lui/lei **Parte seconda.** 1. andare 2. parlare 3. lavare 4. vedere 5. frequentare 6. aprire
7. essere 8. avere 9. partire 10. ballare **B. La forma giusta.** 1. c 2. a 3. b 4. a 5. a 6. b 7. a
8. b **C. Al passato prossimo...** 1. ha preso 2. ha lavorato 3. hanno avuto 4. è arrivato/a
5. hanno cambiato 6. ha visto 7. sono usciti/e 8. hanno accettato 9. ha offerto 10. sono entrati/e
D. Qual è il verbo? Parte prima. 1. fece 2. costruirono 3. andarono 4. nacque 5. scrisse 6. vinse
7. dipinse **Parte seconda.** 1. ha fatto 2. hanno costruito 3. sono andati 4. è nato 5. ha scritto
6. ha vinto 7. ha dipinto **E. Giuseppe dimenticò tutto! Parte prima.** 1. uscì, è uscito 2. arrivò, è
arrivato 3. decise, ha deciso 4. comprò, ha comprato 5. andò, è andato 6. vide, ha visto
7. iniziarono, hanno iniziato 8. smise, ha smesso 9. andò, è andato 10. comprò, ha comprato
11. tornò, è tornato 12. disse, ha detto 13. rispose, ha risposto 14. si arrabbiò, si è arrabbiato
15. andò, è andato **Parte seconda.** 1. falso; Il padre disse a Giuseppe di comprare il pesce. 2. falso;
Giuseppe andò all'edicola e al panificio. 3. vero 4. vero 5. vero

12.2 *Cosa stavi facendo?* The past progressive

B. Che cosa stavano facendo? Parte prima. 1. stava 2. stavate 3. stavano 4. stavamo 5. stava
6. stavo 7. stavi **Parte seconda.** 1. stavano pranzando 2. stava preparando 3. Ti stavi lavando
4. stavate bevendo 5. stava ascoltando 6. stavamo cercando **C. L'estate di Valentina.** *Answers will
vary but may include*: 1. Stava leggendo una rivista. 2. Stava mangiando la pasta al ristorante.
3. Stava ascoltando la conversazione. 4. Stava ascoltando la musica e stava cantando. 5. Stava cuci-
nando. **D. Dall'imperfetto al passato progressivo.** 1. stava nuotando 2. stavano parlando 3. stavo
pulendo 4. Stavi parlando 5. stavamo facendo 6. stavate mangiando **E. Tocca a te! E tu, cosa stavi
facendo...?** *Answers will vary.*

12.3 *Dove si vive meglio?* The irregular comparative

B. Aggettivo o avverbio? 1. migliore 2. peggio 3. meglio 4. migliori 5. peggiori 6. migliore
7. peggiori 8. peggio **C. Le opinioni di Silvia e Matteo. Prima parte.** 1. peggio 2. peggiori
3. meglio 4. migliori 5. meglio **D. Singolare o plurale?** 1. -e 2. -e 3. -i 4. -i 5. -e 6. -e 7. -i

E. Che ne pensi? 1. L'acqua minerale gassata è migliore/peggiore dell'acqua minerale naturale.   2. Gli occhiali sono migliori/peggiori delle lenti a contatto.   3. Il lavoro è migliore/peggiore delle vacanze.   4. Il cinema è migliore/peggiore del teatro.   5. Gli gnocchi sono migliori/peggiori della pasta.   6. La psicologia è migliore/peggiore della sociologia.   7. La cucina cinese è migliore/peggiore della cucina messicana.

12.4 *A Silvia piacciono le scarpe*   More about the verb **piacere**

B. A chi piace? 1. a   2. b   3. a   4. b   5. a   6. b   7. b   **C. A chi piacciono?** 1. gli   2. le   3. gli   4. le   5. gli   6. gli   **D. Mi piace...** 1. Ai bambini piacciono i dolci.   2. A mio fratello piace la letteratura.   3. A Sandra e Michela piacciono i film.   4. A Claudia piace la pasta.   5. A Gianni e Marcella piacciono le macchine.   6. Alla mia amica piace l'arte.   **E. Gli piace...** 1. Gli   2. Le   3. Gli   4. Gli   5. Gli   6. Le   **F. Cosa gli piace?** *Answers will vary but may include:* 1. A Alessia piace la pizza.   2. A Marco piace la frutta.   3. Allo zio piace dipingere.   4. A Alessia e Marina piace nuotare.   5. Alla nonna piace guardare la TV.

Cultura

Ascoltiamo!

A. Come finisce? 1. fertili   2. mite   3. al trasporto delle merci   4. la difesa   5. fondazione

Leggiamo!

A. Identifying the topic sentence. moderno, romano, barocco, neoclassico   **B. Identifying text type.** 2. c   **C. Predicting meaning from text type. Parte prima.** 1, 3   **Parte seconda.** *Answers will vary but may include:* 1. Galleria Comunale   2. Il secolo d.C.

In Italia

1. vero   2. vero   3. falso; (e nelle) edicole   4. vero   5. falso; Firenze (è la città...)   6. falso; (città di) Venezia

Capitolo 13

Strategie di comunicazione

A. Suggerimento o desiderio? 1. b   2. a   3. b   4. a   5. b   **B. Come finisce la frase?** 1. c   2. e   3. b   4. a   5. d

Pronuncia

Le lettere qu   Pronunciation of the sound /kw/

Dettato. 1. quattro   2. liquidi   3. quindici   4. cinque   5. acquisti   6. quelli   7. acquarello   8. doposcuola   9. cinquanta   10. frequentare

Lessico

Dove vai in vacanza?   Talking about vacations

B. Che fai quest'anno? 1. g   2. i   3. b   4. h   5. a   6. e   7. c   8. d   9. f   **C. Il lago noscosto.** 1. godersi   2. lamentarsi   3. noleggiare   4. partire   5. prenotare   6. organizzare   7. riposarsi   **D. Gli alberghi sull'Adriatico.** 1. vicino   2. No, è gratuito.   3. il pesce   4. in piscina   5. Sì.   6. da luglio fino al 6/8   7. tutti i giorni   8. in cassaforte   **E. Il viaggio di Filippo.** *Answers will vary but may include:* F. Sì, andrò a Capri.   F: Com'è Capri?; F: Era cara?; F: Che cosa si poteva fare? F: Il mare era pulito?   **F. Quale località è? Parte seconda.** *Answers will vary.*   **G. Come hanno passato le vacanze?** *Answers will vary but may include:* 1. Vera ha preso il sole sul lettino; Renata ha giocato sotto l'ombrellone.   2. Riccardo e

Mauro hanno fatto il rock climbing.   3. Rosa e Alfredo sono andati in barca a un'isola.   4. I signori Colantonio hanno fatto una gita organizzata in pullman.

Strutture

13.1 *Vorrei andare in Italia*   The present conditional

A. I verbi al condizionale. organizzare (*to organize*): organizzeresti, organizzerebbe, organizzeremmo, organizzereste, organizzerebbero; **decidere** (*to decide*): deciderei, decideresti, deciderebbe, decideremmo, decidereste, deciderebbero; **finire:** finirei, finirebbe, finiremmo, finireste, finirebbero; **rilassarsi** (*to relax*): mi rilasserei, ti rilasseresti, ci rilasseremmo, vi rilassereste, si rilasserebbero; **essere** (*to be*): sarei, saresti, sarebbe, sareste, sarebbero; **fare** (*to do, to make*): farei, faresti, farebbe, faremmo, fareste; **dovere** (*to have to, must*): dovrei, dovrebbe, dovremmo, dovreste, dovrebbero; **noleggiare:** noleggerei, noleggeresti, noleggerebbe, noleggeremmo, noleggerebbero; **dimenticare** (*to forget*): dimenticheresti, dimenticherebbe, dimenticheremmo, dimentichereste, dimenticherebbero   **B. Quale verbo è? Parte prima.** 1. lavorare 2. divertirsi 3. stare 4. prenotare 5. volere 6. andare 7. prendere 8. potere   **C. Cosa farebbero?** 1. a 2. b 3. b 4. c   **D. Cosa vorresti fare? Parte prima.** 1. vorresti 2. piacerebbe 3. vorrebbe 4. dovrei 5. Vorrei 6. Potrei 7. costerebbe   **Parte seconda.** 1. Vorrebbe affittare una casa in Sardegna.   2. Deve risparmiare soldi e ha un paio di esami da preparare.   3. Potrebbe andare dagli zii in Calabria.   4. No, non hanno deciso che cosa faranno per le vacanze.   **E. Il verbo giusto.** 1. sarebbe 2. potrebbero 3. andrebbe 4. Studierei 5. smettereste 6. cambierebbero 7. prenoteremmo 8. Dovresti   **F. In modo più gentile.** 1. Diego, mi daresti €5?   2. Ragazzi, potreste parlare piano per favore?   3. Vorrei un bicchiere di vino rosso   4. Riccardo, mi faresti un favore?   5. Potresti cucinare tu stasera?   6. Vorresti venire a cena con me?   **G. Cosa dovrebbe fare Cinzia?** *Answers will vary but may include:* 1. Dovrebbe telefonare a Gianna.   2. Dovrebbe comprare un nuovo vestito.   3. Dovrebbe fare l'esame oggi.   4. Dovrebbe prendere l'aereo.   5. Dovrebbe ordinare una pizza.   6. Dovrebbe dire a Stefano che non vuole più uscire con lui.   **H. Tocca a te!** *Answers will vary.*

13.2 *Dimmi tutto!*   The informal imperative

A. Che cosa dicono? 1. c   2. e   3. f   4. a   5. b   6. g   7. d   **C. In cucina!** a. 3, Aggiungete b. 6, Spolverate c. 4, Mettete d. 2, Aggiungete e. 5, Bagnate   **D. Ti dispiacerebbe... ?** 1. guidare più lentamente 2. pulire la tua camera   3. farmi un favore   4. giocare con tua sorella   5. preparare la cena stasera   6. telefonarmi domani   **E. Dai, vieni!** 1. venite   2. parlare   3. apri   4. Girate   5. fai/fa' 6. Stai/Sta'   7. dammi   8. mangiare   **F. Cosa gli dice?** *Answers will vary but may include:* 1. Mangia gli spinaci!   2. Uscite con noi!   3. Dammi il libro d'italiano.   4. Prendi i soldi!   5. Pulisci la macchina! 6. Ascoltate!

13.3 *Mi dica!*   The formal imperative

A. Dove vanno gli imperativi? formale: 1. Si accomodi!   2. Chiuda la finestra!   3. Finisca subito! 4. Mi dica!   5. Parli, per favore!; **informale:** 1. Apri la porta!   2. Bevi l'acqua!   3. Dammi la valigia! 4. Mangia!   5. Vai a casa!   **B. Situazioni diverse.** 1. b   2. a   3. b   4. a   5. b   6. b   7. a   **C. Formale o informale?** 1. a.   2. b.   3. a.   4. a.   5. b.   **E. Dall'informale al formale.** 1. Venga qui un attimo. 2. Ripeta il suo nome.   3. Legga questo.   4. Mi ascolti, per favore.   5. Scriva il suo indirizzo.   6. Parli piano.   7. Vada diritto, poi a destra.   **F. All'imperativo.** 1. Mi dia il suo numero di telefono. 2. Venga a Roma il prossimo weekend.   3. Mi dica qual è il problema.   4. Metta la sua firma.   5. Mi ascolti senza interrompere.   6. Aspetti qui una quindicina di minuti.   7. Mi organizzi un viaggio in Inghilterra per quest'estate.

Cultura

Ascoltiamo!

A. Come finisce? 1. un mese   2. quattro   3. agosto   4. affollatissimi   5. al mare   **B. Il Ferragosto.** 1. falso; il 15 agosto   2. vero   3. falso; sulla costa adriatica   4. vero   5. falso; solo i servizi essenziali

Leggiamo!

A. Quale luogo? 1. Hotel Terme 2. La Valle 3. La Valle 4. Hotel Terme 5. La Valle **B. Puoi identificare il pubblico?** 1. La Valle 2. Hotel Terme 3. La Valle 4. Hotel Terme 5. La Valle **Parte seconda.** 1. tutta la famiglia… 2. tennis, minigolf, bocce/box per cavalli… 3. parco per pic-nick/200.000 mq di parchi… 4. nuoto e ginnastica riabilitativa… 5. cucina romagnola

In Italia

1. vero 2. falso; (una spiaggia) libera 3. falso; (Le isole) Eolie 4. falso; bianca 5. vero 6. falso; (La gita) scolastica

Capitolo 14

Strategie di comunicazione

A. Cosa si fa? / Come si fa? 1. c 2. d 3. e 4. f 5. b **B. Qual è l'ordine giusto? Question 1:** a. 5 b. 2 c. 1 d. 3 e. 4 **Question 2:** a. 1 b. 5 c. 2 d. 3 e. 4

Pronuncia

Le lettere r e rr   Pronunciation of the sounds /r/ and /rr/

Dettato. 1. rosso 2. carriera 3. corsi 4. arrivederci 5. cameriera 6. dire 7. arivare 8. Rimini 9. corrono 10. marrone

Lessico

La società italiana oggi   Talking about Italian society today

A. I problemi sociali. 2, 3, 6, 9, 10 **B. Le coppie di contrari.** 1. a, f 2. b, h 3. c, l 4. d, o 5. e, g 6. i, k 7. j, m 8. n, p **C. Le testate di giornale. Parte prima.** 1. c 2. e 3. b 4. f 5. a 6. d **E. La società moderna.** 1. tasso 2. età 3. disoccupati 4. noia 5. tasse 6. emigra 7. solitudine 8. problema **F. Cruciverba. Orizzontali:** 5. lavoro 7. guerra 9. laurearsi 10. razzismo; **Verticali:** 1. calo 2. divorzio 3. emigrati 4. drogarsi 6. morte 8. prezzi **G. Criptogramma. Parte prima.** 1. povertà 2. immigrati 3. sposarsi 4. vecchiaia 5. nascita 6. prezzi 7. cittadini 8. pace **Parte seconda.** *Answers will vary.*

Strutture

14.1 *Si può?*   **Si** + verb

A. Singolare o plurale? 1. studiano 2. trovano 3. cena 4. va 5. fanno 6. gioca 7. mangiano **D. Quale verbo si usa?** 1. si leggono 2. si conoscono 3. si esce 4. si vota 5. si va 6. si fa 7. si cambia 8. ci si mettono **E. Si vede che…** *Answers will vary.* **F. Tante cose!** *Answers will vary but may include:* 1. Si fa la torta. 2. Si studia. 3. Si va al mare. 4. Si fa il sugo. 5. Si fa trekking. 6. Si scrive. **G. Cosa si fa?** *Answers will vary but may include:* 1. Si va in montagna. 2. Si compra un regalo. 3. Si pranza all'una. 4. Si va al mare. 5. Si studia molto. 6. Si lavora molto.

14.2 *Penso che sia giusto così*   The present subjunctive

A. Le forme giuste. studiare (*to study*): studi, studi, studiamo, studiate, studino; **leggere:** legga, legga, legga, leggiamo, leggiate; **aprire** (*to open*): apra, apra, apra, apriate, aprano; **pulire** (*to clean*): pulisca, pulisca, puliamo, puliate, puliscano; **avere** (*to have*): abbia, abbia, abbia, abbiamo, abbiano; **essere** (*to be*): sia, sia, siamo, siate, siano; **fare** (*to do, to make*): faccia, faccia, faccia, facciamo, facciate; **noleggiare** (*to rent*): noleggi, noleggi, noleggiamo, noleggiate, noleggino; **uscire** (*to go out*): esca, esca, usciamo, usciate, escano **B. Che ne pensi?** 1. b 2. a 3. a 4. b 5. a 6. a **D. I verbi al congiuntivo. Parte prima.** 1. vada 3. dimentichiate 6. decida 7. abbiano 10. si lamentino 11. parta **Parte seconda.** 1. aumentino 2. facciano 3. siate 4. cresca 5. accettiate 6. cali **E. I verbi giusti.**

1. si ammali   2. si lamentino   3. sia   4. faccia   5. organizzino   6. cresca   7. creda   **F. Penso che...**
1. escano   2. so   3. vadano   4. inizi   5. Hanno   6. Possiamo   **Parte seconda. congiuntivo:** escano, vadano, inizi; **indicativo:** so, Hanno, Possiamo   **G. Credo che...** *Answers will vary.*   **H. Che cosa pensi di Marina?** *Answers will vary.*

14.3 *È bello che tu impari l'italiano*   Verbs and expressions followed by the subjunctive

A. Ma che fa Sandro? Parte prima. 1. b   2. d   3. d   4. c   5. d   6. a   7. e   **Parte seconda.** 1. Tra un mese Sandro sarà disoccupato.   **C. Ascolta bene! Parte prima.** 1. Credo che   2. Pare che   3. Dubito che   4. È importante che   5. È possibile che   **Parte seconda.** 1. arrivi   2. prenoti   3. vada   4. sognino   5. si godano   **D. Che ne dici tu?** *Answers will vary but may include:* 1. Sembra che...   2. Penso che...   3. Spero che...   4. Pare che...   5. Mi sembra che...   6. È possibile che...   7. Credo che...   **E. Che cosa pensano?** 1. abbia   2. cambi   3. trovi   4. sia   5. ti rompa   6. parli   **F. Non lo voglio fare!** *Answers will vary.*   **G. Tocca a te! Parte prima.** 1. c   2. e   3. b   4. d   5. a   **Parte seconda.** *Answers will vary.*

Cultura

Ascoltiamo!

A. Come finisce? 1. anziani   2. immigrazione   3. sessantacinque   4. terza   5. calare

Leggiamo!

Hai capito? 1. b   2. c   3. c   4. *Answers will vary.*

In Italia

1. vero   2. vero   3. falso; (molto) bassa   4. falso; (colore) rosa   5. falso; (abbastanza) frequenti
6. falso; (Il Palazzo) Chigi

Capitolo 15

Strategie di comunicazione

A. Sai / Sa? 1. c   2. e   3. d   4. a   5. b   **B. Quale dialetto si parla?** 1. a   2. b   3. c   4. a   5. c

Pronuncia

Dittonghi e trittonghi   Diphthongs and Triphthongs

Dettato. 1. grazie   2. bei   3. più   4. tuoi   5. hai   6. vuole   7. aiutare   8. puoi   9. fai   10. Siena

Lessico

Le lingue d'Italia   The languages of Italy

A. Vero o falso? 1. falso   2. vero   3. falso   4. falso   5. vero   6. falso   7. vero   **C. Le categorie.** 1. e
2. a   3. e   5. c   6. d   7. f   9. e   10. b, d   11. c   12. e   13. d   14. a   16. f   17. e   18. d   19. e   20. e
21. d   22. d   23. f   24. a   25. b, d   26. c   27. e   **D. Un po' di geografia. Italia Settentrionale:** Milano, Torino, Verona; **Italia Centrale:** Firenze, Roma, Perugia; **Italia Meridionale:** Lecce, Napoli, Palermo
F. L'anello di fidanzamento. 1. ho litigato   2. ha fatto   3. hai risposto   4. discutere   5. sentire
G. Cruciverba. Orizzontali: 4. bilingue   5. regioni   6. svegliarsi   **Verticali:** 1. Svizzera   2. dialetti
3. contemporaneo   4. barzelletta   **H. Tocca a te!** *Answers will vary.*

Strutture

15.1 *Penso che sia andata in vacanza*   Past subjunctive

A. Le forme giuste. avere: abbia avuto, abbia avuto, abbia avuto, abbiamo avuto, abbiano avuto; **essere** (*to be*): sia stato/a, sia stato/a, siamo stati/e, siate stati/e, siano stati/e; **andare** (*to go*): sia andato/a, sia andato/a, siamo andati/e, siate andati/e, siano andati/e; **leggere**: abbia letto, abbia letto, abbia letto, abbiamo letto, abbiano letto; **raccontare** (*to tell*): abbia raccontato, abbia raccontato, abbiamo raccontato, abbiate raccontato, abbiano raccontato; **nascere** (*to be born*): sia nato/a, sia nato/a, siamo nati/e, siate nati/e, siano nati/e; **alzarsi** (*to get up*): mi sia alzato/a, ti sia alzato/a, si sia alzato/a, ci siamo alzati/e, vi siate alzati/e **B.** *Avere o essere?* **Parte prima.** 1. siano 2. abbia 3. abbiano 4. sia 5. abbiate 6. abbia **Parte seconda.** 1. abbia 2. sia 3. abbiano 4. abbia 5. siano 6. abbia **C. Il verbo giusto.** 1. abbia prenotato 2. sia nata 3. sia andato 4. abbia cucinato 5. abbia fatto 6. si sia sposata 7. sia arrivato 8. abbia risparmiato **D. Laura, non esagerare!** *Answers will vary.* **E. Che cosa ha fatto Marco veramente?** 1. abbia studiato 2. si sia alzato 3. abbia fatto 4. abbia mangiato 5. sia andato 6. abbia pulito **G. Tocca a te!** *Answers will vary.*

15.2 *Sono sicura che è partita per le vacanze* The subjunctive vs. the indicative

A. Congiuntivo o indicativo? 1. congiuntivo 2. indicativo 3. indicativo 4. congiuntivo 5. indicativo 6. congiuntivo 7. congiuntivo 8. indicativo **B. Qual è il verbo giusto?** 1. è 2. comprino 3. continui 4. piace 5. passi 6. abbia 7. studia 8. guadagna **D. L'espressione giusta. Parte prima.** 1. È chiaro che 2. Temiamo che 3. È ovvio che 4. Bisogna che 5. È essenziale che 6. Si sa che 7. Credo che **Parte seconda.** 1. È strano che l'italiano derivi dal latino. 2. Non c'è dubbio che il problema della droga si diffonde in tutto il paese. 3. Pare che mia sorella sogni troppo e lavori poco. 4. Sono sicura che tuo nonno racconta delle barzellette domani sera a cena. 5. È un fatto che i giovani aiutano gli anziani che vivono da soli. 6. Voglio che la mia famiglia parli napoletano a casa. 7. Sono certo che la lingua nazionale è ormai diffusa in tutta la penisola italiana. **E. Problemi in città.** 1. congiuntivo; sia 2. indicativo; sono 3. congiuntivo; risparmino 4. congiuntivo; aumenti 5. indicativo; si lamentano 6. congiuntivo; diventino 7. indicativo; si trasferiscono **F. Tocca a te!** *Answers will vary.*

15.3 *Se vincessi un viaggio gratis. . .* Hypotheticals of possibility

A. Se avessi €100.000... 1. e 2. g 3. a 4. d 5. b 6. c 7. f **C. Le coniugazioni.** 1. -ssi, -ei 2. -sse, -ebbe 3. -ebbero, -ssi 4. -sse, -ebbero 5. -ebbe, -e 6. -ebbe, -sse 7. -ssi, -ei **D. Che farebbe Giulio? Parte prima.** 1. andasse 2. potrebbe 3. Potrebbe 4. Potrebbe 5. vorrebbe 6. risparmiasse 7. sarebbe 8. regalassi 9. pagassi 10. capirebbe **Parte seconda.** 1. Potrebbe insegnare l'italiano. 2. Potrebbe vivere con i suoi amici a New York e lavorare con loro in banca. 3. Dovrebbe risparmiare un po' di soldi. 4. Vuole partire subito dopo l'università. 5. Vorrebbe regalargli il biglietto d'aereo. **E. Cosa farebbe Eleonora? Parte prima.** *Answers will vary.* **Parte seconda.** *Answers will vary.*

Cultura

Ascoltiamo!

A. Come finisce? 1. romanze 2. parlato 3. fiorentino 4. l'unificazione 5. nel Nord-Est

Leggiamo!

Hai capito? 1. c 2. b 3. c 4. a 5. b

In Italia

1. vero 2. falso; molte (parole) 3. vero 4. vero 5. falso; (mandano) spesso 6. vero

Capitolo 16

Strategie di comunicazione

A. È un buon consiglio? 1. a 2. b 3. e 4. a 5. d

Lessico

I personaggi storici   Talking about historical people and events

A. Doppio puzzle. Parte prima. a. Giuseppe Garibaldi b. Dante Alighieri c. Alessandro Volta d. Alessandro Manzoni e. Guglielmo Marconi f. San Francesco g. Enrico Fermi h. Leonardo Da Vinci i. Galileo Galilei **Parte seconda.** 1. b 2. c 3. f 4. e 5. i 6. a 7. h 8. g 9. d **B. Le associazioni di idee.** a. la poesia, il romanzo, scrivere, il sonetto b. comporre, i musicisti, l'orchestra, il teatro c. l'affresco, l'*Ultima Cena*, il quadro, dipingere d. i rappresentanti, la senatrice, la deputata, la politica **D. La professione nascosta.** 1. s 2. c 3. i 4. e 5. n 6. z 7. i 8. a 9. t 10. i **E. Le frasi sbagliate.** 1. un presidente 2. dei cittadini 3. le sculture 4. le opere 5. l'Italia 6. la guerra 7. dopo l'anno 8. dell'indipendenza **F. Maria Montessori. Parte prima.** 3. decise 4. riuscì 5. si laureò 6. diventò 7. si dedicò 8. aprì 9. educò 10. pubblicò 11. morì **Parte seconda.** 3. ha deciso 4. è riuscita 5. si è laureata 6. è diventata 7. si è dedicata 8. ha aperto 9. ha educato 10. ha pubblicato 11. è morta **G. Donne italiane famose.** 1. fu 2. scrisse 3. fecero 4. si laureò 5. lavorò 6. pubblicò **H. Tocca a te!** *Answers will vary.*

Strutture

Torniamo all'inizio!   The infinitive and present indicative

A. I verbi al presente. 1. fare 2. affittare 3. crescere 4. andare 5. diffondersi 6. sapere 7. proteggere 8. potere **B. Le desinenze giuste.** 1. -ano, –iscono 2. -a, -e 3. -ano, -iscono 4. -ate, -ite 5. -o, -a 6. -e, -i **C. Le associazioni. Parte prima.** 1. d 2. g 3. a 4. c 5. b 6. h 7. f 8. e **Parte seconda.** *Answers will vary.* **D. I verbi al presente.** 1. affittano 2. ci trasferiamo 3. risparmiano 4. chiacchierano 5. si lamentano 6. cresce, cercano 7. risolve **E. La vita di Giuseppe. Parte prima.** 1. è 2. si laurea 3. deve 4. discutono 5. litigano 6. vuole 7. vivere 8. fare **Parte seconda.** 1. La sua ragazza studia ancora all'università. 2. Il tasso di disoccupazione sta aumentando molto. 3. Non vuole che Giuseppe vada a vivere in un'altra città. 4. *Answers will vary.* **F. Tocca a te!** *Answers will vary.*

L'abbiamo già studiato!   The present perfect

A. Ha senso? 1. d 2. f 3. e 4. g 5. a 6. b 7. h 8. c **C. *Essere o avere?* Parte prima. essere:** andare, arrabbiarsi, nascere, rimanere, rompersi; **avere:** dimenticare, governare, noleggiare, organizzare, scherzare **Parte seconda.** 1. è nata 2. si è rotto 3. sono andati 4. ha dimenticato 5. siamo rimasti 6. vi siete arrabbiati/e 7. ha organizzato 8. hanno noleggiato. **D. Chi fu Gaspara Stampa? Parte prima.** nacque, si trasferirono, iniziarono, frequentarono, ebbe, scrisse, morì, furono **Parte seconda.** 1. nacque, è nata 2. si trasferirono, si sono trasferiti 3. iniziarono, hanno iniziato 4. frequentarono, hanno frequentato 5. ebbe, ha avuto 6. scrisse, ha scritto 7. morì, è morta 8. furono, sono state **E. Mario e Luisa. Parte prima. avere:** hanno incontrato, hanno preso, hanno cercato, ha dormito, ha guardato; **essere:** sono usciti, sono andati **Parte seconda.** 1. Sono usciti di casa alle 6.30. 2. Sono andati ad un bar prima di andare a teatro. 3. Hanno visto i loro amici Giacomo e Lisa. 4. Ha dormito durante l'opera. 5. Ha guardato tutto. **F. Tocca a te!** *Answers will vary.*

Era così bello!   The imperfect

A. Che facevano? Parte prima. 1. b 2. e 3. f 4. a 5. c 6. d **Parte seconda.** 2. Io ero sempre ammalato. 3. Giuseppina era molto generosa. 4. Tu eri molto studioso. 5. Io e Diego eravamo molto divertenti. 6. Stefano e Gabriele erano molto sportivi. **B. Perché è all'imperfetto?** 1. b 2. d 3. c 4. a 5. c 6. a **C. Il verbo giusto.** 1. era, lavorava 2. andava, affittavano 3. emigravano 4. voleva, si arrabbiava 5. prendevamo 6. dava 7. faceva, guardava **E. Tocca a te! Parte prima.** *Answers will vary.* **Parte seconda.** *Answers will vary.* **F. L'imperfetto o il passato prossimo?** 1. passato prossimo; hanno cambiato 2. imperfetto; facevate 3. imperfetto; erano 4. passato prossimo; è andata 5. imperfetto; nevicava 6. imperfetto; avevamo 7. passato prossimo; si sono licenziate 8. imperfetto; era **G. La storia di Valeria. Parte prima.** 1. era 2. aveva 3. era 4. aveva 5. giocava 6. si interessava 7. suonava 8. ha cominciato 9. si sentiva 10. conosceva 11. correva 12. ha visto

13. giocavano   14. hanno chiesto   15. piaceva   16. ha deciso   17. Faceva   18. hanno giocato   19. si sono divertite   **Parte seconda.** *Answers will vary.*

◑ *Lo vedo e gli parlo*   Object pronouns

A. Complemento diretto o indiretto? 1. complemento diretto   2. complemento indiretto
3. complemento diretto   4. complemento indiretto   5. complemento diretto   6. complemento diretto
7. complemento indiretto   8. complemento indiretto   **B. Di chi parla?** 1. ti = Roberta; l' = una sciarpa di lana   2. li = Michele e Roberta   3. lo = il vino   4. li = Marco e Alice   5. le = delle bellissime gonne
C. In altre parole. 1. b   2. a   3. a   4. b   5. b   6. a   7. a   **E. Rispondi tu.** 1. Sì, li lascio con mia madre questo weekend./ No, non li lascio con mia madre questo weekend.   2. Sì, le do gli orecchini per il suo compleanno./No, non le do gli orecchini per il suo compleanno.   3. Sì, gli compro un regalo./No, non gli compro un regalo.   4. Sì, lo vogliamo prendere per andare in campagna domani./No, non lo vogliamo prendere per andare in campagna domani.   5. La (L') affitto per un anno/due anni.   6. Gli scrivo un'e-mail oggi/domani.   7. Sì, le leggo quando viaggio./No, non le leggo quando viaggio.

Cultura

Ascoltiamo!

A. Come finisce? 1. il Risorgimento   2. indipendenti   3. una repubblica   4. Torino   5. Re

Leggiamo!

A. Identifying the audience. c   **B. Identifying the author's purpose and point of view.** 1. b   2. c
C. Identifying the major points of an argument. 1. falso   2. vero   3. vero   4. vero   5. falso

In Italia

1. falso; Garibaldi (fu…)   2. vero   3. falso; (fu) l'ultimo (re)…   4. vero   5. falso; Michelangelo
6. falso; (famosa opera di) Verdi

Per saperne di più

Capitolo 1

1.1 *Gender*

A. Maschile o femminile? maschile: attore, cinema, problema, professore, programma, sistema;
femminile: bici, dottoressa, mano, pittrice, radio, studentessa   **C. Lui o lei?** 1. attore   2. studentessa
3. pittore   4. professoressa   5. dottore

1.3 *Number*

B. I plurali irregolari. 1. le crisi   2. le amiche   3. i re   4. i cinema   5. gli alberghi   6. le barche   7. le targhe   8. i laghi   9. gli psicologi   **C. Come finisce?** 1. -ci   2. -chi   3. -ci   4. -chi   5. -chi   6. -ci
D. La forma giusta. 1. baci   2. valigie   3. viaggi   4. figli   5. province   6. studi   7. bugie   8. spiagge
E. Tutti insieme. 1. il programma   2. i medici   3. lo zio   4. le mani   5. l'arancia   6. le camicie   7. lo sci   8. gli uomini

Capitolo 2

2.1 *Adjectives*

A. I plurali irregolari. Parte prima. 1. barche larghe   2. cani stanchi   3. ragazze simpatiche
4. amici italiani   5. vestiti larghi   **Parte seconda.** 1. due professoresse simpatiche   2. due gatti bianchi
3. due amiche americane   4. due zaini larghi   5. due uomini simpatici   **B. Il singolare. Parte prima.**
1. un'amica bella   2. una via larga   3. un gioco nuovo   4. un bambino simpatico   5. un dialogo
lungo   **Parte seconda.** 1. amico giovane   2. cane simpatico   3. libro lungo   4. porta bianca
5. macchina larga   **D. *Questo e quello.*** 1. Questa, quella   2. Questo, quello   3. Questo, quella
4. Queste, quelle   5. Questi, quelli   6. Queste, quelle   **E. È bello o buono? Parte prima.** 1. un; un buon
2. una; una buona   3. un'; una buon'   4. un; un buon   **Parte seconda.** 1. il; il bel   2. la; la bella
3. l'; il bell'   4. lo; il bello   **F. *Bello e buono.*** 1. due buoni libri   2. una buon'amica   3. due buone birre
4. due buoni dizionari   5. una bella ragazza   6. due bei corsi   7. due begli sport   8. un bel film

2.2 *The verbs essere (to be) and avere (to have)*

A. Hai ragione! 1. Ha voglia di   2. hanno paura di   3. ha torto   4. ha bisogno di   5. ha ragione

Capitolo 3

3.3 *Irregular verbs*

A. I verbi irregolari. venire (*to come*): vengo, vieni, viene, venite, vengono; **rimanere** (*to stay, to remain*):
rimani, rimane, rimaniamo, rimanete, rimangono; **scegliere** (*to choose*): scelgo, scegli, sceglie, scegliamo,
scegliete   **C. Quale verbo irregolare?** 1. vengono   2. rimangono   3. sono   4. scegli   5. faccio   6. vai
7. Va   8. venite   9. vai   10. ho   11. andiamo

Capitolo 4

4.4 *The comparative*

A. La parola giusta. 1. che   2. di   3. di   4. che   5. di   6. che   7. che   8. di   **B. *Di o che*?** 1. di
2. che   3. che   4. di   5. che   6. di   7. che   8. di   **D. Ma sei così bello!** 1. Antonio è più piccolo di
Renato.   2. La storia è (così) interessante come la filosofia. / La storia è (tanto) interessante quanto la
filosofia.   3. Un'italiana è meno stressata di un'americana.   4. Daniela è più magra di Giulia.   5. Gli
hamburger sono (così) buoni come la pasta. / Gli hamburger sono (tanto) buoni quanto la pasta.
6. Una chitarra è meno grande di un pianoforte.   7. Mio padre è (così) simpatico come mio zio. / Mio
padre è (tanto) simpatico quanto mio zio.

Capitolo 5

5.3 *Prepositions*

A. Quale preposizione? 1. di   2. di   3. di   4. da   5. di   6. da   7. da   8. di   **B.** 1. di   2. da
3. dalla   4. di   5. del   6. di   7. da   8. dal   **C.** 1. ci   3. ci   6. C'   7. c'

Capitolo 6

6.1 *The present perfect*

Sapere and conoscere

A. *Sapere o conoscere*? 1. ha conosciuto   2. ha saputo   3. Ho conosciuto   4. hanno saputo   5. avete
conosciuto   6. Abbiamo saputo   7. Hai saputo   **B. Chi hai conosciuto?** 1. ha conosciuto   2. ho conosciuto   3. ha saputo   4. avete conosciuto   5. hanno saputo   6. Hai conosciuto   7. ha saputo

Piacere

A. Mi è piaciuto. Parte prima. 1. d   2. a   3. b   4. c   5. a   6. b   7. c   8. d   **B. A Laura è piaciuto…**
1. A Laura è piaciuto cantare.   2. A Mario è piaciuto studiare.   3. A Stefania e Gessica è piaciuto lavorare.   4. A Marco è piaciuto suonare.   5. A Carla è piaciuto scrivere.   6. A Luigi e Pietro è piaciuto fare un giro in bici.   **C. Ti è piaciuto?** 1. Sì, mi è piaciuto. (No, non mi è piaciuto.)   2. Sì, mi è piaciuta. (No, non mi è piaciuta.)   3. Sì, mi sono piaciuti. (No, non mi sono piaciuti.)   4. Sì, mi è piaciuta. (No, non mi è piaciuta.)   5. Sì, mi sono piaciute. (No, non mi sono piaciute.)

6.3 *Negative expressions*

Other negative expressions

A. Gli esami. 1. già   2. non… ancora; Non… né… né   3. Non… più; non… niente   4. Non… mai
B. Tutto al negativo. 1. Non ho mai telefonato a Emanuela.   2. Non abbiamo mangiato né gli gnocchi né le lasagne.   3. Filippo non ha mangiato niente a pranzo.   4. La nonna non ha ancora preparato il tiramisù.   5. Non hanno suonato né la chitarra né il pianoforte.   **C. Non hai ancora finito?** 1. Non ho studiato né l'italiano né la matematica questo weekend.   2. Giacomo non ha mai lavato la sua macchina.   3. Non abbiamo ancora fatto i compiti per domani.   4. Non devo più andare a comprare il pane per la nonna.   5. Non siamo ancora andati al mercato oggi.   6. Non hanno mangiato né la frutta né la verdura oggi a pranzo.

Capitolo 7

7.4 *Adverbs*

Molto and *poco*

A. Sei molto bravo! 1. pochi   2. molto   3. poco   4. molte   5. molto   6. pochi   7. molto   8. molto
B. Come si scrive? 1. -o   2. -o   3. -a   4. -o   5. -e   6. -o; -o   7. -o   8. -i

Buono / cattivo vs. *bene / male*

A. Mangia bene! È buono! 1. bene; avverbio   2. buona; aggettivo   3. male; avverbio   4. cattivo; aggettivo   5. bene; avverbio   6. cattiva; aggettivo   7. male; avverbio   8. buona; aggettivo   **B. Scrivi il contrario.** 1. poche   2. male   3. cattiva   4. bene   5. molti   6. molto

Capitolo 8

The present perfect

The present perfect of *dovere, potere* and *volere*

A. Quale verbo metti? Parte prima. 1. b   2. a   3. a   4. b   5. a   6. b   **Parte seconda.** 2. Ieri sera Marco e Lorenzo sono dovuti partire alle 8.00.   3. Lunedì io e Gessica siamo voluti/e andare al bar prima di tornare a casa.   4. A che ora hai potuto parlare sabato sera?   5. Marco si è sentito male e giovedì non è potuto uscire.   6. Io e Marta ieri sera abbiamo dovuto studiare a casa di Giacomo fino alle 11.00.
B. Dove sei dovuto andare? 1. è voluto   2. ho potuto, ho dovuto   3. siete potuti   4. ha voluto, siamo dovuti   5. è potuta, ha dovuto   6. hai voluto   7. sono dovuti

The pronoun *ne*

A. Ne hai? 1. f   2. e   3. a   4. c   5. d   6. b   **C. Ne mangi?** 1. Sì, ne bevo. (No, non ne bevo.)   2. Sì, ne ho. (No, non ne ho.)   3. *Answers will vary.*   4. Sì, ne ho paura. (No, non ne ho paura.)   5. Sì, ne ho voglia. (No, non ne ho voglia.)   6. Sì, ne ho. (No, non ne ho.)   7. *Answers will vary.*

Capitolo 9

9.1 *Indefinite pronouns*

Indefinite adjectives

A. L'aggettivo indefinito giusto. 1. alcuni   2. alcuni   3. qualche   4. Alcune   5. alcuni   6. alcuni   7. qualche   **B. Singolare o plurale? Parte prima.** 1. a   2. b   3. a   4. b   5. b   **Parte seconda.** 1. La signora Parodi ha visto alcune borse al mercato.   2. Stefania ha qualche corso difficile all'università questo semestre.   3. Comprerai alcune bottiglie di vino quando andrai in Toscana?   4. Io e Lorenzo studieremo con qualche compagno di classe per l'esame di biologia.   5. La mia ragazza ha visto qualche collana che vuole quest'anno per Natale.   **C. *Alcuni, alcune* o *qualche*?** 1. qualche   2. alcuni   3. alcuni   4. qualche   5. alcune

9.4 *The relative pronoun* che

The relative pronoun *cui*

A. Che o cui? 1. con cui   2. che   3. a cui   4. di cui   5. che   6. che   7. a cui   **B. Decidi tu!** 1. di cui   2. che   3. con cui   4. che   5. a cui   6. che   7. che

Capitolo 10

Lessico

Suffixes

A. Tante parole! Parte prima. 1. naso; grande   2. ragazzo; cattivo   3. fratello; piccolo   4. esame; grande   5. sorella; piccolo   6. libro; cattivo   7. regalo; piccolo   8. donna; piccolo   **Parte seconda. cattivo/brutto:** 1. parolaccia   2. tempaccio; **grande:** 1. librone   2. macchinona   3. ragazzone; **piccolo/ caro:** 1. finestrina   2. manina   3. nasino   4. ragazzina   **B. Parole diverse.** 1. -oni   2. -ina   3. -ino   4. -ina   5. -acci   6. -ine   7. -ine   **C. Trasformazioni.** 1. una macchinona   2. un regalino   3. una parolaccia   4. un esamino   5. un tempaccio   6. un fratellino

Capitolo 11

11.1 *The imperfect vs. the present perfect*

da/per + expressions of time

A. L'uno o l'altro. Parte prima. 1. per   2. da   3. da   4. per   5. da   **Parte seconda.** 1. ha parlato   2. escono   3. ci vediamo   4. sono andata   5. esci   **B. *Da o per*?** 1. per   2. per   3. da   4. per   5. da   6. da   7. per   8. da   **C. E tu?** *Answers will vary but may include:* 1. Studio da…   2. Ho studiato per…   3. Studio da…   4. Ho guardato la TV per…   5. Uso il computer da…

Sapere e conoscere

A. Al passato prossimo o all'imperfetto? conoscere: 1. a   2. b   3. a;   **sapere:** 1. b   2. a   3. b   4. a   **B. *Conoscere* o *sapere*?** 1. Conoscevi   2. ho conosciuto   3. sapevo   4. ho saputo   5. Sapevi   6. sapevo

11.2 *Object pronouns*

Object pronouns and the present perfect

A. Chi l'ha visto? Parte prima. 1. le   2. le   3. l'   4. li   5. li   6. l'   7. le   8. gli   9. le   10. gli   **B. Tante frasi.** 1. Marco li ha messi sul tavolo.   2. Federico le ha scritto una lettera.   3. Chiara le ha date a Marcello stamattina.   4. Valeria e Giancarlo le hanno inviato un SMS.   5. La mamma li ha preparati per cena.   6. Alberto le ha messe nel soggiorno.   7. Elisa l'ha spedita dalla Sicilia.   8. I genitori le hanno telefonato sul telefonino.

Capitolo 12

12.1 *The past absolute*

The past absolute vs. the imperfect

A. Il sogno di Arianna. Parte prima. **I verbi al passato remoto:** iniziò, Chiuse, riaprì, sentì, entrarono, dissero, chiesero, si svegliò; **I verbi all'imperfetto:** C'era, amava, aveva, leggeva, faceva, era, parlavano, Era **Parte seconda.** 1. iniziare 2. chiudere 3. riaprire 4. sentire 5. entrare 6. dire 7. chiedere 8. svegliarsi **B. L'imperfetto e il passato remoto. Parte prima.** 1. era 2. viveva 3. guardavano 4. lavorava 5. aveva 6. parlava 7. sapeva **Parte seconda.** 2. ha scritto 3. è manacata 4. ha finito 5. ha conosciuto 6. è nato 7. ha detto

Object pronouns

Double object pronouns

A. In un altro modo. Parte prima. 1. complemento diretto: i biglietti; complemento indiretto: Mi 2. complemento diretto: un regalo; complemento indiretto: ad Antonello 3. complemento diretto: il pane; complemento indiretto: vi 4. complemento diretto: la cena; complemento indiretto: per i bambini 5. complemento diretto: le tue matite; complemento indiretto: Ti 6. complemento diretto: questi biscotti; complemento indiretto: vi **Parte seconda.** 1. a 2. c 3. c 4. b 5. c 6. b **B. I pronomi giusti. Parte prima.** 1. gliele 2. Te la 3. glieli 4. ce lo 5. me li 6. Ve lo **Parte seconda.** 1. Gianna e Valeria gliele hanno comprate. 2. Te l'ho preparata io ieri sera. 3. Laura glieli ha restituiti ieri sera. 4. La nonna ce l'ha portato a Natale. 5. Marco me li ha regalati per il mio compleanno. 6. Ve l'abbiamo preso noi. **C. Che ne dici?** 1. glieli presta 2. non glielo scriveremo 3. glielo preparo 4. non glielo serviranno 5. glielo prende tutti i giorni 6. non gliel'hanno fatta 7. gliele ho comprate 8. non gliele abbiamo comprate

Capitolo 13

The future

The future of probability

A. Dove sarà? 1. b 2. a 3. a 4. b 5. b 6. a 7. b **B. Che ne dici tu?** *Answers will vary.*

13.1 *The present conditional*

The past conditional

A. L'ausiliare giusto. 1. a 2. b 3. a 4. a 5. a 6. b 7. b 8. a 9. b 10. b **B. Avrei dovuto…** 1. avrebbe voluto 2. sareste dovuti 3. avremmo dovuto 4. avrebbero voluto 5. sarei potuto/a 6. avresti dovuto 7. sarebbe dovuto 8. avrebbe dovuto/avrebbe potuto/avrebbe voluto 9. sarebbero dovuti/sarebbero potuti/sarebbero voluti **C. Cosa avresti fatto tu?** *Answers will vary.*

Capitolo 14

14.2 *The present subjunctive*

More irregular verbs in the subjunctive

A. I verbi irregolari. bere: beva, beva, beviamo, beviate, bevano; **dire** (*to say*): dica, dica, dica, diciamo, diciate; **potere** (*to be able, can, may*): possa, possa, possiamo, possiate, possano; **volere** (*to want*): voglia, voglia, voglia, vogliamo, vogliano; **venire** (*to come*): venga, venga, veniamo, veniate, vengano **C. Qual è la forma al congiuntivo?** 1. possa 2. bevano 3. venga 4. facciano 5. dobbiate 6. sia 7. stiano 8. sappia **D. Quale verbo?** 1. voglia 2. dia 3. piaccia 4. facciano 5. beva 6. usciate 7. abbiano 8. sia

14.3 Verbs and expressions followed by the subjunctive

a/di + infinitive

A. A o di? 1. di 2. a 3. a 4. di 5. di 6. a 7. di **B. Preposizione o no?** 1. a 2. b 3. b
4. a 5. b 6. a 7. b 8. a **C. Che cosa dicono? Parte prima.** 1. Credi di 2. Speri di 3. Riesci a 4.
Vai a 5. Pensi di 6. Ti ricordi di **Parte seconda.** *Answers will vary.*

Capitolo 15

15.2 Subjunctive vs. indicative

A. Completa le frasi. 1. e 2. d 3. c 4. f 5. b 6. a **B. La congiunzione giusta.** 1. perché
2. sebbene 3. prima che 4. senza 5. purché 6. benché 7. prima di **C. Frasi tue!** *Answers will vary.*

15.3 Hypotheticals of possibility

The imperfect subjunctive

A. L'imperfetto del congiuntivo. cambiare (*to change*): cambiassi, cambiasse, cambiassimo, cambiaste,
cambiassero; **discutere** (*to discuss*): discutessi, discutessi, discutesse, discutessimo, discuteste; **costruire:**
costruissi, costruissi, costruisse, costruiste, costruissero; **dare** (*to give*): dessi, dessi, dessimo, deste,
dessero; **fare** (*to do, to make*): facessi, facesse, facessimo, faceste, facessero. **B. Completa i verbi.**
1. -ssero, -emmo 2. -ebbero, -ssero 3. -ste, -ebbe 4. -ebbe, -assero 5. -ssero, -ebbe 6. -assimo,
-emmo 7. -ebbe, -ssero **C. Il verbo mancante.** 1. immigrassero 2. facessimo 3. ascoltassero
4. dicesse 5. foste 6. scherzassimo 7. raccontassero **D. Se tutto fosse possibile...** *Answers will vary.*

Capitolo 16

Object pronouns

Stressed pronouns

A. Con chi? 1. lei 2. voi 3. loro 4. me, te 5. Lei 6. noi 7. lui 8. sé **B. Sono più bravo di te!**
1. me 2. te 3. lui 4. voi 5. loro 6. noi

Pronomial verbs and the idiomatic expressions: *andarsene, farcela, avercela, con qualcuno*

A. Perché te ne vai? 1. se ne vanno 2. se ne va 3. ce ne andiamo 4. te ne vai 5. ve ne andate
6. se ne va 7. me ne vado

Graph Paper Charts from the Avanti! Student Edition

The charts in this section have been reproduced from the **Strategie di comunicazione, Lessico** and **Strutture** sections of the *Avanti!* Student Edition for students who do not wish to write in their books.

Capitolo 1, A. Il genere, page 14

-o (m.)	-a (f.)	-e (m. o f.)
aereo		

Capitolo 1, C. I cibi e le bevande, page 21

i cibi / le bevande	le donne (women)		gli uomini (men)	
	sì	no	sì	no
lo yogurt				
il cappuccino				

Capitolo 1, B. Un cruciverba, page 26

Capitolo 2, Scriviamo, Cerco compagno/a di casa, page 54

Come ti chiami? _____

Quanti anni hai? _____

Di dove sei? _____

Come sei? _____

Cosa ti piace?   la musica   Quale? _____

la cucina   Quale? _____

lo sport   Quale? _____

il cinema   Quale? _____

Sei fumatore/fumatrice (a smoker)? _____

Hai animali? _____

Altro: _____

Capitolo 3, Lessico, Che fai di bello?, page 69

Ciao. Sono Salvatore DiStefano. Ecco le mie attività tipiche:

Guardo la TV con la mia ragazza.

Ciao. Sono Riccardo DiStefano. Ecco le mie attività tipiche:

Capitolo 3, Strutture 3.1, Point 2, page 72

-are	-ere	-ire

Capitolo 3, Strutture 3.2, Point 3, page 76

	parlare	scrivere	aprire
io	parlo	scrivo	apro
tu		scrivi	
lui, lei; Lei			apre
noi		scriviamo	
voi	parlate		
loro			aprono

Capitolo 3, Strutture 3.2, Point 4, page 77

	capire	finire	preferire	pulire
io	cap isc o			
tu	cap isc i			
lui, lei; Lei	cap isc e			
noi	cap iamo			
voi	cap ite			
loro	cap isc ono			

Capitolo 3, E. Firma qui, per favore, page 84

A	B	Firma qui, per favore!
Quando sono stressato/a,	*faccio yoga*	
Quando ho caldo,		
Quando sono innamorato/a,		
Quando…		
Quando…		

Capitolo 4, A. Osserva ed ascolta, pages 92–93

Chi è?	Come si chiama?	Quanti anni ha?	Di dov'è?	Cosa fa?
1.				
2.				
3.				
4.			Siena	
5.				

Capitolo 4, Lessico, Che bella famiglia!, page 97

1. Il fratello di mia madre è mio _____, si chiama _____.
2. Il padre di mia madre è mio _____, si chiama _____.
3. Il figlio di mia zia è mio _____, si chiama _____.
4. La sorella di mia madre è mia _____ si chiama _____.
5. La madre di mia madre è mia _____ si chiama _____.

Capitolo 4, C. Come sono?, page 101

la nonna	il nonno	la madre	il padre	lo zio Salvatore	la zia	lo zio Ottavio	i cugini

Capitolo 4, D. L'intervista, page 101

nome	età (age)	professione	descrizione	attività preferite
la madre, Eleonora				

Capitolo 4, Strutture 4.3, Point 1, page 107

avere	fare	dare	sapere	stare
	faccio	do	so	sto
		dai	sai	stai
		dà	sa	sta
abbiamo	facciamo	diamo	sappiamo	stiamo
avete		date	sapete	state
		danno	sanno	stanno

Capitolo 4, D. Firma qui, per favore, page 110

Cerco (*I am looking for*) **una persona che...**	**Firma qui, per favore!**
ha una nonna italiana	
sa contare da 0 a 100 in italiano	
preferisce stare a casa la domenica	
conosce una persona famosa	
non dice mai bugie	

Capitolo 4, D. Una graduatoria, page 113

velocità
___ una Ford
___ una Ferrari
___ una BMW
___ uno scooter

intelligenza
___ Einstein
___ un bambino
___ una scimmia (*monkey*)
___ un tipico studente universitario

difficoltà	divertimento
___ un corso di fisica	___ un esame d'italiano
___ un corso di italiano	___ un'opera con Luciano Pavarotti
___ un corso di russo	___ una serata a casa con la famiglia
___ un corso di chimica	___ un film con Robert De Niro

Capitolo 5, **A. Osserva ed ascolta, Parte prima, pages 121–122**

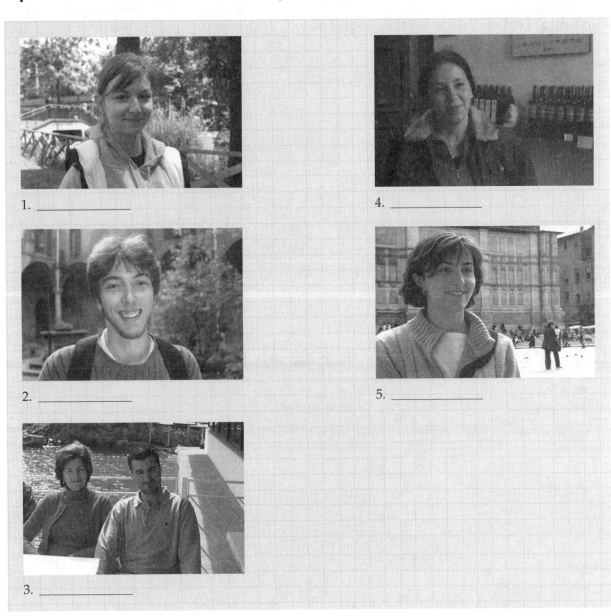

1. _____

2. _____

3. _____

4. _____

5. _____

Capitolo 5, A. Osserva ed ascolta, Parte seconda, page 122

Sì, mi piacerebbe visitare gli Stati Uniti.	No, non mi piacerebbe visitare gli Stati Uniti.

Capitolo 5, Lessico, Tutti a tavola!, page 128

la carne (*meat*)	il pesce	la verdura (*vegetables*)	la frutta

Capitolo 5, D. Non mangio mai... , Parte prima, page 131

Non mangio mai...	Non bevo mai...
1. *il formaggio*	1. *la birra*
2.	2.
3.	3.
4.	4.
5.	5.

Capitolo 5, Strutture 5.2, page 136

	dovere	potere	volere
io			voglio
tu	devi	puoi	
lui, lei; Lei	deve	può	vuole
noi			vogliamo
voi	dovete	potete	volete
loro	devono	possono	vogliono

Capitolo 5, C. Gli inviti, page 138

	sabato	domenica
mattina		*va in chiesa*
pomeriggio		
sera		

Capitolo 5, Strutture 5.3, Point 2, page 140

	il	lo	la	l'	i	gli	le
a	al		alla		ai		alle
da		dallo		dall'		dagli	
su	sul					sugli	
di		dello	della		dei		delle
in	nel		nella	nell'	nei		nelle
con	con il			con l'			con le
per		per lo	per la			per gli	

Capitolo 5, Strutture 5.4, Point 1, page 143

	il	lo	la	l'	i	gli	le
di	del			dell'		degli	

Capitolo 5, Scriviamo, Il buon ospite, page 148

Esempio: Un buon ospite
1. *deve fare i complimenti al cuoco.*
2. *non deve parlare a bocca piena.*
3.

Capitolo 6, Come si dice *ouch* in italiano?, page 155

In questa situazione...	gli americani dicono:	gli italiani dicono:
1. You see a friend across the street and want to get her/his attention.		Ehilà!
2. You grab a pot on the stove and it's hot.	*Ow! Ouch!*	
3. You look at your watch and realize you're late for an appointment.	*Omigosh!*	
4. You want your friend to get up off the couch and come for a run with you.		Dai!
5. Your friend tells you a story that you just can't believe.	*Get outta here! No way!*	
6. You're eager to go out and your parents keep adding to the list of chores they want you to do before you leave.		Uffa!
7. Someone asks you a question and you haven't got a clue.	*I dunno.*	
8. Someone asks if you've ever done something that's cool (you haven't, but you wish you had).		Magari!
9. Someone invites you to a concert, but it's on the same night as your exam.		Peccato!

Capitolo 6, Lessico, Il weekend di Gessica, page 158

Il weekend di Gessica		
	sabato	domenica
la mattina		
il pomeriggio		
la sera	3	

Capitolo 6, Lessico, Il weekend di Luigi, page 159

Il weekend di Luigi		
	sabato	domenica
la mattina		
il pomeriggio	3	
la sera		

Capitolo 6, C. Il weekend ideale, page 161

Il mio weekend ideale		
	sabato	domenica
la mattina		
il pomeriggio		
la sera		

Capitolo 6, Strutture 6.1, page 162

Gessica	Luigi
Sabato mattina **sono andata** alla lezione di letteratura inglese. Il pomeriggio ho fatto il bucato e poi ho fatto shopping. Ho comprato un bel regalo per il compleanno di Sandra—il nuovo CD di Zucchero. Sabato sera ho festeggiato il compleanno di Sandra a casa di Luisa. Sono tornata a casa verso mezzanotte. Domenica mattina ho letto un libro e ho scritto delle e-mail. Sono andata a pranzo da mia nonna e dopo ho fatto un giro in bici con mio fratello. La sera ho visto un bello spettacolo di Shakespeare.	Sabato mattina **sono andato** alla lezione di biologia. All'una ho preso il treno per Siena. La sera sono andato ad un concerto di Jovanotti e sono tornato a casa molto tardi. La mattina dopo ho avuto un gran mal di testa (*headache*) e ho dormito fino alle 2.00. Il pomeriggio ho guardato la partita con gli amici e la sera sono tornato a Pisa verso le 11.00.
comprare _____ fare _____ festeggiare _____ leggere _____ scrivere _____ vedere _____	avere _____ dormire _____ guardare _____ prendere _____
andare *sono andata* tornare _____	andare *sono andato* tornare _____

Capitolo 6, Strutture 6.1, Point 5, page 164

	comprare	credere	dormire
io		ho creduto	
tu	hai comprato		
lui, lei; Lei			ha dormito
noi			abbiamo dormito
voi	avete comprato		
loro		hanno creduto	

		andare	uscire
io			
tu		sei andato/a	
lui, lei; Lei			è uscito/a
noi			
voi		siete andati/e	
loro			sono usciti/e

Capitolo 6, Strutture 6.2, page 168

-are		-ere		-ire	
fare	ho fatto	bere	ho bevuto	aprire	ho aperto
		chiudere	_____	dire	_____
		correre	_____	offrire (*to offer*)	_____
		dipingere	_____		
		leggere			
		mettere	ho messo		
		perdere (*to lose*)	_____		
		prendere	_____		
		rispondere (*to respond*)	ho risposto		
		rompere (*to break*)	_____		
		scegliere (*to choose*)	_____		
		scrivere			
		vedere	ho visto		
		vincere (*to win*)	_____		
		nascere (*to be born*)	_____	venire	sono venuto/a
		rimanere (*to stay, remain*)	sono rimasto/a	morire (*to die*)	_____

Capitolo 6, Strutture 6.3, page 173

Gessica	Luigi
☐ A mezzanotte **non** studia **più**. Va a letto.	☐ Studia fino alle 3.00 di mattina. Di solito va a letto alle 3.30.
☐ Studia sempre presto di mattina. Qualche volta (*sometimes*) si alza (*she gets up*) alle 6.00 di mattina per studiare.	☐ **Non** studia **mai** presto di mattina. Gli piace studiare di notte.
☐ Quando prepara un esame, le piace studiare con un compagno di classe. Non le piace studiare da sola.	☐ Quando prepara un esame, **non** studia con **nessuno**. Deve essere da solo per concentrarsi (*concentrate*).
☐ Mentre (*while*) studia di solito mangia i popcorn o le patatine e beve caffè.	☐ Mentre studia **non** mangia e **non** beve **niente**.

Capitolo 7, A. Ascolta!, page 191

	vero	falso
1. _____	☐	☐
2. _____	☐	☐
3. _____	☐	☐
4. _____	☐	☐
5. _____	☐	☐
6. _____	☐	☐
7. _____	☐	☐
8. _____	☐	☐
9. _____	☐	☐
10. _____	☐	☐

Capitolo 7, Strutture 7.2, Point 1, page 198

stare	
io	sto
tu	
lui, lei; Lei	sta
noi	
voi	state
loro	

_____ Mi sveglio.

_____ Mi alzo.

_____ Mi faccio la barba.

_____ Mi lavo.

_____ Mi vesto.

_____ Mi trucco.

_____ Mi metto le lenti a contatto.

_____ Faccio colazione.

_____ Mi lavo i denti.

Capitolo 7, Strutture 7.3, Point 3, page 202

	lavarsi	mettersi	vestirsi
io	**mi** lavo	**mi** metto	
tu	**ti** lavi		**ti** vesti
lui, lei; Lei		**si** mette	
noi	**ci** laviamo		**ci** vestiamo
voi	**vi** lavate	**vi** mettete	
loro			**si** vestono

Capitolo 7, Strutture 7.4, page 205

1. Tua madre ti chiede di lavare i piatti dopo cena. Lo fai _____.

   a. immediatamente.   b. più tardi.

2. La lezione comincia alle 7.30 di mattina. Arrivi _____.

   a. puntualmente   b. in ritardo

3. Ti metti i jeans _____.

   a. raramente   b. spesso

4. I tuoi genitori ti regalano una macchina nuova per il tuo compleanno. Guidi la macchina _____.

   a. con prudenza (*carefully*)   b. velocemente

5. La tua migliore amica ti ha comprato un giubbotto per il tuo compleanno, ma non ti piace. Quando la tua amica ti chiede se ti piace, rispondi _____.

   a. con una bugia   b. sinceramente

Il comportamento rivela molto del carattere. Che tipo di persona sei? Fai il conto delle volte che hai scelto la riposta **a** in questo piccolo test e poi leggi la descrizione del tuo carattere.

3–5 (a): Sei una persona precisa e pignola (*picky*). Cerchi di comportarti sempre in modo appropriato.

1–2 (a): Sei una persona rilassata e tranquilla. Non ti preoccupi dei dettagli (*details*).

Capitolo 7, C. Firma qui, per favore!, page 207

Attività	bene	così così	male	Firma qui, per favore!
1. *cucinare*				
2.				
3.				
4.				
5.				
6.				
7.				
8.				
9.				
10.				

Capitolo 8, Strutture 8.1, Point 3, page 224

	baciarsi
noi	
voi	
loro	si baciano

Capitolo 8, Strutture 8.2, Point 2, page 228

	guardarsi	incontrarsi
io		
tu		
lui	si è guardato	
lei	si è guardata	
Lei	si è guardato/a	
noi		
voi		
loro		si sono incontrati

Capitolo 7, C. Firma qui, per favore!, page 229

Questa mattina...	Firma qui, per favore!
1. ☐ ho fatto la doccia (*took a shower*)	
2. ☐ mi sono messo/a le lenti a contatto	
3. ☐	
4. ☐	
5. ☐	
6. ☐	
7. ☐	

Capitolo 9, Lessico, Siamo studenti!, page 248

-o (m.) / -a (f.)	-iere (m.) / -iera (f.)	-e, -ista, parole inglesi (m.) / (f.)
lo scienziato / la scienziata	il cameriere / la cameriera	l'artista / l'artista

Capitolo 9, Strutture 9.1.1, page 251

le persone	le cose

Capitolo 9, Strutture 9.2, page 254

Che fai questo weekend? Scrivi tre attività.

1.
2.
3.

Capitolo 9, B. Ho molto da fare!, page 255

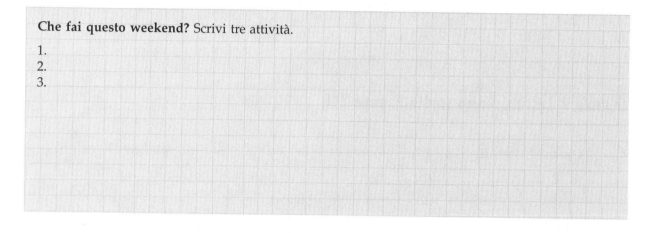

8.00
9.30 *incontrare un cliente*
11.00
12.00

13.00
14.00
15.15
17.00 *prendere l'aereo per Palermo*

Capitolo 9, Strutture 9.3, page 256

1. ☐ Grazie ai computer, molti impiegati **lavoreranno** a casa, non in ufficio. _____

2. ☐ Nessuno **fumerà** le sigarette. _____

3. ☐ **Troveremo** una soluzione al problema della violenza. _trovare_

4. ☐ Tutti **si sentiranno** sempre allegri e contenti. _____

5. ☐ Non ci **saranno** più insegnanti. Tutti gli studenti universitari **studieranno** a casa con il computer. _essere_ _____

6. ☐ Ci **sarà** una cura per il cancro (*cancer*). _____

7. ☐ Il presidente degli Stati Uniti **sarà** una donna. _____

8. ☐ Tutti **avranno** un computer in casa. _____

9. ☐ Nessuno **prenderà** l'autobus. Tutti **avranno** la macchina. _____

Capitolo 9, Strutture 9.3, Point 1, page 257

	lavorare	risolvere	pulire
io			
tu			
lui, lei; Lei	lavorerà		
noi		risolveremo	
voi			
loro			puliranno

Capitolo 9, Strutture 9.3, Point 3, page 257

	avere	essere
io		
tu		
lui, lei; Lei		
noi		
voi		
loro		

Capitolo 9, Strutture 9.3, Point 4, page 258

	dare	fare	stare
io	darò	farò	starò
tu			
lui, lei; Lei			
noi	daremo		
voi		farete	starete
loro			

Capitolo 9, Strutture 9.4, page 260

1. Se (*If*) stasera non avrò molti compiti,
   - ☐ uscirò con gli amici.
   - ☐ pulirò la casa.
   - ☐ _____ .

2. Se domani farà bel tempo,
   - ☐ prenderò il sole.
   - ☐ andrò a correre.
   - ☐ _____ .

3. Se la settimana prossima avrò un po' di tempo libero,
   - ☐ studierò per gli esami.
   - ☐ farò shopping.
   - ☐ _____ .

Capitolo 9, D. Firma qui, per favore!, page 264

Le mie opinioni	1	2	3
1. Mi piacciono gli amici che...			
2. Non mi piacciono i professori che...			
3.			
4.			
5.			
6.			
7.			
8.			
9.			
10.			

Capitolo 10, Lessico, Le parti del corpo, pages 275–276

Completa queste frasi in modo logico.

1. Ho bevuto un bicchiere di latte, ma sono allergico ai latticini. Ho mal di _____.

2. Di solito corro per tre chilometri due volte alla settimana. Oggi ho corso per sei chilometri con un'amica. Mi fanno male _____.

3. Domani vado dal dentista. Mi fa male _____.

4. Mi sto preparando per una competizione di pianoforte sabato prossimo. Questa settimana suono il piano cinque ore al giorno. Mi fanno male _____.

5. Ieri ho portato un nuovo letto all'appartamento di mia nonna. Purtroppo, lei abita al terzo piano (*third floor*) e non c'è l'ascensore (*elevator*). Oggi mi fa male _____.

6. Ieri sono caduto (*fell*) dalla bici e non portavo un casco. Oggi ho mal di _____.

Capitolo 10, Strutture 10.1, page 280

1. _____ Ha il tasso meno alto di morti per tumore.

2. _____ Ha la popolazione più sedentaria.

3. _____ Ha la popolazione più giovane.

4. _____ Ha la popolazione più anziana.

5. _____ Ha il consumo più alto di farmaci.

6. _____ Ha il numero più alto di fumatori.

7. _____ Ha il numero più alto di donatori.

8. _____ Ha il numero più alto di consultori.

Capitolo 10, B. I premi!, page 281

Secondo voi, qual è...	1	2	3
1. la malattia più comune	l'influenza	il raffreddore	le allergie
2. il peggior film			
3. il programma televisivo più seguito			
4.			
5.			
6.			

Capitolo 10, Strutture 10.2, page 283

«Quando ero bambina, ero sempre malat____[1]. Soffrivo di (*I suffered from*) asma, avevo allergie e dovevo andare spesso dal medico. Però, quando avevo 18 anni, ero diventata una bell____[2] ragazza senza problemi di salute. Avevo i capelli lung____[3] e castan____[4]. Ero magr____[5] e alt____[6] con le gambe lung____[7]. Molti ragazzi mi chiedevano di uscire, ma non accettavo mai i loro inviti perché mi piaceva solo un ragazzo, tu____[8] nonno. Lui era bellissim____[9]. Aveva i capelli ner____[10], gli occhi verd____[11], e portava gli occhiali. Era molto simpatic____[12] e intelligent____[13], ma era anche timid____[14]. Non mi chiedeva mai di uscire, ma veniva a casa mi____[15] tutti i giorni con la scusa (*excuse*) di voler parlare con mi____[16] fratello.»

Capitolo 10, Strutture 10.2, Point 2, page 284

	accettare	prendere	venire
io	accettavo		
tu			
lui, lei; Lei		prendeva	
noi			
voi			venivate
loro			

Capitolo 10, Strutture 10.2, Point 4, page 285

	bere	fare
io	bevevo	
tu		
lui, lei; Lei		faceva
noi		
voi	bevevate	
loro		facevano

Capitolo 10, Strutture 10.2, Point 5, page 285

	essere
io	
tu	
lui, lei; Lei	
noi	
voi	
loro	

Capitolo 10, D. Le regole, page 287

Dovevo...	Non dovevo...
tornare a casa prima di mezzanotte.	fumare.

Capitolo 10, Sai dormire?, page 291

	corretto	sbagliato	consiglio
1. *Vado a letto...*	☐	☑	*Mantenere sempre gli stessi orari.*
2. *Dormo poco...*	☐	☐	
3. *Dormo con la finestra...*	☐	☐	
4.	☐	☐	
5.	☐	☐	
6.	☐	☐	
7.	☐	☐	

Capitolo 10, Scriviamo, Sei consigli per restare svegli, page 292

1.	4.
2.	5.
3.	6.

Capitolo 11, Lessico, Vieni a casa mia, page 301

1. Il signore anziano sta camminando (*is walking*) sul

   _____.

2. La macchina è parcheggiata in _____.

3. I bambini stanno giocando a calcio in _____.

4. La signora sta buttando (*is throwing*) l'immondizia nel

   _____.

5. Marco sta annaffiando (*is watering*) il basilico sul

   _____.

6. Marco e Giuliano fanno colazione in _____.

7. Marco e Giuliano dormono in _____.

8. Fanno la doccia in _____.

9. Guardano la TV in _____.

10. Quando invitano gli amici a cena, mangiano in _____.

Capitolo 11, Strutture 11.1, page 306

(Io) _____ [1] (arrivare) a casa alle otto e _____ [2] (andare) subito in cucina. _____ [3] (cominciare) a preparare la cena e poi sono andato sul balcone a fare una telefonata al telefonino. _____ [4] (tornare) in cucina, _____ [5] (preparare) un piatto di pasta e un bicchiere di acqua gassata, sono andato in soggiorno, e ho acceso (*turned on*) la televisione. Dopo aver mangiato sono andato in camera da letto e _____ [6] (mettersi) il pigiama. Sono tornato in soggiorno e _____ [7] (guardare) ancora la TV. Verso le undici sono andato in bagno a lavarmi i denti e poi sono andato a dormire.

Capitolo 11, Strutture 11.1, Point 3, page 307

1. to describe people, places, and things	
2. to give the date, time, weather, age	
3. to talk about what people used to do	

Capitolo 11, Strutture 11.2, Point 2, page 312

COMPLEMENTO OGGETTO DIRETTO		
1. Leggo <u>il libro</u>.	→	*Lo* leggo.
2. Mangio <u>la pasta</u>.	→	___ mangio.
3. Compro <u>i regali</u>.	→	___ compro.
4. Vedo <u>le ragazze</u>.	→	___ vedo.

COMPLEMENTO OGGETTO INDIRETTO		
Telefono <u>a Gianni</u>.	→	*Gli* telefono.
Parlo <u>a Maria</u>.	→	___ parlo.
Scrivo <u>ai ragazzi</u>.	→	___ scrivo.
Scrivo <u>alle ragazze</u>.	→	___ scrivo.

Capitolo 11, F. Dove metti i mobili?, page 316

I mobili
1. *la poltrona*
2. *i bicchieri*
3. *i libri*
4.

Capitolo 12, Lessico, I negozi, page 329

Dove vai per comprare...

1. il prosciutto crudo? _____

2. il pesce? _____

3. la frutta fresca? _____

4. il pane? _____

5. un anello d'oro? _____

6. la carne? _____

Capitolo 12, A. La qualità della vita, page 330

il centro urbano	il paese di provincia

Capitolo 12, Strutture 12.2, Point 3, page 339

stare	
io	stavo
tu	stavi
lui, lei, Lei	
noi	
voi	
loro	

guardare → stavo guard_____   prendere → stavo prend_____   dormire → stavo dorm_____

Capitolo 12, D. Visitiamo Firenze, page 342

	il mio itinerario	compagno 1	compagno 2
9.00–10.30			
11.00–12.30			
13.00–14.30	*pranzare in una trattoria*		
15.00–16.00			
16.15–17.15			
17.30–18.45			

Capitolo 12, Le schede, page 351

Scheda n. 1			
La zona	**le città**	**le dimensioni**	**l'economia**
		☐ piccola ☐ media ☐ grande ☐ metropoli	☐ agricola ☐ commerciale ☐ di porto ☐ di servizi ☐ industriale ☐ turistica ☐ universitaria
		☐ piccola ☐ media ☐ grande ☐ metropoli	☐ agricola ☐ commerciale ☐ di porto ☐ di servizi ☐ industriale ☐ turistica ☐ universitaria
		☐ piccola ☐ media ☐ grande ☐ metropoli	☐ agricola ☐ commerciale ☐ di porto ☐ di servizi ☐ industriale ☐ turistica ☐ universitaria

Capitolo 13, A. Osserva ed ascolta, Parte seconda, page 358

1.

2.

3.

4.

5.

6.

Capitolo 13, Strutture 13.1, Point 2, page 366

	prenotare	prendere	dormire
io	prenoterei		
tu		prenderesti	
lui, lei; Lei			dormirebbe
noi			
voi			
loro			

Capitolo 13, Strutture 13.1, Point 3, page 367

avere → avrei	essere → sarei	cercare → cercherei
andare →	dare →	pagare →
dovere →	fare →	noleggiare → noleggerei
potere →	stare →	cominciare →
volere → vorrei		
rimanere →		

Capitolo 14, Lessico, La società italiana oggi, pages 388–389

_____ a. **L'immigrato** è una persona coraggiosa perché lascia il proprio paese e va a vivere in un altro, che ha una cultura e spesso una lingua diversa. Alcune **ragioni** per cui si emigra sono la **guerra** e la povertà. Molti emigrati **sognano** (*dream of*) un futuro migliore.

_____ b. Molti anziani scelgono (*choose*) di non lavorare più dopo i 63 anni. **Vanno in pensione** e ogni mese prendono **la pensione** dallo Stato. Secondo l'indagine Irp (Istituto di Ricerche sulla Popolazione), molti **pensionati** sono attivi. Il 36% si dedicano ad attività di varia natura, il 19% fa sport, l'11% volontariato, il 6% frequenta corsi di vario genere. Grande successo anche per l'Università del**la terza età.**

_____ c. Molti neo-laureati in Italia hanno paura di non trovare lavoro perché **il tasso di disoccupazione** (la percentuale di persone senza lavoro) è alto. Molti sono disoccupati perché non conoscono ancora **il mestiere** che vogliono fare o perché non trovano un lavoro adatto alla loro preparazione e alla loro inclinazione.

_____ d. L'uso della droga è un grave problema sociale e **la delinquenza** va di pari passo con la droga. Un buon detterente contro la criminalità sono le leggi e le condanne (*penalties*) significative, oltre che educare **i cittadini** al rispetto verso gli altri.

_____ e. La formula tradizionale della famiglia italiana ha subìto molte **trasformazioni.** Oggi ci sono molte persone che vivono sole, coppie senza figli e famiglie con un solo genitore. Molti nonni aiutano i genitori nella **gestione quotidiana** dei figli. Per esempio, vanno a prendere i nipoti a scuola e li accompagnano in vacanza.

Capitolo 14, Strutture 14.1, page 393

	Dove abito io	l'Italia	Tutti e due
1. Si fa la dieta mediterranea.	☐	☐	☐
2. Si considera il pranzo il pasto principale.	☐	☐	☐
3. Si regalano le mimose per la Festa della donna.	☐	☐	☐
4. La sera si va al cinema o a bere qualcosa con gli amici.	☐	☐	☐
5. Per le vacanze di solito si va al mare o in montagna.	☐	☐	☐
6. Si fanno molte attività sportive alle scuole superiori e alle università.	☐	☐	☐
7. A San Silvestro si lanciano (*set off*) i fuochi d'artificio a mezzanotte.	☐	☐	☐
8. Si fa la scuola dell'obbligo fino a 16 anni.	☐	☐	☐

Capitolo 14, D. Affittiamo una villa, page 396

(Non) Si può...	(Non) Si deve...

Capitolo 14, Strutture 14.2, Point 3, page 398

	lavorare	prendere	dormire	capire
io	lavori			
tu				capisca
lui, lei; Lei		prenda		
noi				capiamo
voi				
loro			dormano	

Capitolo 14, E. Firma qui, per favore!, page 406

		Firma qui, per favore!
spero di		
penso di		
voglio		

Un piccolo test. Che ne sai della lingua italiana? Scegli la risposta corretta. Riesci a capire il significato delle parole evidenziate?

1. **La pronuncia** della lingua nazionale _____.
   a. è uguale in tutta l'Italia
   b. è diversa a seconda della zona geografica
   c. **cambia** da un giorno all'altro

2. L'italiano è una lingua _____.
   a. germanica   b. asiatica   c. **romanza**

3. Le principali lingue romanze sono l'italiano, il francese, lo spagnolo, il portoghese e _____.
   a. il tedesco   b. **il rumeno**   c. il greco

4. Le lingue romanze **derivano** _____.
   a. dall'inglese   b. dal latino   c. dal greco

5. La lingua italiana, come tutte le lingue, _____.
   a. continua ad **evolversi** attraverso il tempo
   b. rimane sempre uguale, non cambia
   c. cambia velocemente

6. Nell'italiano **contemporaneo** si usano molti **termini** (parole) _____.
   a. inglesi   b. spagnoli   c. greci

7. **La lingua parlata e la lingua scritta** sono _____.
   a. uguali   b. diverse   c. difficili da capire

8. La lingua italiana ha una lunga **tradizione letteraria** che **risale al** _____.
   a. Duecento   b. Cinquecento   c. Novecento

9. Poiché (*Since*) sempre meno giovani italiani imparano il dialetto, i dialetti _____.
   a. potrebbero **scomparire** (*disappear*)
   b. potrebbero **diffondersi** (*spread*)

10. **Il fiorentino** è il dialetto di _____.
    a. Bologna   b. Milano   c. Firenze

11. **Il napoletano** è un dialetto dell'Italia _____.
    a. Settentrionale   b. Centrale   c. Meridionale

12. Circa 66 milioni di persone parlano italiano nel mondo. Anche se l'italiano è meno **diffuso** dello spagnolo e del francese, lo si parla in tanti paesi diversi. Si parla italiano in Brasile, Argentina, gli Stati Uniti, Australia, Canada, Tunisia, Somalia e _____.
    a. Russia   b. Svizzera   c. Cina

Capitolo 15, Strutture 15.1, Point 1, page 423

	avere	essere
io		
tu		
lui, lei; Lei		
noi		
voi		
loro		

Capitolo 15, Strutture 15.1, Point 2, page 423

	divertirsi	litigare	partire
io			
tu			
lui, lei; Lei			
noi			
voi			
loro			

Capitolo 15, Strutture 15.2, page 426

	indicativo	congiuntivo
1. Penso che Gianni **parli** il dialetto.	☐	☑
2. So che i ragazzi **arrivano** stasera alle 8.00.	☑	☐
3. Non credo che Tina **sia andata** alla festa ieri sera.	☐	☐
4. Sono sicura che Rita e Vanda **sono andate** alla festa ieri.	☐	☐
5. È importante che i linguisti **studino** i dialetti.	☐	☐
6. È vero che sempre meno giovani **parlano** il dialetto.	☐	☐
7. Preferisco che mia madre **prepari** una torta al cioccolato.	☐	☐

Capitolo 15, Strutture 15.3, Point 2, page 431

if (**se**) clause	*then* clause (**conseguenza**)
Se io vincessi un viaggio gratis,	
	scriverei tante cartoline perché avrei molta nostalgia di casa.

Capitolo 16, A. Osserva ed ascolta, page 443

	di studiare l'italiano	di venire in Italia	di provare la cucina italiana	di imparare altre culture	di viaggiare
1. Anna Maria					
2. Antonella					
3. Annalisa e Claudia					
4. Chiara					
5. Lucia					
6. Stefano					
7. Iolanda					